格差社会にいどむユニオン

21世紀労働運動原論

木下武男

花伝社

格差社会にいどむユニオン――21世紀労働運動原論◆目次

第Ⅱ部　労働運動のルネッサンス

第Ⅲ部　戦後労働運動史の断面——企業別労働組合の形成——

はじめに

本書のサブタイトル「二一世紀労働運動原論」の二一世紀とは、何か先の未来社会のことを言っているのではない。二〇世紀の後半、半世紀にもわたってこの日本で続いてきた労働社会の仕組みが、二〇〇〇年以降、音を立てて崩れ落ちている。この二一世紀という分岐点を表現したかったのである。「すごいこと」が日本で起きている。二〇〇六年に放送されたNHKスペシャル『ワーキングプア』のプロデューサーは、取材陣の話を聞いて感じたという。筆者も二〇〇五年に、論文「ワーキング・プアの増大と『新しい労働運動』の提起」を書いている中で、今から一〇年程前、一九九七年に、今後「規制なき一九世紀型の野蛮な労働市場」が到来するだろうと予感したことが、予想を超えて、こんなにも早く広範囲に広がってしまったことに愕然とした。

この論文を契機にして、筆者がこれまで労働組合論や労働運動論について発言してきたものをまとめるつもりで出版の作業にとりかかった。しかし、切迫感はあったものの、なかなか筆がすすまなかった。労働運動を変える、その変革の確たる担い手が見あたらないからであった。

筆者は一九八四年から一五年近く、法政大学の非常勤講師として社会学部の講座「労働組合論」を担当してきた。全国でも珍しいこの科目を学生相手に一年間講義をしながら、実際の労働組合の現場にも足をはこんだ。そのなかで日本の労働運動における企業別労働組合体制をいかに打破していくのか、この方途も考えざるを得なかったし、また、九〇年代前半、多くの方策を書いた。しかし、いくつかの労働組合を除いて、かえりみられることはなかった。その一方で、戦後労働運動は決定的なまでに後退した。筆者の諦念感も深まった。

しかし、二〇〇〇年代に入ると日本の労働社会はただならぬ状況にあることが誰にでも感じられるようになった。二〇〇五年の論文「ワーキング・プアの増大と『新しい労働運動』の提起」は、企業別組合の内部改革論ではなく、その外に異質な労働組合を構築するという外部改革論を先行させるべきであることを強調した。外部に構築することによって内部も変わる。個人加盟ユニオンを創造し、また現にあるユニオンを支援することであるが、正当であるとしても遠大であり、これまた成長のほどは定かではない。

ところが二〇〇六年、日本の労働運動の歴史にとって画期的ともいえることが起こった。若者労働運動の突如とした台頭であった。若者を中心とした個人加盟ユニオンがつくられ、また、これまでの青年ユニオンも活発化し、さらに、既存の個人加盟ユニオンも若者の過酷な労働や貧困に取り組むようになってきた。

ここに労働運動革新の確たる主体をみることができた。製造業派遣の現場で働く者のなかにユニオンがつくられ、それらのユニオンを支援するガテン系連帯も二〇〇六年一〇月に結成され、筆者も共同代表を引きうけた。製造業派遣の現場の悲惨さと貧困を肌で知った。また、これに先立ち九月には労働NPO・POSSE（ポッセ、一五〇名）も二十代前半の学生や「フリーター」を中心に立ち上げられ、彼らとの定期的な研究会やいろいろな機会に議論をかわしてきた。現状に対する若者の異議申し立ての熱い気持ちに接した。

これらの若者の現状と彼らの叫びから「フリーター賛歌」という、あまり品はよろしくない文章であるが、以下のようなものが浮かび、ガテン系連帯の結成大会で紹介し解説した（ガテン系連帯のＨＰに掲載されている）。

●フリーター賛歌

三十万円すぐよこせ、約束どおりすぐよこせ／三十万円稼げると、言った会社は嘘つきか
一日、八時間働いて、一月、二十三日働いて、手元にあるのは十六万
　請負会社くそったれ、請負会社くそったれ
妻子を養うカネがない（男性）、養われるつもりはまったくない（女性）
男に三十万すぐよこせ、女に三十万すぐよこせ、男と女で六十万
結婚できる、子ができる／亭主関白くそったれ、亭主関白くそったれ
政府にこの際、もの申す／子どもを養うカネよこせ、児童手当すぐよこせ
高速道路すぐやめろ、公営住宅すぐ建てろ／「小さな政府」くそったれ、「小さな政府」くそったれ
フリーターはすばらしい、フリーターはフリーダム／会社に飼われる犬よりも、ドブネズミは美しい
鉄の鎖を食いちぎれ、フリーターはすばらしい／会社人間くそったれ、会社人間くそったれ
フリーターに職よこせ、まともな仕事をすぐよこせ
生存権を主張する／フリーターの生活を保障する義務、国にある
　自己責任論くそったれ、自己責任論くそったれ

フリーターよ、つるんで生きよう／万国のフリーター、団結しよう。

この文章にある憤りが、現状分析と方向性に対する一つの直感となり、それ以降、いろいろなことに思いめぐらせてきた。格差社会のなかでつくり出されてきているのが今日の若者たちの現状である。しかし、若者という世代論ではなく、日本型雇用と年功賃金に無縁な膨大な民衆の登場という労働者の類型論・階層論として捉えるべきだと考えた。また、格差社会という言葉の氾濫のなかで、企業社会論者としては、これまでの日本もすでに十分に格差社会だったではないか、と反論しつつ、現在進行している「格差社会」のとてつもない深刻さに目を見はった。

何よりも、これまでの日本の労働運動で当たり前のようになっていた指令動員・上意下達型の運動文化を経験していない若者労働運動が、貧困のなかでも時代を切り開く感性や情熱、倫理観をもっていることを感じることができた。そして、日本の労働運動を革新させるためには個人加盟ユニオンが、労働市場規制型ユニオンへと発展することが必要であるが、そのひな形も日本に存在することも実感した。時代の激変のなかで併走しながら現状を分析し、打開の方向を求めることは困難であったが、あれこれと考えながら、本書の半分以上はこの一年間に書きかえ、書き加えたものとなった。

本書の第I部は、グローバリゼーションという地球規模の大変動を背景に、日本の労働社会が劇的に変化したことを概観した。このことは、戦後労働運動の舞台が完全に転換したことを意味している。それは戦後労働運動衰退の最後の一撃になるのか、あるいは再生のラストチャンスになるのか。労働運動の再生が可能だとするならば、この舞台転換を完全に理解することが必要であることを述べた。

格差社会は今に始まったことではなく、日本の企業社会はそもそも格差社会を一つの柱としていた。それは所得格差という意味での格差であった。本書の表題の「格差社会」は、階層の二極化によって出現した二極化社会ないしは階層社会という深刻な新たな段階でのそれである。労働運動の舞台転換とは、この社会変動のなかで労働運動の担い手として、新しい労働者類型・階層が登場していることを意味する。

第Ⅰ部におけるグローバリゼーションについては、「グローバリゼーションと現代日本社会の地殻変動」（二〇〇三年）と「働き方・暮らし方を変える、東京を変える」（二〇〇三年）を、階層社会については「日本的雇用の転換と若者の大失業」（二〇〇二年）や「ワーキング・プアの増大と『新しい労働運動』の提起」（二〇〇五年）などを基礎にしながら、労働市場の構造変化や労働者の類型など大幅に加筆した。

第Ⅱ部は、日本の労働運動の経験者ならば誰でも感じている企業別労働組合の改革について、その実践的な方途を検討している。とくに企業別組合を内部から改革する「内部改革」論と、その外にそれとは異質の労働組合を作り上げる「外部構築」論とを結合することが日本全体の企業別労働組合体制を改革するために欠かせないことを強調した。

「外部構築」論の中心である個人加盟ユニオンの発展段階を整理し、労働市場規制型ユニオンへの成長を検討し、その一つの到達目標に、日本の労働運動の過去と切断された形のヨーロッパ型ユニオンをおくことを提唱した。さらに、エコロジズムの視点やジェンダー視点、そして協同労働・協同社会の視点といった「新しい社会運動」の視点や価値を受容した社会的ユニオニズムを展望することが二一世紀労働運動論に欠かせないことを強調した。

第Ⅱ部における企業別組合の改革については、『労働問題実践シリーズ 5 労働組合を創る』（一九九〇年）と『労働問題実践シリーズ 6 組合運動の新展開』（一九九〇年）で基本的な枠組みを示し、新しい社会労働運動についても「日本型福祉国家戦略と社会労働運動」（一九九七年）で検討したが、これらを含め、第Ⅱ部全体として大幅に書き加えた。

第Ⅲ部は、戦後労働運動は四回の敗北を経験しながら、長い階段を下っていくように一路、衰退の歴史をたどったが、その衰退の歴史を詳細ではなく、構造的に把握し叙述した。戦後労働運動は、客観的には、日本型雇用・年功賃金・企業別組合という日本的労使関係を基盤にして展開されたが、それは労働運動にとって、足を取られるぬかるみのような悪条件であった。その基盤の上で、労働運動側は、政党・政派との癒着関係のもとで高い政治課題を労働組合に課す政治主義と、企業別組合を受容する企業主義という、ユニオニズムからの二つの逸脱をつねにおかしてきた。「ユニオニズム」とは欧米の労働組合運動の歴史をへて、国際的に当然視されてきた真の労働組合の運動や組織のことを指している。

第Ⅲ部は、「労働組合運動」（一九九六年）で戦後労働運動の時期区分と基本的な推移を示し、さらに「企業社会的統合と労働運動」（二〇〇四年）と「日本型雇用・年功賃金の解体過程」（二〇〇四年）で検討を深め、今回、政治主義的偏向の視点から書き加えた。また、第11章「企業別労働組合をめぐる論争をふりかえる」は、「戦後労働運動の思想――企業別労働組合論をめぐって」（二〇〇五年）にやや書き加えるにとどめた。

第Ⅰ部　労働社会の大転換を見すえる

はじめに

戦後労働運動の衰退は、後に検討するように、年功賃金と終身雇用制で象徴される日本特有の労働社会のあり方と、労働運動側の企業主義と政治主義という主体的要因の双方によるものである。このうちの前者における労働社会は、戦後半世紀以上をへて最大の激変の時期を迎えている。もし、労働運動の再生の可能性を見出すことができるとするならば、この転換局面のなかで、労働運動の舞台が完全に変わったことを、労働運動側が認識することによってであろう。戻ることのないこの変化について大筋をみていくことにしよう。

第1章　グローバリゼーションの衝撃

日本の労働社会を突き崩している力は、国内的な要因だけではない。確かに、現在の新自由主義による構造改革が階層の二極分化をうながしているが、それだけではなく、グローバリゼーションの進展という地球規模の大変動によって、おおもとは規定されている。その変化に国家を適合させるために、国内の新自由主義改革がなされているのである。その関係の根本をまず把握しておかなければならない。

一　生産拠点と市場のグローバル化

◆多国籍企業による国際下請工業化

球状や地球を意味する「グローブ」という言葉は昔から使われてきたが、「グローバリゼーション」という言葉が用いられるようになったのは冷戦体制の崩壊からである。経済のグローバル化は、確かに、ウォーラステインが言うように、「一五世紀末のヨーロッパに誕生した」「史的システムとしての資本主義」が、「その後も、ときの経過にともなって空間的に拡大し続け、一九世紀末までには地球全体を覆うに至った」という長い経過がある（『史的システムとしての資本主義』一三頁）。しかし、その過程のなかで、今日のグローバリゼーションは、資本主義世界システムの広がりと深まりにおいて新しい段階を画するものといえるだろう。

現在は「近代世界の歴史に断絶をもたらすような、より長いタイムスパンにおける変化の始まり」であり、「それはグローバリゼーションと呼ばれる一つの時代の始まり」とする見方は共有されなければならない（伊豫谷登志翁『グローバリゼーションとは何か』一二三頁）。グローバリゼーションは、「ナショナルな単位のなかで経済活動が完結し、商品貿易によって相互に結び合わされるという、これまでの世界経済像を、国境を越えて活動領域を根底から揺るがし」た。しかし、この「企業活動の越境化」の歴史は長いが、今日のグローバル経済化のなかで、多国籍企業が主導して、発展途上国を組み込んだ垂直的に統合された国際的な「下請け工業化」戦略が確立したことが重要である。

発展途上国も直線的に多国籍企業のもとに従属したのではない。一九六〇年代は、「アフリカの時代」とも呼ばれたように、アジア、アフリカ、ラテンアメリカで、多くの旧植民地が自決権を要求する民族独立闘争によって主権を獲得した時代であった。そして、その上に立って、途上国は、経済的自立をめざした。先進国や国際石油資本（石油メジャー）に対抗して石油輸出国機構（ＯＰＥＣ）を形成した石油産出国や、南北格差の是正を求める発展途上国は、途上国の主権を尊重する国際経済の仕組み（新国際経済秩序）を先進国に要求するようになった。

しかし、このような世界経済の進歩の流れは反転する。発展途上国は、経済的自立をめざし、外国からの輸入に依存してきた消費財などを国産化するという輸入代替型工業の戦略から、輸出を目的にし、安価な労働力を活用した労働集約的な工業を発展させるという輸出指向型工業への転換を余儀なくされた。原材料は海外から輸入され、製品や半製品を輸出するという、もっぱら膨大な低賃金労働力の活用だけの工業化戦略であった。それは、「多国籍企業の国際的な垂直的下請け工業化戦略」に組み込まれない限り、「発展途上国の経済成長はありえないことが、明確となった」(前掲書、一三二〜一三三頁) ことを示している。途上国の自立的な発展の道が閉ざされ、製造業大企業の国際的下請けネットワークに編入されたのであった。

こうして植民地から独立し、発展途上国は主権を獲得したが、しかし、その「領土は――国際分業の一環として――世界市場向けの生産のために」、「『第一世界』の一角へ、また『豊かな国』へ転化することなく、逆に、それらが新植民地として、世界システムの周辺部として、『第三世界』としてつくり出されたのである」(マリア・ミース、C・V・ヴェールホフ、V・B・トムゼン『世界システムと女性』四一頁)。

このように多国籍企業を頂点にした世界分業システムに発展途上国が組み込まれることによって工業化のグローバリゼーションが加速度的に進展した。アジアでは、韓国、香港、台湾、シンガポールなど「アジアＮＩＥｓ」と呼ばれる国・地域が七〇年代から八〇年代にかけて輸出主導で著しい経済成長を遂げた。八〇年代以降は東南アジア諸国、九〇年代からは中国も工業化を推進するため海外からの直接投資を誘致した。このように、ブラジルやメキシコなどの「ラテンアメリカＮＩＥｓ」をも含めて生産拠点がグローバル化していったのである。

◆グローバルな自由市場の形成

グローバル経済化がそれほど昔のことではないことは、冷戦体制が崩壊したことによってグローバルな自由市場が一挙に出現したことからも理解できる。これまで「鉄のカーテン」によって社会主義経済と資本主義自由市場経済とが真っ二つに区切られていた。両者の間には資本や労働力の移動は限られ、自由貿易も実現していなかった。一九八九年にソ連・東欧が崩壊し、社会主義経済が自由市場経済に移行し、また中国・ベトナムも社会主義市場経済を取り入れたことは、これまで社会主義と資本主義の二つよって隔てられていた世界経済が自由市場経済として一体化し、グローバル市場が一挙に実現したのであった。

九〇年代に「メガ・コンピティション」（大競争）の時代が到来したとされたのは、このグローバルなマーケットで如何に利益を上げることができるかが、グローバル企業の最大の関心事になったからである。

◆多国籍企業とWTO

ところで、確認しておかなければならないことは、この世界経済の変動は、日欧米の三極における各国間の競争や覇権国の交代という問題ではないということである。覇権国の交代ではなく、世界経済のアクターの交代だった。巨大企業が多国籍企業化という変身をとげることによって企業が世界経済の主役の座についたのである。このように、出自の国民国家を足場にしつつ、国境を越えて自由に活動する多国籍企業が世界経済の主役に登場してきたのである。

さらに、一九九〇年代になって、グローバリゼーションを推進するための国際経済機構であるWTOが一九九五年に創設されたことは重要な意味をもった。WTOは、GATTと異なり、各国に強制する超国家主権的な権限をもっている。しかし、一方では、WTOは国連の監視のもとにあるわけではなく、また選挙で選ばれてもいない、まさしく責任をとらないグローバル機関である。このようなWTOの国際官僚の決定が国内法を上回り、世界の経済・社会の重大事が決定されているのである。

とくに、利潤追求の民間企業の完全な競争を阻害する国内の施策を撤廃させる。たとえば、ラルフ・ネーダーがいうように「エネルギーの節減、持続可能な農業、環境に優しい技術のための補助金も撤廃の対象」になる。何故ならば、一つの国の補助金を得てつくられた製品や農作物は、他の国の民間企業にとって不利な競争条件になるからである。また、WTOの国際官僚が「発癌性の殺虫剤を禁止すべきかどうか、あるいはヨーロッパ諸国が危険なバイオティック・ホルモンの使用を禁止する権利があるかどうかを決めるのである」(ラルフ・ネーダー「ガット、WTOと民主主義の崩壊」)。まさしく「WTOは事実上、恐れを知らぬグローバルなクーデターというべきものである」(ジェレミー・ブレッカー『世界をとりもどせ』八五頁)。規制なきグローバリゼーションは自然現象ではなく、人為的につくられたこの国際機関によって促進され、制度的に保障されているのである。

自由貿易と資本移動に関して各国の規制を取り払うべきだとするWTOや多国籍企業のやり方を「新自由主義的グローバリゼーション」ともいわれている。注目しなければならないことは、新自由主義的グローバリゼーションは、これまで国民国家によって規制されていた労働基準や環境基準を突き崩すことによって労働者の生活・生存のみならず、地球の維持可能性という大きな問題に大きなインパクトを与えているということである。ここに二一世紀における新自由主義的グローバリゼーションと反グローバリゼーションという対抗の構図が浮かび上がってくるのである。まずは、新自由主義グローバリゼーションが世界の労働者の生活と生存を脅かしていることをみていくことにしよう。

二 「底辺に向かう競争」の展開

グローバリゼーションは資本の移動の自由と、貿易の自由という二つの面から世界の人々の生活に大きな打撃を与えている。これまで国民国家（政府）は、自由経済といっても、国民経済をコントロールするために企業に規制を加えてきた。労働基準や環境基準を始めとした基準を守るために企業は一定のコスト負担を強いられていたのである。しかし、多国籍企業の出現は、企業が、国境を超えた資本の移動の自由を、完全に手中に収めたことを意味する。基準や規制は国境を超えることできないが、企業は国境を超えることができる。

現在の困難はここからきている。ブレッカーが『世界をとりもどせ』でつぎのように指摘する事態が地球上で起きている。これがグローバル化の時代なのである。「今日では、政府や労働者側が企業の気に入るような労働条件、社会・経済条件、規制条件を提供できなければ、企業はどこへでも好きなところへ行けばいい。後に残るのは経済の荒廃だ」。「あるいは企業は、どこか別のところに移転するぞ、と脅すだけで済ますことができる」。このような多国籍企業の行動を規制するグローバルな基準はいまだできていないため、暴走するグローバル企業を今のところ誰も止められない。そしてすべての国々を「企業投資の誘致をめぐる競争へ駆り立てる。そこでそれぞれが労働、社会、環境すべてのコストを、他よりも切り下げようとする。その結果が『下向きの平準化』("downward levelity")つまり悲惨な『底辺に向かう競争』("race to the bottom")であり、そこではもっとも貧しく、もっともひどい状況にある人たちに、あらゆる条件が押し付けられがちである」(九—三〇頁)。最もコスト負担のない地域へと資本は移動し、また、各国で資本を規制する基準が下がっていく。

わかりやすい例はつぎのナイキ社である。ナイキ社は、韓国と台湾で生産していたが、民主化や労働組合の結成などによって人件費が上がり、インドネシアやタイに工場を移転した。インドネシアでは若い女性が生産に従事している。ナイキが一九九二年にインドネシアの工場で支払った給与総額は、マイケル・ジョーダンに支払ったCM料二〇〇〇万ドルにも達しないそうである（前掲書『世界をとりもどせ』二五頁）。

これはアジアにおける工場移転の例であり、また多くは先進国から途上国への移転である。しかし、「韓国の企業集団」が工場をウェールズに移転したり、また「ロンソンはライターの生産を韓国からウェールズに移転し、賃金コストを二%近く節約した」(ジョン・グレイ『グローバリズムという妄想』一一九頁）というように先進国への移転もあり得る。イギリスの炭鉱地帯だったウェールズは、エネルギー革命とともに炭鉱は閉鎖され、人口も減少したが、最近では海外の企業が進出している。

また、グローバル企業は、低い労働条件にもとづくコスト削減を目当てにしているだけではない。グローバル企業は、世界のなかで環境基準の低い国に精油所や化学工場などをつくり、汚染物質を排出しつづけ、環境破壊の発生源となっている。環境基準や労働条件を切り下げれば、企業はどこへでも移っていく。これが、反グローバリズム運動のなかでいわれている「底辺に向かう競争」なのである。

三　新自由主義による「国民的競争国家」づくり

新自由主義改革とは、実はこの「底辺に向かう競争」に対応した国の改造と、それと日本の多国籍企業の国際競争力の強化に貢献する制度づくりが目的なのである。もう、理解されるようにウェールズのような多国籍企業が来る国をつくる。そのために何をすべきか、これが新自由主義改革ということになる。このことについて検討することにしよう。

◆多国籍企業と国民国家

まず、注意しなければならないのは、多国籍企業は「無国籍」企業ではないということである。グローバリゼーションの進展のなかで「国民国家の黄昏」というように国民国家の役割を軽視する傾向もみられる。もちろん国民国家が変容されつつあることは確かなことであるが、多国籍企業はこの国民国家を足場にして、またその役割を期待して行動していることに留意しなければならない。スーザン・ジョージは、「多国籍企業」「multi-」（多）ではなく「超国家的企業」「trans-」（超）という用語を用いているが、それは「もともと帰属していた『国家』の果たす機能も過小評価するわけにはいかない」（『ＷＴＯ徹底批判*』）ことを重視しているからである。

＊ スーザン・ジョージ『WTO徹底批判』訳者（杉村昌昭）あとがき。このことは、運動の領域と目標が、グローバル、EUなどのリージョナル（地方）、国民国家（ナショナル）、それに地域（ローカル）という四つのレベルでの展開が必要とされることを意味する。

多国籍企業と国民国家との関係では、まず、多国籍企業は出自の国家と緊密に結びつき、その政治力を利用しているという点を確認しておこう。例えば、多国籍企業が、経営拠点をグローバルに展開する場合、その進出企業が政治的にも軍事的にも安全が確保されなければならない。そのために多国籍企業は出自の国民国家に軍事的な安全保障をもとめることになる。現代日本の政治大国化・軍事大国化の路線も、多国籍企業との関連で理解されなければならない。そして、「グローバルな過程の大部分が国家領土のなかで実現されるのであり、大部分が国家の制度的な機関を通じて」なされることは、サスキア・サッセンがいうように「市民にはグローバル経済に対して権力を行使する余地がのこされている」ということである（『グローバリゼーションの時代』一二～一三頁）。

以上のような多国籍企業と国民国家との関連をむしろ緊密だということを確認して、それでは、国民国家は「底辺に向かう競争」のなかでどのように対応していこうとしているのかをみていくことにしよう。ヨアヒム・ヒルシュは、『国民的競争国家』と題した著書で、「新しい情報テクノロジーやコミュニケーション・テクノロジーを通じて多様な企業活動をこれまで知られていない範囲で空間的に分散することが可能」になった。つまりIT技術の発達は企業組織をネットワーク化しやすいのでむしろ企業の分散化を生み出したとした（九九頁）。そして、このことを前提にして、多国籍企業は「フレキシビリティに、迅速に、企業の一部分を、賃金コスト、労働力の質、環境条件、国家の立法、あるいは市場諸関係から判断してそのときどきにもっとも有利であると判断される世界の場所へと移転する」ようになると「資本の新しい移動性」を指摘した。

そして、重要なのはこの「資本の新しい移動性」に国民国家がどのように対応するのかである。「国民的競争国家」は、「国家の政治は、他の国家と競合して、グローバルに、よりフレキシブルに行動する資本のために有利な価値増殖条件を整えることにますます関心を払うようになっている」という状況を規定したものである。「国民的競争国家の機能論理は」「グローバルな競争力の確保という目標へと社会のあらゆる領域をさし向けること」だとしている。多国籍企業にとっての『立地点』の収益性」のために「多様な『立地点』間で質をめぐる破壊的な競争が勃発する」（一二二頁）。

日本の新自由主義改革も、多国籍企業に有利な「収益性」を提供するために国家の改造を目標にしているのである。そのビジョンは以下にみるように二〇〇〇年代以降、鮮明になってきた。

◆「活力と魅力にあふれる日本」

二〇〇三年の日本経団連「活力と魅力に溢れる日本をめざして」（奥田ビジョン）の提言からは新自由主義改革がめざす国の形が浮かび上がってくる。「奥田ビジョン」は、「『メイド・イン・ジャパン』（Made in Japan）の体制から『メイド・バイ・ジャパン』（Made by Japan）の体制への転換」を主張した（二八～二九頁）。「Made "by" Japan 戦略」とは、日本の国内で生産し、輸出する企業を支援するというこれまでの体制ではなく、世界的な規模で事業を展開する日本のグローバル企業を支援する戦略に変えるということである。このグローバル企業は日本国籍に限らない。日本のグローバル企業が「外国企業と複雑な協力関係を構築することがグローバル競争に勝ち抜く重要な手段」なのだから、海外の企業が日本に来やすいように環境を整備することも念頭に置いている。

そして、「奥田ビジョン」で重要な点は、「企業が内外のさまざまな力を利用でき、世界のどこよりも早く事業化に取り組める環境がつくりあげ」、「技術革新のダイナミズムがあれば、日本は世界でも重要な製造拠点であり続ける」というところだろう。つまり、製造業を手放さないのである。そのためには、「日本全体をいわば『巨大な研究所』にすること」だと「研究所」国家づくりを指向している。さらにこの「巨大な研究所」構想とならんで、「高コスト構造」の打破が国際競争力の再構築にとっての至上命題となっている。

「奥田ビジョン」よりやや以前、インターネットで開示された二〇〇一年一一月二六日の閣議資料は、この「高コスト構造」の打破について分かりやすく図解していた。まず、「対内直接投資と対外直接投資の主要国比較」を示し、「国際的に低水準の対日投資」は「我が国の事業環境の競争劣位を反映」と説明されていた。外国のグローバル企業が日本に入ってこない。それは「立地」条件が劣位だからである。だから、この構造を打破する。

「高コスト構造」の事例として示された「ワーカーの人件費」は、「平成一二年末におけるアジア諸国の人件費は、我が国の半分以下、中国との比較では三〇倍もの格差」と解説している。「産業用大口電力料金」も高い。「港湾使用料」も「空港使用料」も高い。これは四つの事例にすぎないが、税・社会保障をはじめあらゆる企業のコスト負担を軽減することが新自由主義改革の目標となる。すでに、法人税率（基本税率）は一九八八年の四二％から一九九九年以降三〇％に切り下げられている。

一方、「資料」は、「日米の産業界が使用する研究開発」で「差は近年は更に拡大傾向」にあるとし、また「産業界に支出した政府の研究開発費」で「先進国中最低レベル。我が国政府の研究開発費支出割合は米国の約五分の一」と説明している。

新自由主義改革の一つである旧来型の公共事業や補助金の削減は、その分が国民の福祉の方に向かうのではない。社会保障費そのものの削減の分を含めて、内外のグローバル企業にとって企業の国際競争力の再構築のための研究開発費に投入されるのである。

まさしく、各国間の「立地点」競争を勝ち抜くために「社会のあらゆる領域をさし向けること」、そのために新自由主義構造改革によって「国民的競争国家」へと日本を改造すること、これが現代日本の大転換なのである。「奥田ビジョン」は、内外の多国籍企業にとっての「活力と魅力に溢れる日本」をめざしているのである。

四　グローバリゼーションの人間と地球へのインパクト

新自由主義グローバリゼーションの展開と「底辺に向かう競争」、そして日本における構造改革という流れで日本に収れんさせて検討してきたが、ここで再びグローバルな次元で問題を考えることにしよう。

◆地球の維持可能性

新自由主義グローバリゼーションの流れは、日本というレベルをはるかに超えて、地球と人類の歴史にとって大きな衝撃をもたらすものとなっている。新自由主義グローバリゼーションに反対する反グローバリゼーション運動は、様々な課題を掲げた多様な運動の世界的な合流として展開しているが、その底流には地球環境に対する危機の意識が共有されているように思われる。そこで、地球の環境・資源の維持可能性について一瞥しておくことが必要とされる。

もちろん、地球環境や地球資源の危機は、グローバリゼーションによって引き起こされたという規定的な関係にはない。産業革命からの長い期間をかけて進行してきたのである。しかし、グローバリゼーションの進展は、地球に壊滅的な打撃を与える最終的なインパクトとして作用していることは確かである。

一九七二年、『成長の限界――ローマクラブ「人類の危機」レポート』が出版され、ベストセラーになった。それは「世界人口、工業化、汚染、食糧生産、および資源の使用の現在の成長率が不変のまま続くならば、来るべき一〇〇年以内に地球の成長は限界点に到達するであろう」（一一頁）と結論づけた。それから三〇年以上がたっている。それならば、限界点には後七〇年以内で到達することになる。限界点といってもその時点で何かが起きるということではなくグラジュアルに崩れていくということであろう。地球は今「限界への衝突」に向かって走っているということができる。周知のこともあろうが、いくつか数字をみてみよう。

大量資源浪費・大量生産・大量消費・大量廃棄という大量生産システムが、中国、インド、イスラム圏、ロシア、東欧、南米など、今のところアフリカを除く地球上のすべてをおいつつある。たとえば中国は「自動車中心型の交通システム」を整備して、「経済成長の牽引力の一つとして自動車産業を振興する方針を打ち出した」。もし、「中国人が一家に一～二台の自動車を所有」することになるならば、中国の一日の石油の消費量は、「現在の世界の一日当たり石油生産量」を上回ることになるとされている。「欧米型の産業開発モデルが中国においては現実的でない」ことは明らかであり、それは「インド」で、そして「結局、それは先進世界でも現実的でない」ことになる（レスター・ブラウン『エコ・エコノミー』二二～二三頁）。地球の石油埋蔵量はあと四〇年ほどとされている。*

＊ アメリカによるイラク攻撃は第二次大戦後では最大の石油資源略奪戦争として位置づけられる。石油について水資源紛争も起きている（マイケル・T・クレア『世界資源戦争』）。

二酸化炭素の増大などによる地球温暖化による影響も深刻になってきている。今後一〇〇年の気温上昇は最大約摂氏六度といわれているが、気温上昇は海面の上昇をもたらす。気温二～三度の上昇でさえも、関東では、房総半島は松戸と柏の間でかすかにつながり、浦和と大宮が海岸線に接することになる（高木善之『新地球村宣言』五〇頁）。二〇五〇年までに日本の海面水位は五〇センチ上昇し、海岸部に住んでいる一九〇万人が「環境難民」化するとみられている。

これらは環境問題に関する文献で誰もがわかる数字であるが、あと八〇年や五〇年という期間は、今の子供たちが生きている時代でもある。そのなかで、「大量生産・大量消費・大量廃棄」のグローバル化によって、資源・エネルギーの消費は幾何級数的に上昇する。「我が亡き後に洪水は来たれ」ではなく、子供たちの時代に洪水は押し寄せてくることになる。

◆富の偏在

ここでグローバリゼーションと関連させて地球環境と、第三世界の開発・貧困について検討しておこう。世界の富の増大が極端な偏在化を拡大していることに注目しなければならない。第三世界の貧困について、それをイメージとして把握するために、シャンパン・グラスという比喩がよく用いられている。世界の総人口を富裕層から貧困層までその度合いに応じて上から五つに分割する。そして、世界の総所得がその五つの階層にどのように配分されているのかをみる。すると、世界人口の五分の一に当たる最も裕福な層に総所得の八二・五%、以下、貧困が増すに連れて、一一・五%、二・五%、二・〇%、一・五%となっている。つまり、世界の富の八割は、最富裕層に集中している（ミシェル・ボー『大反転する世界』二二五頁）。あたかも、シャンパン・グラスに注がれたシャンパンのように、世界の富は富裕層に流れ込んでいるのである。世界の不平等は歴然としており、しかもその差は縮小せずむしろ拡大している。

地球は今、このような富の偏りをもちながら、「限界への衝突」に向かって猛スピードで走り出している。これをどのように考えるのか、時代が提起しているテーマであろう。

◆グローバリゼーションによる最終的なインパクト

それでは、ここで、何故、グローバリゼーションが「地球の維持可能性」と「富の偏在」への最終的なインパクトになっているのか、まとめておくことにしよう。そもそも資本主義という社会システムのもとでは、ウォーラステインがいうように、「資本は自己増殖を第一の目的ないし意図として使用される」のであり、資本は「くるくる回る踏み車を踏まされている白ネズミのようなもので、よりいっそう速く走るために常に必死で走っている」（前掲書、四頁、四八〜四九頁）。資本は地球の限界などは勘案せず、自己増殖そのものを目的としているのである。しかし、その自己増殖に対して社会労働運動は長い歴史を通して国家にその規制を求めてきた。

しかし、資本がグローバル化することによって、国民国家の統制の枠を逃れることができるようになったのである。ウォーラステインは「魔神がビンから出されたのである」と表現し、「二〇〇〇年におけるほど、この魔神が力をもっていたことは今までなかったように思える」と述べている。そして、「二一〇〇年には、我々は魔神がビンに帰っていくのを見ることになるかもしれない。しかしそうはならないかもしれない」。「真のポイントは、我々が歴史的選択の瞬間（五〇年という長い瞬間）を迎えているということである」と人々に選択を促している（『時代の転換点に立つ』一九〜二〇頁）。同じ脈絡で、ミシェル・ボーは長期的かつ広い視野にもとづいて、グローバリゼーションは「地球の再生産」と「人類の再生産」、「資本主義の再生産」という「トリプル再生産」の大変動を引き起こしているとし、「強大な変化の波に直面して」「人類の思考枠組み」の転換を求めている（『大反転する世界』六七〜七四頁）。

第2章　企業中心社会のもとでの日本の格差社会

さて、このようなグローバリゼーションの展開のもと、国民的競争国家づくりのための新自由主義改革が、日本の労働社会に多大なインパクトを与えた。今日さまざまな角度から議論されている格差社会論は、その打撃によって生じている現状をとらえようとするものである。この格差社会論がみる現代日本社会の激変を、変化の前の企業社会との比較から検討することにしよう。とくに、日本はいったいどのような社会だったのかを理解することが格差社会論にとって前提となる。日本はどのような社会から、どのような社会へと転換するのか、その連続と断絶を知ることが必要とされるからである。

一　日本的労使関係と企業社会

◆格差社会の認識

今日、日本社会の二極分化や階層化についてさまざまに論じられるようになってきた。共通認識が広がっていることは良いことであるが、ただ、これまでの日本社会についての正確な理解がないと、現状の把握は不十分になる。その一つの例として山田昌宏『希望格差社会』があげられる。

この本には「戦後から一九九〇年頃までの日本社会を振り返ると、そこには極めて安定した社会と個人生活が築かれていたことがわかる。この時代は、仕事、家族生活、教育システムがうまく機能し、生活は予測可能で、格差は縮小に向かい、人々は希望をもって生活できていた」(二二頁)という信じがたい叙述がある。これまでの日本社会をあまりにも美しく描きすぎているし、格差縮小は事実とも異なる。企業社会論者はこれとまったく逆のスタンスをとっている。

そもそも、これまで日本は十分に格差社会であった。山田が「一九九〇年頃まで」と言うが、すでに一九九一年の国民生活審議会の答申「個人生活優先社会をめざして」は、「あまりにも経済効率重視に偏った企業中心社会が、長時間労働、会社人間、単身赴任など諸外国に類をみない勤労生活をもたらしている」(九頁)とし、日本は企業社会であり、「企業中心社会の変革が必要」だと提言した。次の指摘は重要である。

「個人の生活が過度に企業に依存してしまった状況下では、企業間の優劣が単に賃金の格差にとどまらず、従業員の生活全体に格差を生じさせてしまう」。「生活が過度に企業に依存」しているのは、国家の生活保障政策や教育政策、住宅政策などがヨーロッパの福祉国家に比べて劣悪であり、働く者は、企業の賃金に頼らざるをえないからである。

さらに「企業規模別の賃金の格差は近年拡大傾向にある」、「教育機会や相続を通じて次世代にわたって継続していく場合もあり、社会の平等性の見地から問題となる」と述べている。企業に依存した生活構造のなかで、企業規模間の賃金格差に着目し、それが、次世代への格差の継承、すなわち階層の再生産を生みだしていると、当時において実に的を射た分析をしている。

企業社会や格差社会の基本的構造についてはすでに「企業社会と労働組合」（木下武男）で検討し、日本の働く者の生活が「過度に企業に依存している」状況を「企業依存の生活構造」と表現した。そこで論じ、また生活構造審議会が指摘した格差社会は、企業中心社会の一つの柱として把握されていた。今日さまざまな角度から注目されている格差社会とは内実において異なっている。

今日の格差社会はその企業中心社会が崩壊しつつあるなかで出現している。したがって、この次元が違う二つの格差社会の区別と関連を理解することが現在、日本社会で進行している事態を十全につかむために必要なことである。そのために企業社会の基本的な枠組みを要約的に示しておこう。

◆市民社会と企業・労働組合

日本社会は家庭や地域よりも企業中心に動いている。働く者のエネルギーは企業に吸い寄せられ、過労死するように働かされている。このような日本を、企業社会としてみる見方はすでに八〇年代に入って国民の間に広がっていた。当時、ルポルタージュ『妻たちの思秋期』（斎藤茂男）は、企業という場は「巨大なマシンが回転するのか、だれをも企業忠誠心熱き会社人間に性転換させてしまう不思議な仕掛があるらしい」（二六〇頁）と、企業で働く男たちを表現した。

「巨大なマシン」は企業という社会のなかに存在する。つまり、働く者は国家の権力によって駆り立てられて、過労死するように働いているのではない。国家の支配が社会全体をおおっている国や時代ではなく、市民社会が広く形成されているところでは、市民社会のさまざまな領域のありようが、労働と生活を規定している。「国家と市民社会」の枠組みのなかで企業や労働組合を考えなければならない。*

* 企業社会は、市民社会における産業社会あるいは企業の領域で労働者側が抑え込まれているところから形成された。企業のなかで労働者が支配されているという力関係論だけでなく、企業の論理である競争原理と労働組合の論理である競争規制の原理とが対抗し合い、結局、企業の競争原理が圧倒している。そして企業の競争原理が市民社会全体を一元的におおっている。このような企業本位の市民社会を「企業社会」と呼ぶことができる。渡辺治は「〈市民社会〉の原基形態を成すと思われる日本の特殊な構造を持った大企業における労働者支配」、これこそが日本分析にとって重要であり、また今日の『保守化』なり労働者の右傾化なりの原因を〈市民社会〉の構造に求める」ことが必要であると強調した（『現代日本の支配構造分析』一九八八年、八八頁）。後藤道夫も「労働者階級の圧力は高度成長のなかで、企業のヘゲモニーを中心にする市民社会の側に吸収され、市民社会による労働者階級の馴化が進行した」（「階級と市民の現在」一九八八年、『戦後思想ヘゲモニーの終焉と新福祉国家構想』に収録）と述べた。

ところで市民社会のなかの労働社会は、企業という一領域を指しているのではない。労働社会は、企業という狭い意味での企業社会と、企業を超えた産業や職種ごとの産業社会、この二つが存在する。日本においては企業のなかで労使の関係が成り立っていると考えがちであり、またそう見える。インダストリアル・リレイション（industrial relations）という用語は、日本では労使関係と訳されているが、本来、産業社会の場における経営者団体、労働組合、政府の各要素の相互関連を意味しており、決して企業内労使関係に限定したものではない。このようなインダストリアルな見方をすることによって企業社会の実相に迫ることができる。そこで、産業社会における労働組合や経営者団体との対抗などを「労資関係」という言葉を使い、企業社会における労働組合と経営者の関係を「労使関係」という言葉で表現する。問題は、日本における産業レベルの労資関係と、企業内の労使関係とがどのように関連し合っているのかであり、それは企業社会を規定していることにもつながる。このことを以下、検討していくことにしよう。

◆企業内の労使関係と競争

まず、企業内の労使関係であるが、以前から日本の賃金や雇用、労働組合のあり方を特徴づけるものとして日本的労使関係という用語が用いられてきた。終身雇用制は、日本独特の雇用システムのある面を表現しているにすぎない。日本独特の雇用のあり方が日本型雇用であり、賃金のあり方が年功賃金であるとして、以下検討していくことにしよう。

日本型雇用はどのように特徴づけられるのだろうか。四つの柱、つまり①雇用の入り口である新規学卒者の定期一括採用方式、そして②出口である定年制、そのあいだの③内部昇進制と、④配置転換や転勤などの企業内労働力移動に整理することができる。

定年までの長期雇用を前提にして、新規学卒者を一括採用する。三月に卒業する新卒者を定期的に、各部署の必要性ではなく、人事部が一括して採用するのである。採用後、日本特有の企業内技能養成システムにもとづいて技能の養成がなされ、その能力開発に応じて、上位のポストに出世していく。

内部昇進制とは、会社の従業員を下から上に昇進させる仕組みであり、外部からの採用を基本としない昇進制度である。そして、配置転換、転勤を繰り返しながら、企業経営を修得し、やがて幹部社員になる。その可能性が多くの社員に与えられている。

日本の年功賃金も、この内部昇進制に対応している。若年の単身者賃金から、年齢・勤続を経るにつれて少しずつ上昇し、やがて世帯主賃金になる。

さて、このような日本の賃金雇用システムの特殊性から、加熱した働きぶりが生みだされる。それは昇進と昇給を軸にした処遇の基準が「年功」であるところからきている。「年功」は、年齢・勤続だけを基準とするエスカレーターのような安定性をもっているが、それは自動的な上昇を意味しない。年齢・勤続に、功労、功績の「功」が加味されている。だから「年功」は、年齢、勤続、性差および個人の能力が合成された評価基準として、これまで企業内で通用してきた。そのうちの個々人に対する能力評価のシステムが人事考課制度である。人事考課制度は、成績考課と情意考課、能力考課を柱として、昇給、昇進など企業内人生のあらゆる処遇にかかわってくる。

個別企業の勤続年数が意味をもつ年功制のもとでは転職すると労働者は不利になる。この雇用慣行のもとで、従業員はいわば退路を断たれ、小宇宙の状態におかれる。その「閉ざされた社会」は過酷な競争秩序によって彩られている。勤続を大きな前提にしているので、従業員どうしの競争の範囲は、同期入社者ごとに区切られている。だが、「同期横並び」だからこそ、誰もが降りることができない、長期の能力主義競争が繰り返されているのである。長時間労働やサービス残業、年次有給休暇の少ない取得、単身赴任の受容、これら家庭よりも企業を優先させる働きぶりは、抜け出すことのできない企業という「閉じた社会」のなかでの生活の安定と競争構造の仕組みからきているとみることができる。

◆産業レベルの労資関係と競争規制の欠如

日本における加熱した労働者間競争は、年功賃金における定期昇給制度の昇給と内部昇進制における昇進の二つの柱に人事考課制度が深く関わっていることによって説明することができる。これはすでに広く知られている。しかしながら、労働者間競争にはもう一つの筋の競争がある。企業内的視野からはみえにくいが、産業社会のレベルからみるならば、企業同士の労働者間競争を指摘しなければならない。つまり、日本における労働者間競争は企業内と企業間という二様の競争から成り立っているのである。

それでは企業同士の労働者間競争とはどういうことなのだろうか。その競争とは、激烈な企業間競争に労働者が巻き込まれてしまっている状況を意味している。労働者が巻き込まれるとは、経営者が企業間競争に勝ち抜こうとして、自分のところの労働者を労働強化に駆り立て、それに労働者が巻き込まれる状況である。

これらの状況はいつにかかって基準、すなわち産業別労働条件規制が形成されていないところからきている。日本では労働者の労働条件は、産業レベルでなく、個々の企業の内部で決定される。この国では当たり前のようになっているこの事態が実は労働者を過労死的な働きすぎに追い込んでいる元凶だということについてあまり指摘されない。

産業別労働条件規制が労働者にとって大切なのは、企業間競争が労働条件を切り下げることに対する唯一の歯止めだからである。そのことを少し検討してみよう。資本主義の市場経済のなかだから企業同士は激烈な競争を展開している。企業間競争に勝ち抜くには、他の企業よりも早くすぐれた製品を開発し、他よりも安く大量に生産し、販売しなければならない。そうするためには他の企業よりも自分のところの労働者をより安く長時間働かせれば、競争に勝つことができる。

しかしながら、どんなに企業同士が激しく競争しても労働者の労働条件を下げることによって競争を勝ち抜いてはならないという仕組みができているならば、労働者は犠牲になることはない。つまり企業間競争のらち外に労働条件をおくことである。企業が電気代やガス代をまけさせることによって、コストを削減することができないのと同じように、労働者の賃金や労働時間を一企業だけが下げることはできないのである。そのために必要不可欠なのが企業横断的な労働条件規制であり、それは産業別労働組合がすすめる産業別労働協約で表現される。

企業社会論からすれば、労働者の働きぶりや社会の相貌をめぐるヨーロッパと日本との質を異にする類型的な違いは競争規制のこの核心部分からきていることは確認されなければならない。日本を特有な競争社会にしている最奥の源は、実は労働条件規制と労働組合のあり方そのものなのである。

例えばヨーロッパ多くの諸国で実現している週三五時間労働制は、産業別労働協約によってなされている。この労働時間の規制は、その産業のすべての企業に適用される。このような産業別労働協約に反する企業は全国的な労働組合を敵にまわすだけの覚悟がなければならない。したがって個別企業はこの週三五時間労働制などの共通する労働条件のルールの上でフェアーな競争を強いられるわけである。

◆産業レベルの平等原理と日本の格差社会

競争と格差は同じ原理からきている。競争は一定の基準から抜け駆けすることによって展開される。格差は一定の基準からの偏差として存在する。その基準から離れる競争を規制し、格差の開きを基準にそろえるのが平等の原理である。平等の原理は、産業社会における企業組織と労働組合との対抗関係のなかで平等の推進勢力である労働組合が力で押しつけることよって形成される。平等の実現は、労働組合が基準にそろえるようにする規制力にかかっているのである。

日本には産業社会に平等の基準が存在しない。ここでまた日本における産業社会のあり方、なかんずく労働組合のあり方が浮上してくる。すなわち労働条件の決定が企業内でなされ、企業横断的な社会的規制の歯止め、つまり平等の最低限の基準線がかけられないという企業別組合の主体の側に平等の推進勢力としての脆弱性がある。企業別労働組合について論じる場合、この単純な論理、すなわち先にみた労働者間競争を規制できないこと、社会的に最低限の平等を実現できないこと、このことに注目しなければならない。

それでは産業社会における平等原理はどのようにして形成されるのだろうか。ヨーロッパと日本における違いはつぎのようである。ヨーロッパにおける産業別組合の賃金は、産業内の労働者を職種別に、そして職種のなかの熟練度に応じて決定される。すなわち同一職種で同じ熟練等級の労働者は同等な賃金であるという同一労働同一賃金の原則が存在する。この産業別組合の職種別等級別の賃金は企業横断的な労働協約で決定される。企業をこえて横断的に賃金・労働条件が決められるので企業規模間の賃金格差が微小でしかないことになる。ある職種、ある熟練度の労働者の賃金は基本的に同じことになる。労働組合は、職種ごとに労働力商品の銘柄は違っていても企業を超えて同じ値段で売るようにするのである。企業規模の大小・優劣でまけたり、上げたりできない。この企業横断的な産業別労働協約にもとづいて、職場の組合組織が企業の経営状況におうじて協約賃金のうえにさらに上乗せする賃金ドリフトの交渉がおこなわれているが、協約賃金が一定水準にあるので日本のような大きな格差は生じない。

これまで検討してきたように、労働組合の企業横断的規制力の有無が産業社会を格差社会にするか、平等社会にするかの分岐点になっている。イギリスを長らく観察してきた森嶋通夫は『続イギリスと日本』のなかで大企業と中小企業の二重構造について「イギリスではこのような二重構造は、ほとんどありませんが、これは悪名高いイギリスの労働組合の功績といわなければなりません」とし、一方、日本は「二重構造に適合した独特の労働組合組織をもっており、そのような組合組織は逆に二重構造を助長しています」と述べ、「企業別労働組合が企業間の賃金差の発生に協力している」（二〇四頁、二二二〜二二三頁）と看破されている。悪名高い横断的労働組合の行状をこそ日本の労働組合は見習わなければならないのだろう。日本の格差社会形成の一端は、産業社会を平等の編成原理で貫くことができない労働組合のあり様にもとめられるとみなければならない。これが企業社会である。

二 「企業依存の生活構造」と格差社会

「企業依存の生活構造」という意味は、労働者の生活が企業の支払う賃金に依存して成り立っているということである。この「企業依存の生活構造」が日本の格差社会をも生みだしていることを以下にみていくことにしよう。

まず、第一に「企業依存」とは、逆に言うと、国家に依拠して生活を成り立たせることができないということである。『日本人の賃金』（木下）で検討したように、ヨーロッパの職種別賃金は仕事を基準にしているから、年齢別賃金カーブは一人前になった三〇歳ぐらいからフラットな状態になる。年齢とともに賃金が上がらない。しかし、加齢とともに上昇する生計費を、所得再配分政策にもとづく福祉国家の社会政策・社会保障政策によって抑え、国がその分を支えているのである。日本はヨーロッパ的な水準からみるならば福祉国家ではない。国家の支えではなく、企業のなかでの自己の努力を前提にして、企業に依存して生活を成り立たせる以外にはない。以前からずっとこの国は、自己努力の国だったのである。

第二に、企業に依存できる度合によって格差社会が編成されているということである。労働者はライフステージごとに住宅・教育・老後といった生活課題に直面する。日本の労働者はこれらの課題に私的に対応せざるをえない。労働者の対応とは、労働者が企業のなかで忠実にまた過酷に働くことを意味する。その見返りが、年功賃金と企業福祉である。

年功賃金で高い水準の賃金収入が得られれば、生活課題に備えた貯金もできるだろう。企業福祉をとってみても、国の児童手当ではなく、企業の家族手当によって、国の住宅政策の充実ではなく、企業の住宅手当によって、国の年金制度の充実ではなく、企業の企業年金によって、生活課題の一定の解決が期待できる。日本のこれまでの格差社会は、この企業に依存できる度合であったということができる。民間大企業から大手中堅企業、中小企業、小零細企業といった生活が依存できる度合いによって格差の序列がつくられていたのである。

第三は、「企業依存」によって受動的で自動的な生活向上が期待できるということである。日本型雇用のなかの正社員は民間大企業や公務員であれば、よほどのことがない限り、解雇されることはない。男性正社員は、定年までの雇用が黙約され、それまで内部昇進制によって徐々に出世していく。多くは自動的な年功的昇進だった。年功賃金をとってみても、定期昇給制度は、企業の賃金原資は増大しなくても労働者の個別賃金は増大するという仕組みである。企業の労務費コストは負担がないのに、個々の労働者にしてみれば、毎年、賃金が上がる仕組みである。いうまでもなく、新卒入社者から定年者までの企業の賃金原資は定年退職者が毎年でるかぎり原理的には変わらない。労働者個人にとって、賃金は年功的な山型のカーブにそって毎年上がっていく。だから会社に長くいると自動的に賃金が上がっていくのである。

ヨーロッパにおける労働者の賃金は、みずからの努力によって熟練の資格を上げることによってか、あるいは労働組合の労働協約闘争の結果として上昇する。自然に賃金が上がることはない。日本ではたたかわなくても、去年よりも今年、今年よりも来年というぐあいに徐々に生活が向上するが、ヨーロッパでは労働組合の闘争によってのみ生活を向上させることができる。この差は大きい。ヨーロッパの労働者がユニオンに親近感をもち、日本の労働者が企業に依存する意識をもつのも当然でもある。

三　日本型雇用と年功賃金の上にあった格差社会

検討してきたように日本の格差社会の格差とは、「企業依存の生活構造」のなかでの依存の度合であった。社会保障・社会政策による生活の支えが小さいこの国で、生活を成り立たせるには企業の賃金がすべてであるといってもよい。依存の度合とは、企業の賃金の大小である。すなわち企業規模の大小に生活の良好さはかかっていた。年功賃金は仕事を基準にしていないので、企業規模による賃金格差が極めて大きい。賃金の年収格差は、やがて大きな生涯所得格差を生み出す。図1は一九九六年の企業規模ごとの年齢別賃金カーブを描いたものであるが、企業別のカーブは整然と序列化されている。この序列化された賃金カーブが日本の格差社会を表現している。

そして、その規模間格差の序列は学校・大学の序列と対応関係にあった。トップの年齢別カーブに乗ろうとするならば、いい学校の格でなければならない。だから「いい学校―いい大学―いい会社」というルートがつくられ、学校・大学の格を競う日本特有の学歴競争社会が形成されたのである。日本の働く者たちは、学校・大学の序列を通じて、企業の規模・良好さの序列に組み込まれ、整序づけられていたのである。

しかし、一方では、この学校と企業の仕組みは生活における一種の安定性を保持していた。図2は

図1 企業規模による賃金格差（1996年）
—事業所規模別平均給与（男性）—

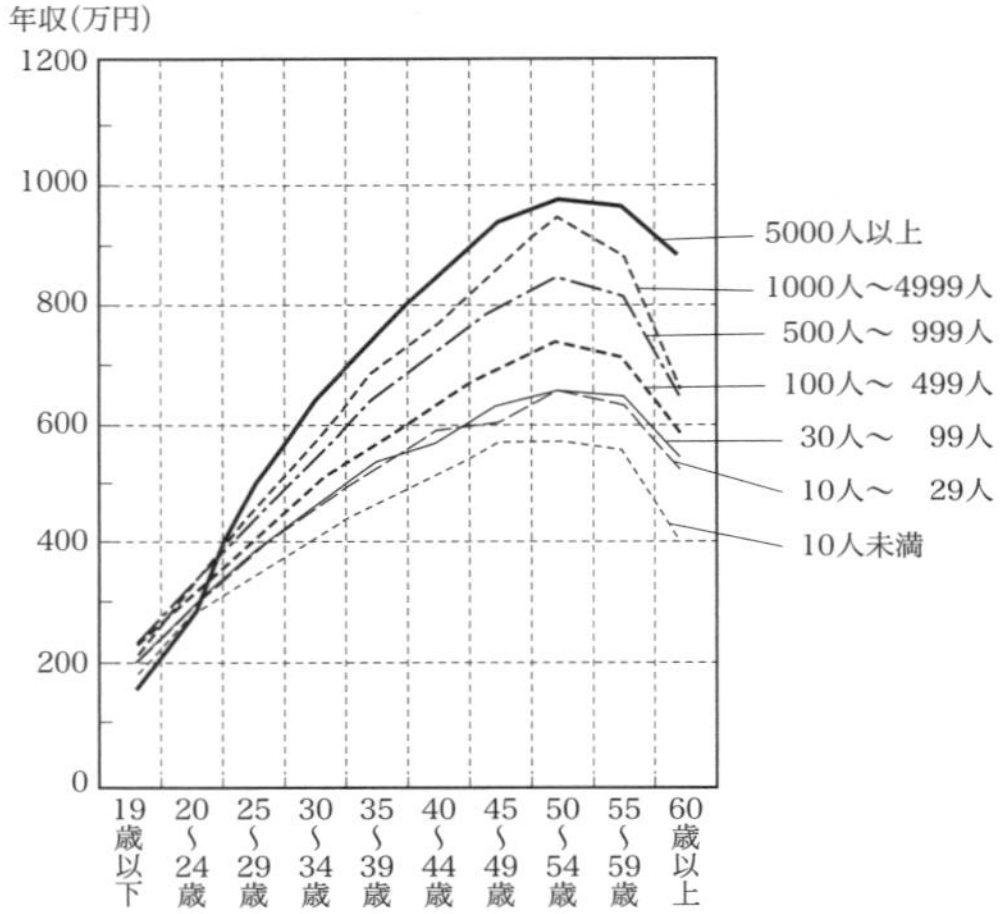

出所）国税庁『平成8年分 国民給与の実態』（1997年）

図2 これまでの日本型雇用

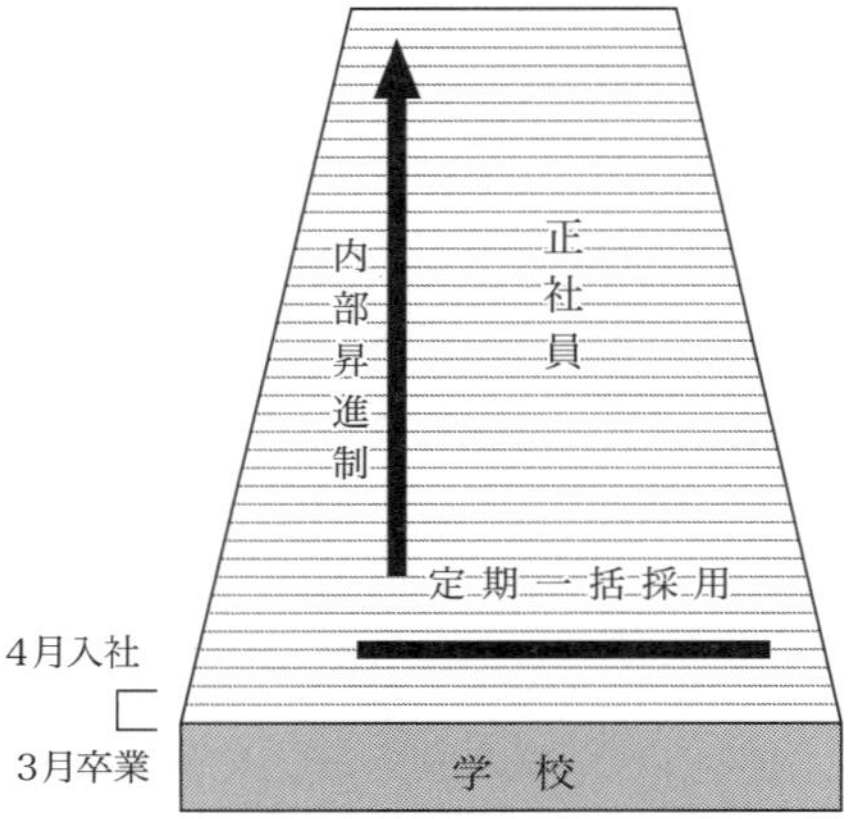

この安定性を描いたものである。長方形の学校社会と台形の企業社会の二つの図形は接している。企業社会の下方にあるヨコ棒は、日本型雇用の特徴の一つである定期一括採用方式を表現している。定期一括採用方式が機能していた時期には、高校生・大学生は三月に卒業し、四月に新入社員になる。三月卒業・四月入社によって正社員になった若者は企業社会の台形の下辺の位置することになる。その上の大きな矢印は日本型雇用の一つである内部昇進制を示している。この内部昇進制の階段を登りつめることができるのは主として男性従業員だったが、入社から上辺の定年まで、その間は、この男性専用コースの昇進が保障されていた。

このように格差社会に組み込まれた男性は、正社員として入社し、企業の良好さによって濃淡はあるとしても、昇進・出世し、賃金が上昇し生活も安定し、やがて定年をむかえる。これは常識とは言えないまでも社会的に良いことであるとする社会的規範として国民のなかで受容されてきたのである。これが、これまでの日本の格差社会における安定性だったのである。

これまでの格差社会で重要なことは、大企業と中小企業の格差は確かに大きかったとしても、学校と企業とが三月卒業・四月入社という定期一括採用方式によって接合され、企業内人生のスタートに立ち、やがて内部昇進制と定期昇給制度によって徐々に生活が向上していった。企業規模にもとづく秩序のもと、格差はあったがそこに安定性もあったということである。

第3章　格差社会から階層社会への転成

これまで検討してきたことは、今、何が崩れ去ろうとしているのかということであった。日本社会が「どこ」からどこへ向かうのか、その「どこ」とはこの企業社会であり、企業社会の一つの柱が格差社会であった。それでは格差社会が崩壊するとはどのようなことなのか。今、到来しているのは格差社会ではないのか。これらのテーマについて以下、検討していくことにしよう。

一　日本における格差社会の形成

格差社会の形成を歴史的にとらえると以下のようになるだろう。第一段階は戦前の階層社会、階級社会である。橘木俊詔の『日本の経済格差』はこの点で貴重なデータを提供している。表1として掲載した戦前の「企業内賃金格差（一九三〇年）」（同書四九頁）は、男工（普通工）の賃金を基準にした企業内の賃金格差を明らかにしている。階級論からすると男工（普通工）はブルーカラーであり、正社員はホワイトカラーであることに注目する必要がある。男工の一・〇〇に対して正社員は三・九三とほぼ四倍になっている。したがって、この欧米の基準でみるならば、戦前日本の格差社会は、所得格差にとどまらず、階級間格差として存在していたことになる。

欧米には「奴らと我ら」・「them and us」という言葉があることはよく知られていることだが、重要な意味をもっている。この「奴ら」と「我ら」との一線は、経済学的な資本・賃労働関係における資本家と労働者との間にあるのではない。「奴ら」は経営者であり、職制であり、職員である。一方、「我ら」に属するのは一般のブルーカラーであり、彼らは、昇給も昇進もない「平の労働者」として労働者の世界をつくっている。この二つはまじり合わない対立する世界に棲む。食堂も便所も工場の門も別、労働時間や年休も違うし、賃金については職員は月給制でブルーカラーは時間給と支払方法も違っている。階級的にも、ブルーカラー＝労働者階級であり、ホワイトカラー＝新中産階級である。この戦前日本における欧米型階級社会が、戦後変貌して日本型格差社会が形成されてしまったことが格差社会論として重要である。

表１　戦前の企業内賃金格差（1930年）

	年収（円）	倍率(普通工＝1)
工場長	18,808	17.27
工場長代理	6,419	10.25
工場係長	5,008	8.00
正社員	2,463	3.93
準社員	1,626	2.60
雇　員	1,480	2.36
準雇員	1,338	2.16
男工頭	980	1.57
男　工(普通工)	626	1.00
女工頭	464	0.74
女工	281	0.45

出所：橘木俊詔『日本の経済格差』49 頁

格差社会の第二段階は、階層「融合」と格差社会の形成である。ここでは、戦後日本における格差社会の形成に、工職均等処遇と年功賃金、内部昇進制がかかわっていることについて検討していくことにしよう。

第Ⅲ部でも述べるように、戦後直後の労働運動は、工員（ブルーカラー）と職員（ホワイトカラー）の待遇差を階級格差としてではなく、封建的な差別として捉えてしまった。そして戦後直後の民主化運動のなかでその工員と職員の格差の撤廃を、工職均等待遇として推進し、経営側もそれを受け入れた。この戦後の出発点は格差社会論にとって注目しなければならない。

工員と職員が均等に処遇されることは、ホワイトカラーもブルーカラーも職制も身分的には同じ会社の「従業員」としてあつかわれることを意味する。そして、まったく同じようではないとしても、日本のブルーカラーも昇給もし、昇進もする。一般労働者から職制への昇進のルートが存在する。この職制と職場の労働者が企業の内部昇進制によって結ばれるところに非常にやっかいな問題が生じてくる。昇進制度からみると、職制は一般労働者にとって未来の自分、職制にとっては一般労働者はかつての自分になる。欧米におけるような対立関係がここでは融解している。この縦系列の一体的関係のなかで職場の労働者は管理職や経営者に対して敵対的な関係としてではなく、階級関係が「融合」し、同じ企業の「従業員」同士として意識するようになるのは当然のことでもあろう。さらに、年功賃金は企業を超えた社会的基準をもちえないので、賃金は企業内で決定される。

企業横断的なブルーカラーの連帯は企業ごとに分断され、企業内での賃金上昇と、縦系列での昇進を基盤にした日本型従業員が登場することになる。このような構造のなかで企業規模間賃金格差にもとづく格差社会が形成されるのである。

図3　賃金格差の推移(男子一般労働者)

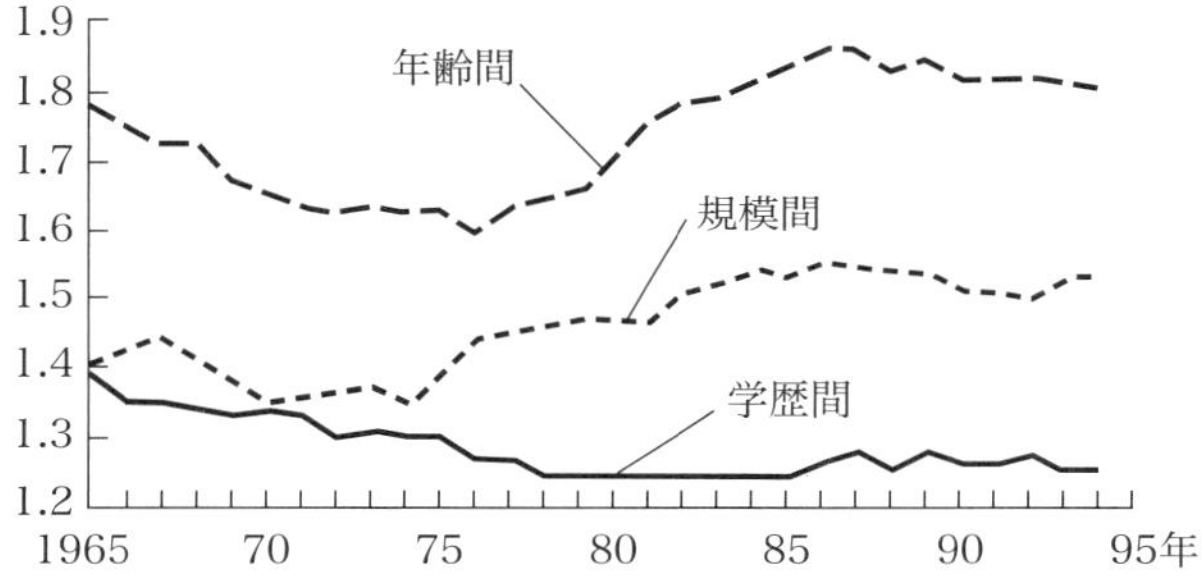

注：学歴間格差は、高卒の平均賃金に対する大卒の平均賃金の比率、年齢間格差は、20 歳代の平均賃金に対する 40 歳代の平均賃金の比率、規模間格差は、10 人以上 100 人未満の企業の平均賃金に対する 1,000 人以上の企業の平均賃金の比率，賃金は、1カ月に決まって支給される給与（=所定内給与+超過労働級よ）に、前年の年間賞与その他特別給与額の 12 分の 1 を加えた額、対象は、男子一般労働者。
資料：労働省『賃金構造基本統計調査（賃金センサス）』

出所：橋木俊詔『日本の経済格差』100 頁

第三段階は、戦後社会における格差の縮小である。『日本の経済格差』(六五頁)に示されている戦後の「所得分配の不平等」のグラフは、不平等度をジニ係数の変化でみている。勤労者世帯の所得格差は、六三年から九三年のデータであるが、七〇年頃まで急激に縮小し、以後、八〇年代中頃まで横ばいの状態になっている。所得格差の縮小は、高度経済成長のもとでの労働力不足を基調にして、大幅賃上げの影響が中小零細企業にも波及したこと、また農業と工業の間の農工格差の縮小政策が農政として推進されたことなどが背景となって生じたものと思われる。

第四段階は格差社会の高進である。重要なのはなぜ所得格差が拡大したのかであるが、図3として掲載した「賃金格差の推移(男子一般労働者)」(同書一〇〇頁）はその原因を推測させる。賃金格差を、企業規模間格差と年齢間格差、学歴間格差の三つからみている。このなかで「規模間」格差と「年齢間」格差が七五年以降、大きく拡大していることが注目される。この現象は、年齢という属性の要素を賃金の大きな決定基準にし、また、企業を超えた仕事基準の賃金を設定することができない日本特有の年功賃金が徹底されたことから説明することができる。

すなわち年功制のシステムが一九七五年以降よりいっそう強化されたことを意味する。七五年以降、高度経済成長から低成長に移行するなかで労働力不足の基調が弱まり、賃上げの波及効果が低下したこと、さらに低成長によって企業ごとの業績に差が広がり、賃金支払能力がいっそう影響力をもつようになったためと思われる。

なお、「学歴間」格差は一九六五年以降、ほぼ一貫して縮小している。この「学歴」における高卒はブルーカラーを、大卒はホワイトカラーに相当するとみなすならば、この階級間の格差は縮小したとみることができる。先ほど述べた工職均等待遇によって両者は、比較的格差の少ない待遇がなされた結果だと思われる。

このようにして企業規模間の賃金格差が大きく、階級間の賃金格差が小さい、日本型の格差社会が形成され、七五年以降、所得格差の広がりによって格差社会はさらに深まったのである。この七五年からの格差社会がこれまでみてきた企業中心社会における格差社会であった。それでは、この格差社会はどのような変貌を遂げているのだろうか。それが格差社会から階層社会への転成であるが、それを明らかにするには、一九九〇年代と、二〇〇〇年代の労働市場の大きな変化を検討しなければならない。

二　一九九〇年代における労働市場の「流動化」段階

戦後の労働史のなかで一九九〇年代は決定的に時代を画する時期であった。戦後形成された年功賃金・終身雇用制・企業別組合で表現される日本的労使関係は、この時期に解体に向かい始めた。日本型雇用と年功賃金によって生活の基盤が成り立っていた労働者の生活も急速に悪化した。第Ⅲ部で検討するように、経営側も労働運動側も共にこの日本的労使関係を擁護する点においては戦後一貫して共同歩調をとってきた。この両者の了解が崩れることを必然化するインパクトは国内要因ではなく、基本的には外的な要因であった。それが、第1章で検討したように、九〇年代から本格的に進展したグローバリゼーションとそれに対応する日本企業の多国籍企業への転身、そして新自由主義改革であった。

このグローバリゼーションのなかで日本企業は、欧米多国籍企業と対抗し、国際競争力を構築するために経営の刷新を迫られ、その一環として人事制度の改革に着手するようになった。同時に、国際競争のなかで生産コストを削減するために賃金を抑制するとともに有期雇用化を大々的に進めた。こうして日本型雇用と年功賃金は九〇年代を画期にして解体過程に入ったのである。

1　新規学卒者の採用抑制と無業者の増加

若者の非正規雇用による雇用悪化や、ワーキングプアの社会的な貧困問題が今日いっきに生じてきているような感がある。この若者問題が巻き起こってくる過程として一九九〇年代の雇用状況の大きな変化があったが、しかし、二〇〇〇年代に入ってから若者の状況が大きな社会問題化になる程の深刻なとらえ方はなかった。それは雇用状況の悪化が以下のように展開したからである。

それまで日本は、輸出大国とも呼ばれ、高品質で低価格の商品を世界に輸出し、経済成長を誇っていた。バブル経済までは、過労死で象徴されるように過酷な労働ではあったが、雇用はそこそこ安定していた。日本は、高い失業率の欧米先進国に比べて、まれにみる低い失業率を維持してきた。高度経済成長の時期には失業率は一％前半を推移し、八〇年代半ばの円高不況まで二％台を維持していた。それが急転回しだしたのは九〇年代に入ってからだった。*

＊　九〇年代の労働市場の変化については白石栄司『高失業社会への移行』が概括している。

その影響はまず若者に生じた。企業は、これまでも景気の悪化にともなう雇用量の調整として、男性正規従業員の解雇・希望退職は極力回避し、新規採用の「入り口」を狭める雇用対策をとっていた。九四年ごろから就職氷河期といわれ、さらに超氷河期ともいわれるように深刻になった。しかし、この時は、まだ、景気はそのうちに良くなるだろうという楽観的な空気もあり、不景気のなかの就職難として理解される傾向があった。

さらに、就職難と同じくしてこの時期に、就職も進学もしない無業者という存在が注目された。進学者を除いて、無業者と就職者を分母にして、無業者を分子にした無業者比率*が急増した。高校卒者では、九二年の一三％から二〇〇〇年には三五％に、大学卒者では同じく六％から二七％に、それぞれ急上昇している。この無業者の増加が九〇年代末からのフリーター問題に、さらには若者バッシングにつながっていくのである。

＊　卒業者を分母にして無業者を分子にする無業者比率もある。それによると高卒無業者は二〇〇〇年に約一〇％になっている（耳塚寛明「高卒無業者の漸増」）。この九〇年代における高卒無業者の増加をどのようにみるかということで言説は二つに分かれた。正社員になりたくない者として捉える傾向が、その後のフリーター論につながった。一方は、安田『働きたいのに――高校生就職難の社会構造』で代表されるような正社員になれないという労働市場構造を問題にする傾向であった。今日では、前者の論調のミスリードは明らかであるが、この言説が二〇〇〇年代に入ってから若者バッシングを増長させたことは確かである。

その後、一九九〇年代末あたりから新聞で新卒パート、新卒派遣という言葉が登場するようになった。高校生の就職が正社員ではなく、パートとして就職する。大学卒とくに女子学生も派遣会社の社員として就職する。これらが示すことは企業による正社員としての採用が限られ、非正社員として就職をよぎなくされるということであった。

2　中高年労働者の人員削減と女性労働者の非正社員化

しかし、九〇年代後半になると、大型倒産や銀行の破綻も始まり、日本経済の行方に大きな陰りがみえてきた。九七年の下半期から、会社の都合によってやめざるをえない「非自発的離職」が急速に上昇し、二〇〇一年には、「自己都合退職」による「自発的離職」を上回る逆転が生じた。この九〇年代の後半とくに末あたりから、中高年労働者に対する希望退職や解雇が広がったのである。

それと同時に、女性労働者の非正社員化が急速に進んだ。九〇年代をつうじて、正社員として働く女性が増えてきたが、その増加も九七年をピークに減少に転じた。非正社員の減少と裏腹に、女性労働力の非正規化がドラスティックに進んだ。なかでも一九九七年から二〇〇二年の時期（「就業構造基本統計調査」）の派遣社員、契約・嘱託社員の増加は注目される。パート・アルバイトよりも伸び率は大きい。派遣社員、契約社員とも、一日の労働時間は正規従業員の所定内労働時間とそれほど違いのない働き方である。ただ、雇用契約・派遣契約が限られているので、正規従業員の代替策の傾向が強く表れているといえる。

とくにこの時期、中高年労働者の人員削減と、女性の非正社員の活用とが同時に進行したことに注意しなければならない。正規雇用労働者を非正規雇用労働者に替える「リプレイスメント」（入れ替え策）といえるような企業の雇用政策が急展開したのである。

一九九〇年代の雇用状況をふり返ると、それまでの安定した雇用が大きく崩れ始めた時期であった。

バブル経済の崩壊までは、だいたいは正社員として就職し、それからはだんだんと昇進、出世して、賃金も年々上がっていくという安定性が会社にはあった。もちろん大企業は雇用の安定は強く、賃金も高く上がっていき、中小零細企業はそこそこという違いはあったが、多くの若者は正社員としてスタートラインにつけた。

九〇年代における日本型雇用の解体過程には、若者と女性の雇用のあり方が深く作用していた。若者の就職難と無業者の増加、失業率の上昇は、労働市場のなかで失業者、離職・転職者、非正社員を増加させた。一つの企業に安定して働き続けることがむずかしくなり、離職・転職をして企業を移る。失業して、職を求める若者が多くなる。就職がむずかしくしばらくは無業者となる。また、とりあえず非正規雇用として働く。こうして、企業のなかでの安定した雇用が大きく崩れ始めた。一九九〇年代の労働市場の特徴は「流動化」と表現できる。

さらに、この時期、女性労働者の有期雇用化が急速にすすんだが、その後の推移は、それが先行する形で、女性のみならず日本全体に有期雇用労働市場を広く形成することになった。女性の非正社員化の男性化現象でもあった。

しかし、九〇年代の労働市場の「流動化」のおもな対象は就職できない若者であり、また、家計補助的に働いている女性労働者であり、現象は周辺的なようにみえた。また九〇年代末の中高年のリストラにしても、多くの会社は解雇ではなく、希望退職という形をとったので労使の対立は少なかった。そもそもすでに民間大企業の労働組合は会社に対してものを言い、対等に交渉するという体質はすでに失っていたので、労使の対立はなかったのである。会社の将来に不安をもつ多くの正社員が見切りをつけて退職した。また定年前に会社が優遇措置をとり、早く退職させるようにした。中高年のリストラにしても大きな社会的不安ではあっても、労使対立にはいたらなかったのである。

九〇年代における労働市場の「流動化」とは、これまでの特定の企業に入社してから定年まで雇用されつづけることという「終身雇用制」が揺らぎ、労働者の特定企業への固定化が崩壊したことである。労働市場は固定化から流動化へと向かった。九〇年代、失業者や離職者・無業者、非正規社員、それと転職をくりかえす正社員、これらが入り交じりながら流動的労働市場が形成されたのである。

3　賃金下落のメカニズム

一九九〇年代、春闘におけるベースアップが困難になり、中小零細企業ではベアゼロが広がり、さらに二〇〇〇年に入ると定期昇給すらストップする企業が多くなった。企業内における年功賃金をベースにした春闘の終焉が明らかになったのである。これは経営側の賃上げ抑制という強い姿勢によるものであるが、さらに重要なことは、九〇年代以降の労働市場の構造的変化を背景にして、賃金が下落し始めたことであった。この賃金下落は、労働市場の構造変化と年功賃金の特質とが結合して、働く者の生活保障システムの崩壊を促進する強力なインパクトになってきている。

年功賃金を前提にしてきたこれまでの春闘は、社会的賃金相場をついに形成しえなかった。賃金の社会的基準を構築できなかったことは、今日の賃金下落に大きな関わりがある。すなわち、賃金下落を食い止める歯止めを形成しえないこの年功賃金の欠陥が克服されないままに、労働市場の構造的変化が始まったのである。

年功賃金は、これまで経済の成長と労働力不足の基調のなかで機能していたのであり、「高失業時代」はかつて経験したことがなかった。「高失業時代」に、年功賃金の「右肩上がり」の機能は衰退し、賃金の社会的規制力の不存在というその欠陥が露呈してしまったのである。

日本ではこれまでは、企業内の正社員の年功賃金が規範として存在したが、非正社員はその年功賃金とは別の、企業横断的な労働市場で賃金が決まる。パートタイマーの賃金は、年功賃金のように人に属する要素、すなわち属人給ではなく、規制のない仕事を基準にした賃金である。この横断的労働市場におけるパート型賃金の決定と、年功賃金における企業内賃金決定とは、まったく別の基準である。後者の場合、労働者間競争が展開される横断的な労働市場における労働力の需要と供給で賃金は決まる。この仕事基準の賃金はヨーロッパの場合には、供給側すなわち企業横断的な労働組合が、賃金の基準を設けて、需要側がそれを受け入れるように交渉する。だから、賃金の下落は防ぐことができるのである。

失業者や有期雇用労働者、転職者など流動的な労働市場が拡大するなかで、職を求める労働者間競争が激化し、求職者よりも求人者が優位に立つ。その時に、求人側は、労働市場における何の規制も存在していないのであるならば、同じような仕事ができるとするならば、少しでも賃金が低い労働者を雇用することは当然なこととなる。賃金は生活できるかどうかという水準ではなく、雇い主の言い値で買いたたかれ、生活保障のない賃金水準に下落しているのである。

三　二〇〇〇年代における労働市場の「非正社員化」段階

一九九〇年代から二〇〇〇年にかけての労働市場が構造的に変化し、それにともなって賃金が大幅に下落しだした。さらに重要なのは、二〇〇〇年代前半に新たに生じた若者の雇用を中心にしたさらなる大変化である。この変化は、労働社会における激震ともいえるような急激なものであった。二〇〇六年に放送されたNHKスペシャル『ワーキングプア』のプロデューサーは、各地で取材してきたディレクターの話を聞いて、「それ本当かよ？　本当だったら、なぜそんな『すごいこと』が、今まで伝えられていないんだよ？」と尋ねた。しかし、それは「『すごいこと』が日本で起きていて、それが『きちんと伝えられなかった』、だけなのである」と感じたという。*

＊　この二〇〇〇年代における労働市場激変の実相を世に広く知らしめたのは、企業社会の摘出が斎藤茂男『妻たちの思秋期』などジャーナリストによるものであったのと同様に、今回もジャーナリストの積極的な報道によるものであった。テレビや新聞、雑誌の報道は『フリーター漂流』、『雇用融解』、『正社員になりたい』、『偽装請負』、『ワーキングプア』などの本にまとめられている。労働運動に関わる者がそのすべてに目を通すならば、労働運動の再生の必要性を実感することになるだろう。

この「すごいこと」を、ここでは「労働市場の『非正社員』化」とそれにともなう絶対的貧困化と捉え、以下検討することにしよう。

◆労働者派遣の対象業務の規制緩和

二〇〇〇年代における労働市場の「非正社員化」のなかで派遣労働の占める位置は大きかった。これまで個別の企業は、パートタイマーやアルバイトという直接に労働者を雇用する形で非正社員を活用してきた。派遣労働者にしても可能な業務は限定されていた。しかし、対象業務の拡大と、人材派遣会社の急成長は非正社員のあり方を根本的に変えた。人材派遣会社が展開する派遣労働力の吸引と企業への供給のメカニズムは労働市場の「非正社員」をすすめるテコとなったといえるだろう。

◆ネガティブリスト方式による原則自由化

戦後日本では、労働者を指揮命令するためには、雇い主と労働者の間で労働契約が締結されていなければならないという直接雇用の原則が確立していた。一九八五年に制定された労働者派遣法は、雇用主の責任は派遣会社にあるとし、雇用していない労働者を指揮命令できる間接雇用を合法化した。しかし、当初の対象業務はソフト開発やＯＥ機器操作、ビルメンテナンスのエンジニアなどにかぎられていたため、派遣労働者は専門的技能をもっていた。

やがて女性の事務職や販売職が増加するにつれて、派遣される場合にだけ派遣会社との雇用関係が生まれる登録型派遣が急増した。登録制は労働者が登録して、仕事がある時だけ働くという制度であり、「細切り雇用」を生み出すおおもとであった。しかし、それでも対象業務は専門的派遣といわれる二六業務に限定されていた。

この派遣労働の世界を一変させたのが一九九九年の労働者派遣法の改正であった。これまで法律で定める業務しか派遣を認めないというポジティブリスト方式から、法律で禁止する業務以外は解禁にするというネガティブリスト方式へ根本的に変わったのである。この枠組みの転換によって、対象業務はいっきに拡大し、製造業と建設業、港湾運輸、警備保障、医療を除くあらゆる分野で可能になった。九九年の労働者派遣法の改正は、二〇〇〇年代の労働市場の構造変化の画期となったといえるだろう。

この対象業務の規制緩和とまったく同じ時期に、若者雇用の悪化が急激に進行した。若者のあいだで失業者が増大し、フリーターと呼ばれる若者の非正規雇用が急増した。このように、仕事がなく困っていた若者が、新しい派遣の領域に、吸い寄せされるように、流れていった。派遣労働というドツボにはまるかのように、落とし込まれていったのである。

◆製造業派遣の解禁

さらに二〇〇三年の労働者派遣法のさらなる改正によって〇四年四月から製造業という大きな産業分野での派遣が解禁になった。これまで派遣というと事務職というイメージだったが、今や、製造業の現場で働く派遣労働者が多数になり、労働者派遣のイメージは一変した。

製造業派遣はトヨタ、キャノン、シャープ、松下電器など大手グローバル企業で広がっている。それは、製造業の一定部分が国内で生産するようになったという製造業の「国内回帰」と呼ばれる変化と関連がある。高付加価値の新製品を海外で生産すればコストは安くつくとしても技術移転してしまう可能性が高い。一定期間は国内で生産したい。

さらに、作業は、セル生産方式といって、ベルトコンベアによる流れ作業ではなく、一人が複数の工程を担当し、作業を行うやり方をとっている。セル生産方式は一九九〇年代から組み立て工程で導入されるようになり、多品種少量生産に適しているとされている。担当する複数の工程のなかのある工程の部品を変え、作業機械を調整すれば、他の品種の生産品を製造することができるからである。

大量生産のコンベア作業の場合には、投入する一定量の一定期間の労働力の確保が必要であるが、多品種少量生産ならば、逆に、雇用量の瞬時の調整が欠かせない。この技術のブラックボックス化を担保しつつ、高付加価値の新製品を多品種少量生産で、しかも、低コストで、さらに雇用量の調整可能な労働力で生産したい。この製造業グローバル企業の思惑をすべてかなえたものが製造業派遣だったのである。

四　新しい労働者類型の登場

一九九〇年代、二〇〇〇年代の労働市場の構造変化をつうじて正社員・非正社員という二類型のなかでも新しい型の労働者が登場してきた。それは正社員、非正社員の双方における分岐でもあった。

1 「間接雇用」労働者の登場

すでに検討してきたように派遣労働者と、さらには請負労働者は、間接労働者である。働く場での企業に直接に雇用されてはいないが、実質的にはその企業に働く労働者であり、現在のところ派遣か請負か不分明なところもあり、間接労働者として一括しておこう。

◆派遣で働く「日雇い労働者」

先ほどみたように派遣の対象業務の拡大と派遣の登録制とが結びついて「日雇い派遣」という形態が登場することになった。スポット派遣とも言われ、倉庫の仕分けや軽作業、解体作業、ティッシュ配り、イベント会場の設営や案内など、毎日まいにち、「細切れ」のいろいろな仕事をする。これまで事務職にみられた登録型派遣は派遣期間は少なくとも一ヶ月から三ヶ月という期間であったし、業種はそれほど変化しなかった。一方、日雇い派遣は、「日々雇用」という単位であり、常に仕事が変わる新しい形での「日雇い労働者」である。

派遣会社からの連絡は、携帯電話やメールでくるので「オン・コール・ワーカー」とも呼ばれている。携帯電話が鳴るのを待ち続けるか、こちらから派遣会社に電話をかけるか、ともかく、つながらない限り、若者は明日の仕事に就けるかどうかわからない不安な状態がつづく。

◆製造業派遣

二〇〇四年の解禁から製造業の派遣は急増したが、多くは製造業大企業の組立ラインで働いているので、その奥深い現場の実相は定かではなかった。しかし、NHK総合テレビの「フリーター漂流」(二〇〇五年二月五日)は製造業現場で一〇〇万人のフリーターが働いていることを描き出した。* ファーストシーンが描く携帯電話の製造工場に向かう早朝のマイクロバス、二〇歳代から三五歳代前半ぐらいの生気のない不安げな男女若者の姿は、激変した労働社会を象徴的に示していた。さらに、二〇〇六年の夏ごろから大企業製造業の現場で明らかになった偽装請負という派遣法違反の数々の報道は、悲惨な条件のもとで働かされている若者たちの実態を世に知らせることになった。

＊この「フリーター漂流」は、その後の取材を含めて同名の書で出版されている。

例えば、日研総業という大手派遣会社は、日野自動車に派遣労働者を送り込んでいる。日野自動車の労働者構成は、年収約六〇〇万の正社員（月給）の三五〇〇人、期間工という日野が直接雇用している年収約四〇〇万円の有期雇用労働者（日給）の二〇〇〇人、それと派遣労働者（時給）の一一〇〇人からなっている。この三つの労働者群が同じ職場で一緒に働いている。期間工と派遣工は仕事はまったく同じであるが、正社員はこの両者と異なる作業も行っている。正社員の異なる仕事とは、先ほどのセル生産方式で、作業機械の調整を行うことであり、「段取り屋」と呼ばれている。

賃金の面では、日野自動車は日研総業に一人一時間当たり一七五〇円で派遣契約を結び、日研総業は派遣労働者に時給一一五〇円の賃金を支払っている。派遣会社は一人一時間当たり六〇〇円の収益を得ていることになる。派遣労働者の月収は残業手当込みでおおよそ二〇万円ほどであるが、そのなかから寮費の三万八〇〇〇円、さらに光熱費、テレビ・エアコン・冷蔵庫などのリース代約四〇〇〇円、さらに健康保険や雇用保険などが差し引かれ、手元に残るのは約一三万三〇〇〇円である。派遣会社がマンションを借り入れ、その3DKの個室に三人が入る。個室といってもふすまで区切られているだけであり、そのふすまにはカギがついていない。個室とはいえない状況のもとで、昼勤と夜勤が一緒になるとトラブルが生じることもある。

◆人間の「モノ」化

先ほどの日野自動車が、派遣会社に支払う一人一時間当たり一七五〇円の派遣契約は、当然ながら労働契約ではなく、商取引契約である。派遣契約にしろ、請負契約にしろ、その契約が労働者の賃金を強く規定しているにもかかわらず、商取引契約であることは、間接雇用の根本問題を明らかにしている。契約料の見積りを複数の企業に出させて、低い契約料を提示した企業に発注すればよい、という実質的な入札制度が成り立つことになるからである。派遣や契約の契約料金は、人件費比率が高く、かつ労働者の賃金を規定しているが、契約料金自体は人件費ではない。ここに人間労働は、感情レベルの問題ではなく、実際に「モノ」としてあつかわれる事態が生じる。

会社の人事部は、従業員の募集・採用、昇進・配転、研修など従業員を対象にした業務を担当している。ところが、派遣会社や請負会社と関係をもつ部署は人事部ではなく、総務部などである。そして、派遣契約料や請負契約料は、経理上は、人件費ではなく、資材費・物品費などになる。部品や印刷機、紙代と同じである。

そして複数の派遣会社や請負会社から見積りを出させ、労働者を供給する会社は、安くても受注したい。ダンピング受注が横行する。低額受注した料金が、労働者の低賃金を規定することになる。

◆復活する「口入れ稼業」

そもそも間接雇用は、戦後直後の一九四七年に施行された職業安定法四四条によって「労働者供給事業」であるとして基本的に禁止された。労働者供給とは、「供給契約に基づいて労働者を他人に使用させること」(第五条)である。具体的には、職業安定法施行規則四条で「労働者を提供しこれを他人の指揮命令を受けて労働に従事させる者」を「労働者供給事業を行う者」とした。今日の派遣労働が成り立つ余地は全くなかった。

それでは何故このように厳格に禁止されたのだろうか。それは「口入れ稼業」といわれる労働者の供給事業が、戦前から、さらに江戸時代から日本では存在し続けていたからであった。自分のところで雇用している労働者や、また、雇用関係はなくても事実上の支配関係にある労働者を、他人に供給し、その指揮命令下のもとで働かさせる。このような供給事業は、土木建築、荷役、運送、鉱山、雑役など分野にはびこっていた。手配師と呼ばれる者が人集めをし、労働者の受け取る利益をはねる「中間搾取」によって「業」を成り立たせていた。労働者を寝泊まりさせる部屋制度もあり、強制労働も横行していた。

これに対して断固として供給事業の一掃をはかったのがアメリカ占領軍であった。このような労働者の無権利で封建的な労働関係が、日本軍国主義の経済的な基盤になっていたと判断し、日本の民主化政策の一環として、供給事業の解体を目的とする職業安定法を制定させたのであった。

一九八五年の労働者派遣法の制定は、この労働者供給事業のなかで、供給元と労働者との間に雇用関係がある供給事業を合法化したのであったが、しかし、先に見たようにその分野は限定され、例外的に認められたものだった。それがネガティブリスト方式によって製造業を含む大きな分野で可能になった。かくして、例外が例外ではなく通常となり、労働者供給事業を禁止した職業安定法は完全に空洞化したのであった。四七年の法が禁止した労働者供給事業の全面的な合法化である。それは江戸時代から戦前・戦中をとおして存在していた労務供給事業が復活する可能性をもたらしている。

労働者の派遣や請負を業とする人材派遣会社は、ＩＴ産業と並ぶ成長産業といわれるように大きな収益をあげているようである。プロ野球の楽天イーグルスの本拠地「県営宮城球場」、そして西武ドーム、この二つは、人材派遣会社が、球場の命名権を買い取った。「フルキャストスタジアム宮城」（二〇〇五年）であり、「グッドウィルドーム」（二〇〇六年）である。人材派遣会社は、高い利益を上げていることを示している。

2　生活自立型非正社員の増大

一九九〇年代末以降、新卒パートや新卒派遣という形態が登場したが、これまでは正社員として生活を自立させて生きていこうとする若者であった。さらに二〇〇〇年以降、壮年・中高年を含めて転職・離職した男性の正社員での就労が困難になってきた。男性有期雇用化の新たな進展は、非正社員の男性化現象でもあった。ここにきて学費や小遣いのための学生アルバイトや、教育費など家計の不足を補うために働く主婦パートとは異なった非正規雇用の労働者が登場してきたように思われる。「生活自立型」非正社員と呼ぶべき労働者の増大に注目しなければならない。

「就業構造基本調査」で一九九七年から二〇〇二年の変化で、パート・アルバイトの短時間労働者よりも、派遣・契約社員の増大が著しいが、このことは短時間の家計補助的ではなく、フルタイム型・正社員代替型の非正社員が増大したことを意味する。多くは生活自立型非正社員であろう。

「生活自立」型というのは、親や配偶者という家計維持者が存在し、その収入に依存できるという家計補助型ではなく、経済的に自立して生活しなければならないが、雇用形態は非正規という労働者である。派遣・請負の間接雇用労働者もこの型に入るが、さらにパート・アルバイトの形態でかけ持ちで仕事をしている者、そして契約社員、臨時職員といった直接雇用の労働者も多くいる。

これまで非正社員の多くは家計補助型であったが、その例外がシングル・マザーだった。子どもをかかえているので正社員なみの働き方はむずかしいが、しかし、家計は支えなければならない。だから、非正規の仕事をかけ持ちで働く、ダブルジョバー、トリプルジョバーの働きをよぎなくされていた。この生活自立型非正社員の登場は、男性を含めた「シングル・マザー化」現象でもある。

もちろん非正規雇用で経済的に自立して生活できるような所得は得られない。親元にいればそれでも何とかなる。一時期、若者バッシングの一環として、親元で生活し、自立したがらない若者に対して「パラサイト・シングル」という言い方もなされた。しかし、非正規雇用の若者は親元にいれば何とか生活できる。衣食住を稼がなければならない「生活自立型」非正社員の絶対的貧困化が今日、深刻な社会現象として注目されている。

3　中核的正社員と周辺的正社員との二極分化

正社員の分解が進み、中核的正社員と周辺的正社員とも呼べる二つに分岐し、周辺的正社員が増大していくように思われる。まだ定かではないし、定量的にも確定していないが、労働市場の変化と企業の人事制度などから推測することができる。そこで二つの区分線に関連して参考になるのはアメリカの二極分化と、日本の経営者団体の提言である。

アメリカは職業の分岐によって所得階層の二極分化が進むことは、すでにライシュによって指摘されている。[*]「ルーティン生産サービス」および「対人サービス」の職業と、「シンボリック・アナリスト」の職業との二極化である。中核的労働者に関連して注目すべき類型はシンボリック・アナリストである。「グローバル・ウェブ」といってコンピューターを軸にした地球上に張りめぐらされたクモの巣状の企業組織網、そのなかで、企業に競争力と利潤をもたらす核心的な担い手のことである。グローバル化と情報化における高度の専門職種とみることができる。ライシュは二極分化の進展に批判的であるが、グローバル企業にとってこの「シンボリック・アナリスト」という人材を確保することが重要であることを指摘している。

＊ ロバート・B・ライシュ『ザ・ワーク・オブ・ネーションズ――二一世紀資本主義のイメージ』一九九一年。この職業上の二極分化は拙著『日本人の賃金』で企業の国際競争力と年功賃金との関連で紹介した。

日本のグローバル企業も、国際競争力を確保するためには、高度の専門職種を手厚く処遇する方向に向かわざるを得ない。「シンボリック・アナリスト」の一定の層が形成されるものと思われる。それと同時に、企業規模間格差の頂点にある日本の多国籍企業のなかで、マネージメント能力をもつ正社員も、二極分化の一極に属するだろう。

さらに、成果主義人事制度は、これまでの年功制を破棄し、業績にもとづく選抜的な昇進に転換した。しかも選抜的昇進は早まり、若者の時期にセレクトされる事態が生じている。成果を挙げ、能力を評価され、抜擢された者だけが中核的正社員として処遇される。一方、選抜的昇進からはずれた社員は、「非昇進型」正社員として社内にとどまることができるのだろうか。おそらくは、周辺的正社員ないしは非正社員に転落する可能性が高いと思われる。

ところで、一方の極としてライシュがあげた「ルーティン生産サービス」と「対人サービス」の職業とはどのようなものなのだろうか。「対人サービス」は、医療、教育、福祉介護、タクシー運転など対人的なサービス産業で、単純な繰り返しの労働に従事する職業である。「ルーティン生産サービス」は、ライン労働に従事するこれまでのブルーカラーが典型的であるが、ライシュはこの「旧来のブルーカラー」に、「情報化時代」における「膨大な量の単調な作業」の担い手である「情報経済の歩兵部隊」をあげている。

さて、つぎにライシュの指摘とも関連して、中核正社員と周辺的正社員を区分する上で興味深いのが、二〇〇二年五月、日経連・労使関係特別委員会がまとめた提言「多立型賃金体系の構築へ――成果主義時代の賃金システムのあり方」である。労働者の職務を「定型的職務」と「非定型的職務」に二大分割している。「定型的職務」は「定められた手順・方法や判断により製品やサービスなどの成果物をアウトプットする職務」とされ、一般技能職・一般事務職・販売職が範囲とされている。ブルーカラーと事務職、販売職など膨大な労働者がこの「定型的職務」に属することになる。「定型的職務」の賃金は、職務給か、習熟給を加味する職務給である。

一方、「非定型的職務」は、「研究・開発の業務や管理・営業など、いわゆるスタッフの職務」とされ、「企画調査職・研究開発職・営業職・管理職」をあげ、賃金は、育成期間の者は「職能給」、その後の「役割給・成果給」としている。

おおよそ、今のところ周辺的正社員が「定型的職務」の担い手とみなすことができるだろう。そして注目すべきは、正社員と非正社員という雇用形態の区別をこの提言ではおこなっていないことである。職務給を軸にして周辺的正社員と非正社員とが労働市場で相互行き来することを念頭に置いているとみることができる。このような「定型職務」の周辺的正社員と非正社員、そして「非定型的職務」の中核的正社員という二大分割が進行するものと思われる。

ところで、この周辺的正社員は突如として労働社会に出現したわけではない。これまで日本では、女性の正社員は、総合職の男性、一般職の女性という二つに分けられたコース別雇用管理制度のもとで、昇進も昇給も抑えられてきた。また、男性と同じ一本の資格制度である職能資格制度のもとでも、人事考課制度によって女性は低く評価され、資格制度の下部に滞留しつづけてきた。すなわち、日本の女性正社員の多くはこれまでずっと周辺的正社員だったのである。今日、広い範囲で登場しつつある周辺的正社員は男性社員の「女性正社員化」とみることができるだろう。

日本では、中高年労働者を中心に年功制が完全に解体されていない層もまだ存在するので、アメリカのような二極化がただちに到来するわけではないだろう。グローバル企業の「シンボリック・アナリスト」や管理社員を軸にしながら、大手企業の企画・判断・開発・管理などの企業の中枢的な業務を担う者ないしは期待される者という中核的正社員と、若者を中心にした一般事務・営業・販売などの企業の中心業務から離れた周辺的正社員の二つに分解されるように思われる。

周辺的正社員には、企業の一般事務職および、スーパー、ファーストフード、居酒屋チェーン店、各種量販店、専門のショップなどの店長・店員、小規模事業者の社員、介護・医療・保育・学習塾など民間企業の社員などが入るものと思われる。これらは低所得であり、離職・転職も激しい。正社員になりたい者はたくさんいるという形で流動的労働市場の圧力を最も受けやすい正社員である。この階層は「低所得・非定着型」正社員ともいえるだろう。

五　「非正社員化」戦略と全国労働市場

このように非正社員とせっし交わっている周辺的正社員をふくめて、労働市場における非正社員の比率が急速に高まっている。労働者の約三割が非正社員である。ここでは非正社員化が急展開している背景と、それを政策として進める企業にとっての意味、そして「労働ビッグバン」の意図などについて検討することにしよう。

◆人材派遣会社と全国的派遣労働市場の形成

労働市場の構造変化の流れのなかで一九九〇年代と二〇〇〇年代とは明らかに異なっているように思われる。労働市場の「流動化」から「非正社員化」という質的な変化である。その「非正社員化」の最大のテコになったのが九九年の派遣対象業務の規制緩和、すなわちネガティブ方式であった。それまで非正社員は、パート・アルバイト・契約社員という直接雇用か、二六業務に限定された分野での派遣社員であった。ネガティブリスト方式はたんに派遣対象を広げたことだけでなく、間接雇用の拡大によって非正社員化を大々的に進めることを可能にしたという意味で重要であり、九〇年代以降からの労働市場の構造変化の画期をなしたといえるだろう。この労働市場の「非正社員化」という流れのなかで、若者を中心にした二つの労働市場が形成されているように思われる。日雇い労働市場と全国的派遣労働市場である。

派遣対象の原則自由化は、派遣という働き方による雇用機会をいっきに拡大したことになる。派遣会社にとっては派遣先が豊富になったことを意味する。そして、これまで事務職でなされていた登録型派遣は、仕事がある時だけ登録者をピックアップして派遣するという形態だった。派遣対象の拡大と登録型派遣とが結合することによって、労働力の需給の変動に即応できる、企業にとってまことに便利で巨大なプールが作り上げられたのである。この労働市場に流され、オン・コール・ワーカーという日雇い労働者で働く若者が急増している。

これまで日雇い労働者の労働市場は、東京の山谷、横浜の寿町、大阪の釜ヶ崎という三大「寄せ場」を中心に形成されていた。しかし今日、携帯電話という方法や、「人夫出し飯場」という「寄せ場」の広域化によって、日雇い労働市場は全国化したといえるだろう。

製造業派遣を専門とする大手人材派遣会社は、低賃金で重労働に従事する若い労働力を確保するために必死である。駅頭やファーストフードなどで派遣会社の無料の求人情報誌が置かれている。「月収三二万可」という誇大広告・虚偽広告もまかり通っている。さらに、大手派遣会社の多くは、失業率の高い北海道、東北、九州、沖縄などで地元向けの多彩な求人広告紙を発行し、ハローワークで会社説明会を行っている。派遣先としては、東京、大阪、三重、愛知、富山、滋賀など勤務先の地域を案内している。このような情報によって新規高卒者や若者が全国各地の工場に送り込まれる。

故郷から吸引された若者は、出稼ぎ労働者となる。しかし、かつての農村からの出稼ぎ労働者は、農閑期が終わればやがて故郷に帰ることができた。しかし、新・出稼ぎの若者たちは、この工場の仕事がなくなったら、また、つぎの工場つぎ工場へと、全国の工場を転々と流れていくことになる。定期的に故郷に帰れるような賃金ではない。定着できる場所もない、故郷にも帰れない。さらに、このような低賃金と流転の生活では結婚することもむずかしく、子どもを育てることは困難である。定住することも家族を形成することも困難な新・出稼ぎの若者たちが今、増大しているのである。

◆労働市場の需給関係に介在する強大な機構

一九九九年のネガティブリスト方式によって形成された派遣による日雇い労働市場にはグッドウィルなどの大手人材派遣会社が関わっている。そして、その後の製造業派遣の解禁をふくめて巨大な派遣労働市場が短期間のうちに形成されたが、この派遣労働市場は自然につくられたのではない。派遣労働力をまさしく商品としてあつかう派遣・請負の人材派遣ビジネスが急成長したことによるものである。今や一〇兆円ビジネスになった人材サービス業界の企業が、日本の労働市場の需給関係に深く関わるようになった(『週刊ダイヤモンド』二〇〇七年七月一四日)。このように派遣会社は規制緩和によって強大なモンスターに成長した感がする。

大手派遣会社の求人活動をテコにして全国的な派遣労働市場が形成されつつあるが、そのなかで、人材派遣会社は、全国労働市場における「労働力の吸引と供給の機構」としての位置を占めつつあるといえるだろう。それは、ちょうどかつての出稼ぎ労働市場が、地方の職業安定所が行う広域職業紹介の機能をつうじて形成されたように、今日出現しつつある派遣労働市場は、民間人材派遣会社による労働力の引っ張り出しと全国の工場への配置によってつくられている。

さらに成長した派遣会社は労働市場のなかで大きな位置を占めつつあるように思われる。大手派遣会社は、受け入れ先の企業が自社で行っていた募集・採用の機能を肩代わりし、国家が行うべき公共職業紹介機能を侵食し、そのことによって、労働市場の需要と供給の関係に介在する強大な機構として成長する可能性をもっている。「パート派遣」という言葉も登場してきているように直接雇用であったパート労働市場にも派遣という形態で進出しつつある。

◆年功制システムと非正社員

非正社員という雇用形態は、日本独特の年功制システムのもとで企業にとってどのような役割とメリットがあるのか。このことを欧米との比較で考えることは、「非正社員化」戦略の日本的意味をつかむ上で重要である。日本型雇用と年功賃金の二つから企業にとっての非正社員の活用を検討しよう。

特定の企業に定年まで雇用を保障されるだろうという、企業と従業員との暗黙の了解が、日本の終身雇用制であった。正社員はよほどのことがない限り、解雇されることはない。つまり、企業にとって正社員の雇用量は固定的であり、人件費は固定費であった。しかし、景気の変動などで雇用量は変化する。この雇用量の縮小に対応して、企業は、残業規制、非正社員の解雇、新規採用の抑制、そして最後の最後に正社員の希望退職を募るという手段をとった。つまり、正社員の雇用安定を前提にして、非正社員を雇用量の調整弁として活用してきた。すなわち正社員の終身雇用制のために非正社員の活用が不可欠だったのである。

そのことをつぎの事例がよく示している。二〇〇六年、経済財政諮問会議の委員になったキャノンの御手洗冨士夫はかねてから終身雇用制の維持を強調し、一方では多くの派遣・請負労働者を活用していた。労働者派遣法違反が発覚したことに関連して、終身雇用制と非正社員との矛盾を記者会見で質問された。「御手洗は、笑みを絶やさず、答えた。『全然、矛盾はないと思っていますけれど。』というのは、うちの社員じゃありませんからね』」（朝日新聞特別報道チーム『偽装請負』一〇〇～一〇一頁）。「うちの社員」の終身雇用制は、「うちの社員」ではない非正社員の不安定雇用と過酷な労働によって守られているのである。

ところで、終身雇用制と非正社員の関連についてはすでに知られていたことであるが、今日の「非正社員化」戦略にとっては、年功賃金と非正社員の賃金との関係が重要である。雇用調整弁としての非正社員、さらにいっそう人件費の大幅削減のための非正社員というように活用の深化がみられる。

賃金決定が仕事基準になされているところでは同一労働同一賃金の原則が存在する。ヨーロッパの場合にはパートタイマーであれ、派遣労働者であれ、この同一労働同一賃金の原則が適用されているかどうかが、企業に厳しく求められる。したがって、短時間労働者でも、有期雇用の非正規雇用労働者でも、労働者の賃金収入は、職種別賃金率（一時間当たりの賃金額）×労働時間、この数式によって基本的には計算される。この職種別賃金において同一労働同一賃金の原則が実現しているのである。

同一労働同一賃金の原則が存在するところでは、非正規雇用労働者の活用は、企業にとっては大幅な人件費の削減というよりも、雇用量の調整のメリットのためである。賃金格差は、正社員か非正社員かという区分ではなく、多くは、高賃金職種か低賃金職種かというところに存在する。アメリカのようにジャニターと呼ばれるビルメンテナンスや清掃に関わる職種や、時給五ドルで働くようなマックジョバーの職種などである。

賃金基準が年功であるため、同一労働同一賃金の原則が存在しない日本では、賃金の大きな格差は、正社員の年功賃金か、非正社員の規制なきパート型賃金か、という雇用形態の区分に存在する。この日本的な賃金格差の区分線に着目して、政策主体が意図的に推進しているのが、「非正社員化」戦略とみなければならない。しかし、いっそう重要なのは賃金格差だけでなく、賃金水準そのものである。ヨーロッパの職種別賃金は、年齢とともに賃金は上昇しないが、賃金水準は一応は家族形成が可能な一人前の賃金である。この職種別の一人前賃金を基準にして、労働時間数によって非正規雇用労働者の賃金は算定される。日本の年功賃金は、単身者賃金から世帯主賃金への上昇である。この正社員の年功賃金と非正社員との賃金とはどのような関連があるのだろうか。全くないのである。あるのは有効に機能しない地域最低賃金だけである。規制なき労働市場の賃金は、労働力の重要と供給との関係で決まる。そこでは賃金水準は勘案されない。労働力の再生産に必要な、豊かに生きるための賃金水準も、家族形成可能な賃金水準も、そこには関わり合いがない。だからこそ、「非正社員化」戦略のもとグローバル企業にとって人件費の大幅削減が可能になったのである。「非正社員化」戦略によって経営側は賃金の「アジア」的水準をいっきに実現したといえる。

多国籍企業は、無国籍企業ではなく、一定の国民国家に立地条件の有利さを見出せば、そこを足場にし、徹底的に活用する。そのことはすでに第1章のグローバリゼーションでふれた。この年功制システムのもとにおける非正社員の活用こそ、日本を足場においたグローバル企業の戦略であるととらえるべきであろう。だからこそ製造業グローバル企業の「V字回復」がなったのである。その結果として、家族形成不可能な所得水準や若者の絶対的貧困を生みだし、そのことが日本の少子化を加速させるとしても、国民経済に責任を負わない日本グローバル企業にとっては、それは、あずかり知らないことなのである。

◆戦略としての非正社員化

このような派遣労働市場の形成と、そのことによる正社員化の促進は、そこに利潤を求める人材派遣会社が担っていることは確かであるが、そこには、すでにみたように政策主体の意図がある。そのことを明瞭に語っているのが二〇〇六年に安倍内閣から提起された「労働ビッグバン」である。

二〇〇六年九月の所信表明演説のなかで安倍首相は「戦後レジームからの新たな船出」を強調し、「再チャレンジ支援策」として「新規一括採用システムの見直し」を強調した。一国の首相が企業の採用方式に言及するなどということは恐らく国会始まって以来のことだろう。注目しなければならないのは、いくら首相が強調したとしても、「新規一括採用システム」は法律によって保障されている制度ではなく、各企業が戦後、作り上げてきた日本型雇用の慣行であり、法律によってどうこうできるものではない。

しかし、ここで「レジーム」の意味の重要性が明らかになる。「レジーム」(regime) という言葉は、普通の人びとは余り使わないが、法律や制度よりも広く、社会的規範やルールという意味も含んでいる。戦後の労働社会のなかで社会的規範として認められてきた慣行にあえて挑戦してきたとみなければならない。「新規一括採用システム」は、正確には定期一括採用方式であり、すでに検討してきたように、日本型雇用の柱の重要な一つであった。

さらに経済財政諮問会議の有識者たちの提言(二〇〇六年一〇月)は、「労働市場の効率化(労働ビッグバン)」を強調し、「年功ではなく職種によって処遇が決まる労働市場に向けての具体的な施策」を提起するとした。「年功ではなく職種」ということは日本独特の賃金制度であった年功賃金をやめるべきだという提唱に間違いない。

「労働ビッグバン」は、日本の労働社会を特徴づけてきた日本型雇用と年功賃金を大爆発によって木っ端みじんにし、そこから新たな「レジーム」を誕生させようとするものだろう。

しかし、もう少し深く理解しなければならないのは、このことを雇用と賃金の個別分野でとらえてはならないということである。日本における正社員の暗黙の前提条件は年功賃金と日本型雇用であった。したがって、この二つを無くすということは、日本型正社員を否定することである。正社員が普通の働き方で良いものであり、典型労働である。非正社員は普通でなく、例外的であり、非典型労働である。この正社員＝典型労働という戦後の労働社会における社会的規範（レジーム）を一掃すること、これが「労働ビッグバン」の真のねらいとみなければならない。多様な働き方という言い方があったが、それは正社員以外にも多様な働き方があると理解されてきた。しかし、これからは、多様な働き方の選択肢の一つに正社員が位置づけられるということになるのである。

正社員も多様な働き方の一つとしてしまう。そしてこの正社員の価値を下げること、これも「非正社員化」戦略の一つであろう。それが、日本経団連がその適用範囲「四〇〇万円以上」にこだわっているホワイトカラー・エグゼンプションだろう。中核的正社員の場合には、年収四〇〇万円は超えているだろうし、管理職であれば残業代は問題にならない。周辺的正社員のかなりの範囲にも残業代の不払いの網をかけたいというねらいからだと思われる。つまり、残業代なしの残業付き正社員ではその価値は下がる。しかし、このことによって、正社員と非正社員の垣根を下げ、行き来を激しくすることができるのである。

さて、注意しなければならないのは「労働ビッグバン」はこれから始まるのではない。一九九〇年代と二〇〇〇年代をつうじて行われてきた労働市場の構造変化、その最後の仕上げの位置にあるということである。「ネガティブリスト」方式をはじめ労働市場の効率化は「非正社員化」戦略の一環として政府のリーダーシップのもとで行われてきた。「労働ビッグバン」は「非正社員化」戦略の最後の仕上げ、ないしは収束宣言ととらえるべきあろう。

「非正社員」戦略をまとめると、①パート・アルバイト・契約といった直接雇用のみならず、派遣・請負など間接雇用の形態を活用することによって大々的に非正社員を拡大すること、②正社員に対するホワイトカラー・エグゼンプション政策による残業代の取り上げや長時間過酷労働などによって正社員の働き方の負荷を高め、正社員の価値を引き下げること、③周辺的正社員と非正社員との相互の行き来を激しくすることによって労働市場圧力をかけ、周辺的正社員の賃金切り下げと、非正社員に対する高度な労働の強制をはかること、これらの点であると考えられる。

正社員を中心にした戦後日本の労働市場は完全に転換しようとしている。この転換した舞台で、舞うことができるのか、できないのか、衰退する労働運動に対する最後の一撃となるのか、労働運動再生のラストチャンスとなるのか、ともあれ労働運動は最大の岐路に立たされている。

六　日本型雇用・年功賃金の解体によって形成される階層社会

一九九〇年代における労働市場の「流動化」、それに引き続く二〇〇〇年代の「非正社員化」は戦後日本の労働社会に決定的なインパクトを与えた。この労働市場の構造変化によって格差社会から階層社会への転成が生じた。それが図１・図２から図４への転換である。これまでのような新規学卒者の正社員としての就職は、安定的な職業生活のスタートラインを意味していたが、今日の若年雇用の問題は、このスタートに着けない者が大量に生まれていることを意味する。企業社会と学校社会を、三月卒業・四月入社で結合し、その後、正社員として台形の上方へ昇進する図形（図２）は、大きく変形しつつある。

学校社会と企業社会との二つをつなぐ山形の下辺部分（図４）は、定期一括採用方式が完全に崩壊しているわけではないので、四月に正社員になれる者は存在する。それが中核的正社員と周辺的正社員である。そのうちの周辺的正社員は非正社員と接している。

「労働ビッグバン」では解雇が金銭解決で行えるようにする施策が検討されている。この対象とねらいは、中核的正社員というよりも、選抜的昇進から外された正社員を排除すること、また周辺的正社員を労働市場圧力をかけて効率性を追求し、脱落した者を排除することにあるように思われる。また、逆に、パートタイマーのごく一定部分の正社員化や、正社員への登用を可能にする紹介予定派遣

図4　新たな階層社会─日本型雇用・年功賃金の解体─

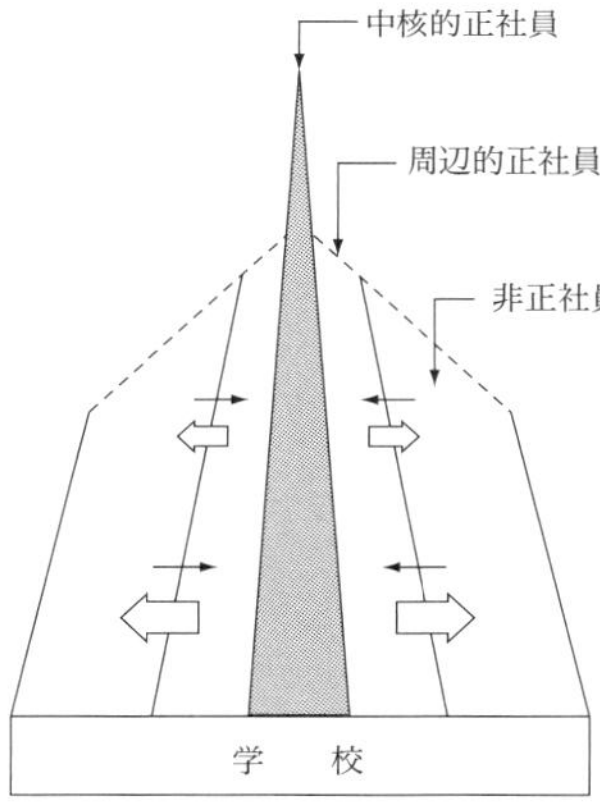

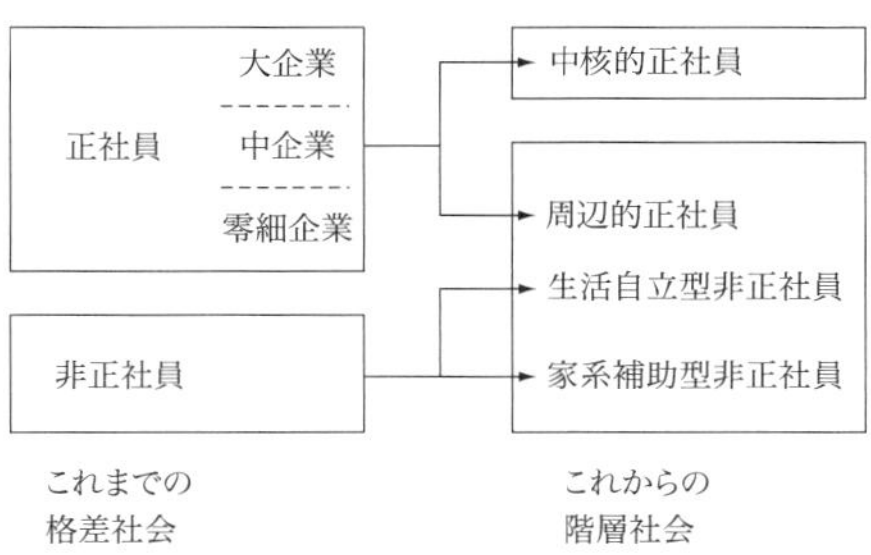

の活用は、非正社員から正社員への流入の道を開くことでもある。この相互交流は全体として労働市場の圧力によって労働条件をいっそう切り下げることになるだろう。

ともあれ、図4では、これまで接していた長方形(学校)の上辺と山形(企業)の下辺とは大きくズレてきている。入社して昇進・出世して定年まで勤めることができたこれまでの企業社会の入口にすら立つことのできない若者がいま膨大に広がっている。だから「いい学校―いい大学―いい会社」という社会的基盤そのものがいま崩壊しつつある。少なくとも圧倒的な若者にとってそれは幻想になっていることは確かである。

さらに日本型雇用と年功賃金という日本的システムの将来にとって重要な意味をもっている。これまで日本型雇用・年功賃金の縮減や、解体過程という表現をしてきたが、それは完全に解体していないという意味である。日本の年功制システムが、一気に一斉に解体することはありえない。今日のところ、周辺的正社員と中核的正社員との間に明確な線引きがなされているわけでもない。とくに中高年の従業員の一定層ではまだ年功制システムは残っているだろう。

しかし、卒業して非正社員になった若年層の者が正社員になるのは困難であり、また正社員でもいったん離職して非正社員になれば正社員として再就職するのはむずかしいという状況、これは、これまで検討してきたところから恐らくは変わらないだろう。そうなると、今起きている若者の雇用問題の質は、経年とともに年齢層の高いところへ「トコロテン」のように入り込んでいくことになる。それは将来における年功制システムの完全な崩壊を意味するのである。

すでに内閣府『国民生活白書』(二〇〇五年版)は「フリーターの中心層が三十代にかかり始めて

いる」ことや、フリーター・カップルが「若年層（二五～三四歳）の共働き世帯の四～五％」の割合で存在していることを指摘している。中高年フリーターという言葉もよく使われるようになった。

ところで、階層社会の分断線は、中核的正社員と周辺的正社員、生活自立型非正社員、家計補助型非正社員の四類型のなかで、中核的正社員VS周辺的正社員＋非正社員（生活自立型、家系補助型）、という線にあると考えられる。そしてこの階層社会の特徴は、相対的なものから、絶対的なものへの移行とみることができる。

格差社会の図1における企業規模別の賃金カーブは、黒から白へグラデーションのような濃淡として表現できる。正社員というなかでの均質性をもった所得の格差であった。しかし、階層社会における分断は、絶対的な所得格差によって生じる階層の格差である。また階層の再生産、すなわち高学歴の上層階層の子どもは高学歴を獲得し、上層階層に入るという仕組みは格差社会にもあったが、それが二極的に絶対化されるだろう。学歴をつうじて階層が再生産される、階層再生産の構造は二極化社会のなかで固定化される。こうして今進行している現代日本の激変は格差社会から階層社会への転成なのである。

七　「企業依存の生活構造」の破綻とワーキングプア

◆若年の絶対的貧困

衣食住に事欠く以下のような例はレアケースではなく、親元にいることができない生活自立型非正社員に一般的なことである。二〇〇六年以降、衣食住に事欠く若者の貧困が報道されてきた。食についていては、ＮＨＫ総合テレビ「生活ほっとモーニング」（二〇〇六年二月二八日）で若い女性の契約社員の貧困が報道された。そのなかで、ドイツ留学の経験もあり、ドイツ語の通訳と翻訳で生活している女性は、本代と衣服費に費用がかかるので自宅で食事をするときは、ほとんど「素うどん」のようなものだという。この女性は首都圏青年ユニオンの組合員であった。別の番組では「素うどん」に柚子コショウをかけるのが楽しみだという若者も紹介されていた。コンビニ店では、小倉あんか蜂蜜を加えた、マーガリン入りのコッペパンが一〇〇円ほどで売られ、それで一食をすませている貧しい若者もいるという。

「分裂にっぽん2」（『朝日新聞』二〇〇六年二月六日）で「ゲストハウス」が紹介されていた。会社が独身寮を手放して、業者がその建物を集合住宅にして、六畳一間を月五万円台で貸している。首都圏に約五〇〇カ所あるという。また「レストボックス」。雑居ビルに三段ベッドを入れて、一泊一四八〇円で宿泊させている。その先は野宿者であろうことは想像できる。

しかし、実際に若者の野宿者も登場するようになったが、その後、漫画喫茶やインターネット・カフェに寝泊まりする若者の実態が紹介されるようになった。あるテレビでは「刑務所に入れば手足を伸ばして寝ることができるだろう」と若者が語っていた。

◆ホームレス・フリーター

また、ホームレス状態のフリーターも増えている。先に紹介した漫画喫茶やフリーター向けの宿泊施設もあるが、さらに、「ホームレス・フリーターを使う人夫出し飯場が、山手線のほとんどの駅の近くに出現している」という(なすび「『反権力のリゾーム』としての『持たざる者』の国際連帯行動』の模索」)。「人夫出し飯場」とは、街中に建物をつくってそこから建設現場に人を送り込むための、手配師が所有する施設のことである。都心から通うことができない遠い建設現場に併設されるのが「現場飯場」で、工事が終わると解体されるが、人夫出し飯場は、普通のビルやマンションのなかにつくり、あるいはプレハブを建て、労働者を恒常的に個室に寝泊まりさせ、早朝、現場ごとに送り出す、そういう施設である。建設業と労働者との間にたって手配料と称する労働者の日当のピンハネで業を成り立たせている。ホームレス・フリーターを相手にする業者が出ていることは、それだけ多くのフリーターが飯場に集められ、日雇建設労働に従事していることを示している。

また日雇い仕事に就いている若者がホームレスの状況に置かれていることも最近の傾向である。西澤晃彦は「貧者の領域」で、都市下層と非正規雇用との関連を指摘している。戦後、「都市下層を『なかったこと』にする」隠蔽装置は、建設・土木産業を中心とした「下層労働市場」の存在によって作動していた。しかし、バブル崩壊以降の九〇年代からは、「下層労働市場」や「日雇い労働市場」は

「閉鎖・縮小過程」をたどった。その結果、「就労経路が大きく変化した」。一つは、「寄せ場から飯場への重点の移動」。「野宿するよりはましと判断してスポーツ新聞の求人広告や駅手配を通じて飯場に入ろうとするようになった」。あと一つは、「『立ちん坊』から『顔づけ』へ、『携帯電話』へという傾向」。「東京では比較的若い世代の野宿者の間に一定の普及をみている、『人材派遣会社』との携帯電話を通じての就労経路」であり、「登録し電話をかけ続け、引越しや工事の手伝い日雇い仕事を得る」。派遣・請負労働者の最下層が野宿者と重なりながら生存していることになる。そして、結局のところ、下層労働市場の縮小によって「都市下層を『なかったこと』にする筈であった隠蔽の遂行は、いまやむしろ野宿者の露出と社会問題化を帰結している」としている。

◆一般労働者からホームレスへの道

一般労働者からホームレスへの道が、格別に特異なものではないことをホームレスの支援者である増田明利の『今日、ホームレスになった』は教えている。前職は、大手総合商社次長（五二歳）、外資系ファンドマネージャー（四九歳）、大手鉄鋼メーカー副部長（五五歳）、準大手証券会社外務員（五一歳）、準大手ゼネコン営業部長（五六歳）などである。

国家に対する生活支えがとぼしいこの国では、恐らく、①職を失うこと、②再就職がむずかしいこと、③家族が解体してしまうこと、この三条件がそろえば誰もがホームレスの可能性が生まれてしまう。とくに、「再就職先を探しても年齢が高くなるほど困難になる」。「日々の生活費にも事欠くようになるのは時間の問題だ。急場をしのぐため借金でもしようものなら、もう身の破滅、奈落の底へ真っさかさまだ。ホームレスになるのは、いとも簡単なことなのである」。

◆階層社会と階級形成

今日における階層社会の到来は、戦後における労働者の階級形成という大きな枠組みを労働運動に提供している。これが戦後労働運動における舞台の転換である。すでにみたように、日本には昇給し、出世もしない平の労働者でつくられる「我ら」の世界が形成されてこなかった。これが格差社会であった。しかし、階層社会の到来は、この労働運動の土台を根本からくつがえすことになるだろう。

ところで、階級形成論に関連してE・P・トムスンは『イングランド労働者階級の形成』のなかで、イングランドでは一八三〇年代に労働者階級が形成されたとしている。重要なことは、どのような経路を経て階級が形成されたのかということである。トムスンは、「経験を同じくする結果、自分たちの利害のアイデンティティを、自分たち同士で、また自分たちとは異なる（通常は敵対する）利害をもつほかの人びとに対抗するかたちで感じとってはっきりと表明するときに、階級は生じる」（一一頁）と述べている。

また別の言い方で、「階級意識」は、「職業や技能レベルが大きく異なる労働者のあいだに、利害が同一であるという意識」が生まれ、また「この階級意識は、かなりの程度、労働者階級の威力にたいして中流階級が示した反応の結果として、最終的には定義を与えられた」（九六八頁）としている。つまり、奴らの世界に対峙してそれよりも職業や技能の差異を超えて共通する利害、そして労働者の反抗に対する他の階級が示した反応によって、労働者が再び自己の共通性を確認する、ということだろう。

到来しつつある日本の階層社会のなかで、有期雇用労働者はどこにいっても、どのような仕事をしても大体同じである。大手の請負工の月収は額面で約二三万円のようだ。パートタイマーも地域によって差があるが、その地域のなかではほぼ同じである。低所得で非定着的な正社員は、低賃金も労働の過酷も雇用不安も同じようなものである。これまでの日本の従業員は違った。やがて昇進し、管理職になれる。賃金も上がっていく。企業によって労働条件はちがっている。民間も官公も違う。どこに行っても同じではない、どの会社に入れるかが日本の労働者の最大の関心事であった。

長らくイギリスに住み、労働者階級と中流階級の間で生活してきた林信吾は、日本の階層社会の形成を意識して、みずからの経験をもとに階級社会の実態を次のように分類している（『しのびよるネオ階級社会』）。三つの階級がある。

Ⅰ　上流階級――貴族、大地主（ジェントリー）

Ⅱ　中流階級

①アッパー・ミドルクラス――医師、弁護士、地位の高い専門職、大企業のエグゼクティブ、成功した芸術家など

②ミドルクラス――高学歴のエリートサラリーマン、キャリア官僚、パイロット、大学教授、中堅以上の自営業者

③ロウアー・ミドルクラス――一般的なホワイトカラー、下級公務員（公立学校の教師を含む）、自営農民、零細自営業者、職人

Ⅲ　ワーキングクラス――労働者階級（特別な資格やスキルを必要としない仕事に従事している

人たち）

居酒屋のパブも「店内が二つに仕切られ、入り口も二つある」、「片方は中産階級向けの『サルーン』」「もう一方は労働者階級向けの『バー』」である。「差別問題にならないのか」と思われるが、「制度化されたものではなく」「単に、中産階級の側にも労働者階級の側にも、分け隔てなく飲もう、という発想が皆無なので、店の営業もそれに対応しているだけの話」。「『ゼム・アンド・アス』という言い方があるが、要するに、彼らは彼ら、我々は我々で、それぞれ勝手にやればよい、というのが、階級社会の文化なのだ」（二四頁）ということになる。

林がいうように「階級社会」がしのびよっているのだろうか。格差社会から階層社会への転回はそのことを予感させる。格差社会は、民間大企業を軸にした企業主義的統合の出番でもあった。

格差社会は、企業中心社会という日本的な市民社会の相貌の一つを現していたが、格差社会を生み出す日本型雇用と年功賃金などは、民間大企業を軸にした経営者の労働者に対する企業主義的統合の大きな柱になっていた。企業主義的統合は第Ⅲ部の理解に必要なタームであるので、ここでまとめておこう。

企業主義的統合は、以下の構造によって労働者を企業に強く統合する日本的システムであった。第一は、日本の労働者の階層的特殊性を土台にしていたことである。①企業別労働組合によって横の関係で企業横断的な労働者の連帯が分断され、②企業内の内部昇進制によって縦の関係で「奴ら」と「我ら」の世界が架橋され、③工職均等待遇の原則によって階層が「融合」し合う関係のもとにおかれていた。第二は、企業が日本型雇用と年功賃金という処遇制度によって「企業依存の生活構造」を提供し、そのことによって堅固な企業意識を調達できたことである。第三は、日本的能力主義にもとづく競争主義的で強圧的な人事労務管理機構をつくりあげたことである。注目すべきは、統合メカニズムのなかに労働者の運動主体である労働組合が組み込まれていたことである。

これらの構造が崩壊してしまう階層社会の到来は、企業主義的統合の弛緩・解体を促すだろう。そして、それは「階級社会」が忍び寄ってくることをも意味する。階層社会は日本における労働者の階級形成を確実に予想させるのである。そのことを、労働運動側は明瞭に理解することが大切である。労働運動の舞台はこのように転換するのであろう。

第Ⅱ部　労働運動のルネッサンス

第4章　労働組合の機能と組織性格

一九九〇年代、労働市場の構造変化が進んでいるなかで、我々は、二一世紀経営戦略として注目された日経連『新時代の「日本的経営」』（一九九五年）を分析し、その方向が「規制なき一九世紀型の野蛮な横断的労働市場」であると結論づけた。* 「二一世紀」の方向が「一九世紀」なのである。その共通性はどこにあるのだろうか。

＊　木下武男「日本的労使関係の現段階と年功賃金」。「野蛮な」という表現は「進行しつつある横断的労働市場は、国家による規制もなく、またユニオンによる規制もない」という意味である。

一九世紀の労働社会は、ユニオンによる規制も、国家による規制もない「自由放任」の労働市場であり、また賃金も、国家とユニオンの規制もなく、高失業のもとで止めどもなく低い賃金であった。資本主義の確立ともに膨大な労働者が誕生したが、それは働いても貧しい「労働貧民」（ワーキングプア）* であった。

＊　ワーキングプア（Working Poor）は戦前には直截に「労働貧民」と訳されていた。

ところで、この「一九世紀」という時代は、労働市場と労働組合との相互の規定関係を明瞭にあらわしている。労働組合は一九世紀に登場してきた。それは、「自由放任」の労働市場が形成されるなかで、労働市場を規制する結社が必要とされていたからである。だから今日の日本で、労働組合の再生をはかることは、形成されつつある「野蛮な横断的労働市場」に対応した労働組合を創造することに他ならない。

そして、それは、労働組合の原点に立ち戻ることにほかならない。その原点とは、戦後労働運動がついに獲得することができなかった真のユニオニズムそのものなのである。労働組合の原点的機能と組織性格について一九世紀イギリスの労働組合出現の歴史のなかから学んでいくことにしよう。

一　自由な労働市場と労働組合の原点的機能

1　労働市場の形成と労働組合の形成

◆自由な労働市場に投げ込まれた労働者

労働組合がいつ誕生したのかは定かではない。しかし、労働組合がなぜ出現したのか、その背景と意図は明確である。一般に理解されているのは、産業革命によって生まれた大量の工場労働者が搾取と困窮のなかでやむを得ず立ち上がり、労働組合をつくったということだろう。しかし、それは正しくない。工場労働者の出現ではなく、自由な労働市場の形成が労働組合誕生の要因なのであり、それが一九世紀なのである。

一九世紀型の労働市場がどのように形成されたのかを簡単にみていくことにしよう。工場労働者が登場する以前、イギリスの労働運動は、雇われて働く「雇職人《やとい》」によって担われていた。その雇職人の労働条件を向上させる運動の根拠になっていたのは、一五六三年の職人規制法だった。この法律における賃金条項は、賃金の最高を抑えるという雇職人にとっては不利なそれまでの「最高賃金制」を受け継いでいたが、賃金は国家によって決定されるという「賃金公定制」を継承していた。つまり、働く者の賃金は、国家によって統制されていたのである。

重要なことは、賃金決定は固定されたものではなく、年ごとに更新される「裁定賃金制」に移行されたことであった。賃金は毎年、市参事会と治安判事の会議で裁定されることになった。雇職人たちは、結社をつくり、変動可能な裁定賃金制をよりどころにしながら、議会に請願行動をおこなった。一九世紀の初頭ぐらいまで「労働者の目的は、独立の労働運動を起こすために団結するというよりもむしろ国家を動かして彼らの為になるような干渉を行わせるということの方が多かった」（コール『イギリス労働運動史I』六七頁）。労働者の賃金を向上させる標的は国家だったのである。

しかし、やがて、資本家的親方は職人規制法を無視するようになり、最終的には、一八一四年の徒弟規制法の廃止によって勝利をおさめた。国家の統制は排除され、賃金は自由な市場によって決定されることになった。労働者は国家の強制と保護から解き放され、弱肉強食と、万人の万人にたいする闘争の場である市民社会に投げ込まれてしまったのである。

労働者は、旧来の原理によって労働条件を維持する道筋が断たれ、賃金・労働条件は労働者と雇い主との直接的対決によって決まる。労働者は、国家による労働条件規制や職業の保護がなくなり、労働者の生活はみずからの手によって守る以外にないことをさとったのである。

◆労働者の抵抗

労働者は労働市場を規制するための有効な方法としてすぐに労働組合をつくり出したのではなかった。労働組合の出現までに、労働者はさまざまな方法で抵抗を試みた。それは、無駄な抵抗ではなく、雇い主に対して有効に対峙するためには、仲間のなかで労働者同士の競争を規制することが最も大切な「掟」であることをつかみ取る歴史でもあった。

組織をつくるよりも、まずその前に、労働者の雇い主に対する抵抗があった。イギリスで本格的に労働組合が確立する一八四〇年代、エンゲルスは『イギリスにおける労働者階級の状態』(一八四五年出版)のなかで労働者の抵抗について分析している。反抗の段階は三つある。まず「反抗の最初の、もっとも未熟で、もっとも無益な形態は犯罪」(国民文庫版『イギリスにおける労働者階級の状態2』、一三〇頁、以下同)、すなわち個人的反抗であった。「労働者の頭では、自分は金持ちののらくら者よりもはるかに社会のためにつくしているのに、人もあろうにその自分は、どうしてこのような境遇のもとで苦しまなければならないのかが、のみこめなかった」、そして「彼はぬすみを働いた」のであった。今日でも、経営者の理不尽な仕打ちや生活の困窮を背景にした労働者の犯罪は多々みられることである。

しかし、当然のことながら「まもなく労働者は、こんなことをしても役にたたない、ということがわかった」(同、一三二頁)。労働者の抵抗の第二の段階としてエンゲルスは集団的暴動を挙げている。労働者によって「工場は破壊され、機械は粉砕された」。しかし、この形態も「散発的なものにすぎず、一定の地方だけにかぎられていて、しかも現状のただ一つの面だけに向けられたにすぎなかった」。しかも、暴動の直後、首謀者は死罪となり、多くの労働者も重罰に処せられた。

◆ストライキと労働者間競争の規制

労働者は、個人的犯罪や集団的暴動という法律によって処罰される行為が反抗の有益な方法ではないことを理解した。そして、労働者たちがたどりついた第三の抵抗手段は、ストライキであり、ストライキを最大の武器にする、労働者の恒常的な団結の組織としての労働組合であった。ストライキは、人を傷つけることも、物を壊すこともしない。ただ働くことをやめるだけである。労働者が唯一所有している労働力という商品を、組合員が一時期だけ一斉に売ることをやめるだけの行為である。

しかし、この合法的な手段は、まだ組合に加入していない労働者がいたり、目前の利益にまどわされて組合から脱退する労働者がいたりすると、たちまち非常に無力なものとなる。ストライキは一糸乱れぬ連帯があってこそ成功する。一人でもスト破りがでるとたちまち連帯は崩れてしまう。そこで、労働者は、目先の利益にまどわされることなく、自らの意志によって自らを律し、仲間同士で連帯を築く努力、すなわち労働者同士の競争を規制することが最も大切なことであることを理解するようになる。労働者相互間の競争こそ、現在労働者がおかれている状態のなかでもっとも悪い面であり、だからこそ労働者は組合をつくってこの競争を排除しようとつとめるのである。

エンゲルスは、一九世紀前半、労働者の連帯を築くために労働組合が行った厳しい内部の統制を描いている（前掲書、一三二〜一四二頁）。「労働組合に参加しようとしなかった二人の労働者」が「硫酸をあびせかけられ、その結果、二人の目は視力を失った」例。「木綿紡績工の組合」が「工場の放火に賞金をかけていた」例。その工場では「ストライキやぶり」の女性が雇用されていたが、「これらの娘たちの一人の母親」が殺され、「二人の殺人犯は、組合の負担でアメリカへ送られた」という。このように工場主の射殺や工場の放火もあるが、経営者と同時に、結束を乱す労働者にも制裁がなされていた点が注目される。

イギリスではその後も一九世紀後半、労働組合に入らない者や、入っていても組合の規制に従わず抜け駆けをする者、会費を滞納する者、これらに対して労働組合がひそかに制裁を加えることがなされていた。「ろくろ」をまわすバンドなど道具類が盗まれたり、あるいは仕事をしている機械に砂や、時には火薬さえも投げ込まれた。それは、「鼠のいたずら」だろうと労働組合は言い逃れするので「ラットニング（rattening）」と呼ばれていた（ウェッブ『労働組合の歴史 上巻』）。

これら労働組合による内部統制は、自由な労働市場を労働組合が規制するためにはまず内部の自律的な結束が前提とならなければならないからである。労働市場では賃金は労働力の需要と供給の関係で決まる。その労働市場には、賃金は安ければ安いほど良しとする経営者と、どんなに賃金が安くても職に就こうとする労働者がいる。この労働市場を規制するには、まずもって、労働者の裏切りや、抜け駆け、足の引っぱり合いを厳しく規制しなければならない。

この労働市場における労働者間競争の規制とは、労働組合が法認されている二一世紀の日本では、制裁・統制という方法ではなく、労働者の労働組合への組織化によってなし遂げることなのである。

日本における「一九世紀型」労働市場の形成とは、一九世紀イギリスにおいて労働組合が出現した経過を、労働組合による労働者の組織化という方法でなぞることに等しい。

2　労働組合の方法と機能

このような経過をへて、労働組合は出現した。そこで、まず、労働組合の目的を確認しておこう。シドニー&ベアトリス・ウェッブは大書『労働組合運動の歴史』の書き出しで、「労働組合とは、賃金労働者が、その労働生活の諸条件を維持または改善するための恒常的な団体である」（四頁）と規定している。一九五九年に制定された日本の労働組合法でも、労働組合は「労働者が主体となって自主的に労働条件の維持改善その他経済的地位向上をはかることを目的として組織する団体又はその連合団体をいう」と定められている。「労働条件の維持改善」「経済的地位向上」、すなわち労働者の労働条件と生活の向上を目的にしているのが労働組合である。

この目的については誰も異論はないだろう。しかし、どのようにしてこの目的を実現するかについては理解が不十分なように思われる。労働組合論の古典として有名な『産業民主制論』のなかで、シドニー&ベアトリス・ウェッブは、「共通規則」とそれにもとづく規制という考え方を示している。

「産業競争制度の下では、労働条件が個人取引に依らず或る共通規則（コモン・ルール）よって決定せらるるに非ざれば、生活標準の低下を防止すること不可能だといふのが、労働組合の根本的信條の一箇條である」（三八九頁）。つまり、労働条件は、誰にでも共通するルール、すなわち決まり事にもとづいて、決定されることが不可欠だということである。労働者が職に就こうとお互いに競争している状況のもとでは、雇い主と労働者とが個別に労働条件を決めれば、条件は下がってしまう。労働者も雇い主も一定のルールにもとづいて条件を決めようということである。「共通規則」にそろえるように、そこから外れる者を規制する。その「共通規則」を決定する労働組合の方法の理解がつぎに大切になる。ウェッブは規制の方法として、①相互保険の方法、②集合取引の方法、③法律制定の三つをあげている。順に説明していくことにしよう。

◆相互保険の方法

「相互保険の方法」とは、現在の労働組合の共済制度のことである。労働組合が確立したその最初の組織形態は職業別労働組合だった。職業別組合は、徒弟制度をへて高い技能水準に達した同じ職業の熟練労働者によってつくられた。職業別労働組合は共済制度を重要な組合機能とした。組合員が賃金から拠出して基金をつくり、病気や、災害、老齢、死亡、失業にそなえた。労働組合はこの相互扶助の精神によってきずかれたのだった。

さきの「共通規則」との関係では失業手当が重要である。組合員が失業したら、生活の糧を得るために賃金が安くても職に就こうとする。それは労働条件の水準を切り下げることになる。だから失業手当によって生活が保障され、やがて水準をみたすような職に就くようにできるのである。このように共済制度は、病気や失業の時に自分の労働力を安売りしなくてもすみ、組合の団結を強めるのに役だった。まだ社会保障もない時代に、組合自身の相互扶助によって生活保障の制度をつくったのである。

「相互保険」すなわち労働組合の共済制度は、今日では国の社会保障制度が発展してきたので、組合運動の主要な分野ではなくなったが、中小零細企業を基盤にした合同労組や個人加盟ユニオンにとっては今日でも意味のある方法である。

◆集合取引の方法

「集合取引」（コレクティブ・バーゲーニング）は、今日では「団体交渉」と訳されているが、「集合取引」という言い方のほうが労働組合機能の根本をより良く表現しているように思われる。労働者同士の競争によって労働力商品の「個人取引」、つまり労働者がばらばらに自分の労働力を売るようになる。それは労働力商品の安売りを引き起こし、労働者全体の生活条件は低下する。しかし、「コレクティブ・バーゲーニング」、すなわち労働力商品をまとめた（コレクティブな）状態にして、売ること（バーゲーニング）ができるならば、生活条件の低下を防ぐことができる。〝労働力商品のまとめ売り〟は、労働組合の根本的機能だということになる。

職業別組合の段階では、その職業の一定の賃金水準（ユニオン・レイト）を組合が一方的に決定する。そのユニオン・レイトは雇い主との直接交渉ではなく、その取り決めを仲間が守るという自律的な結束によって実現した。ユニオン・レイト以下ではその仕事場では働かない。少数である熟練労働者の多くを組織し、労働市場を組合が独占することによってそれは可能だった。ユニオン・レイトを守らない雇い主に対しては、仕事場から退出・離職してしまい、組合の共済制度の失業手当を受け、組合の職業紹介によって他の職場に移っていった。

その後、熟練労働者が生産の基幹的な役割を占めていた時代から、生産方式の変化や技術革新によって熟練労働者がかつてのように不可欠な存在ではなくなった。職業別の熟練労働市場が崩壊し、職業別組合は機能不全におちいったのである。そこで労働組合の組織形態は、全階層の労働者を組織する産業別労働組合や一般労働組合に発展した。それにともない「集合取引」の方法は、労働組合がそれら全階層の労働者を代表して、経営者や経営者団体と直接的な交渉する形に変化していったのである。

こうして、「労働条件の維持改善」の課題を、経営者との団体交渉によって実現し、それを遵守することを労働協約によって定めることが労働組合運動の主要な方法の一つとなった。解決しない場合には、労働組合は労働力商品の一時的販売停止、すなわちストライキによって、経営者側は一時的購買停止すなわちロックアウトによって、それぞれ合法的な争議手段にもとづいて争うことになる。その妥協点で一応の収束をみる。ストライキはこの交渉力を高めるための手段であり、ストライキそのものが自己目的化されるものでないことは当然である。

◆法律制定の方法

ウェッブのいう「法律制定の方法」は、今日では立法に限らず行政や司法の活用という点を含めて「制度的方法」といった方がよいだろう。労働組合では政策制度闘争として展開されている運動である。社会保障や最低賃金制、労働時間制度など法律による制度的規制の方法は今日ますます重要になっている。

この制度的規制の方法も労働組合の発展によって確立した。労働組合が職業別組合から不熟練労働者を含めた全階層の組合（一般組合、産業別組合）に変化するとともに組合機能も拡充がせまられた。高い組合費による高い共済水準を確保していた職業別組合の共済制度は、国家の制度に発展したのである。職業別組合のときの災害手当が労働災害保険に、疾病手当が健康保険に、失業手当が失業保険に、老齢手当が老齢年金に、というぐあいに制度化されたのである。制度的方法とは国家による「共通規則」（コモン・ルール）の確立ということである。

さて、労働組合の目的と方法について検討してきたが、労働組合とは何かというと、このような目的をこのような方法によって実現する団体ということになる。労働組合はそれ以上でもそれ以下でもない。労働組合を資本主義の体制変革の担い手と見なし、過度な政治課題を押しつけるのは誤りであり、それは政党や政治団体、企業内労働者組織、協同組合などの領分である。労働組合は資本主義体制の内部において機能する団体であるが、しかし、資本・賃労働関係が存在し、労働力が商品化するかぎり、その役割と機能は永遠に不滅なのである。

ところでトレード・ユニオニズム (trade unionism) の意味は労働組合運動である。しかし日本では「労働組合主義と訳され組合運動における一つのイデオロギー的立場を表すものとなった」。それは、第Ⅲ部で述べる赤色労働組合運動主義や政治主義的労働運動と区別する立場だった。すなわち「労働者の雇用・労働・生活諸条件の維持、改善を目的とする大衆団体として、その独自的機能と、その機能遂行のために必要な労働組合の自主性、言いかえれば使用者、政府および政党などの外部権力による支配・介入の排除を強調する立場である」*。すなわちこれまで検討した労働組合の目的と方法に忠実な労働組合運動であり、そのようなものとして労働組合をみる労働組合観である。ここでは、このような労働組合観をユニオニズム、そのような労働組合観をもつものをユニオニストと呼ぶことにしよう。

＊『岩波小辞典 労働運動』の「労働組合主義」の項目である。労働組合主義は第二次大戦前には「右翼的組合運動

に対する蔑称として使われた」。戦後は再び強調されるようになったが、労働組合主義は「右派的諸組合によって主導された」。したがって、ここでは、それらと区別するためにあえてユニオニズムという用語を使うことにする。

二　自発的結社としての労働組合の原点的組織性格

労働組合は居酒屋「パブリックハウス」から生まれたとよくいわれる。それは、前近代における中世共同体が崩壊し、近代へ移行する時期、そこにおける自発的結社の形成運動の一つのシーンであった。居酒屋は働く仲間が集う居場所であった。

パブは、中世の共同体が解体した後に、個々人が集う社会的空間として存在していた。労働者は仕事が終わると、パブに集まり、夕食後のひとときをすごす。労働や生活の苦しさが話題になる。酒にたすけられて、仕事の不満や雇い主の仕打ちが声高に話される。パブの主人は労働者に同情的で、雇い主に密告することはなかった。やがて、酒を飲んでうさを晴らすだけでなく、困っている仲間に手をさしのべるようになった。それまでも職人たちの間では、仲間が死んだとき、仲間の間に帽子をまわして寄付金を集め、その金を遺族に送ることが習慣になっていた。その自然発生的な習慣が、規約をもつ組織に発展し、友愛協会（friendly society）になった。

中世では、職人たちは、ギルド共同体の相互扶助の機能で生活が保護され、また、みんなで食事をし、酒を飲み、懇談し、遊びに興じるという親睦の機能で文化的で支えられていた。しかし、中世ギルドは、同じ職業に就く親方たちに加入を義務づける強制加入であった。その町で職業を営むには同職のギルドに入らなければならなかった。

しかし、中世から近代への移行は、社会集団からすれば、同職や地縁などにもとづく共同体組織から、自発的な意志による結社（アソシエーション）へと、社会集団が再編成される時期であった。その意味で、友愛協会は、相互扶助・親睦の共同体組織の機能を、加入強制権をもたない新しい組織の器に移し替えたものということができるだろう。ギルドの相互扶助の機能を引き継ぐものとして友愛協会が登場したのである。

友愛協会のなかで同じ職業に従事している者だけでつくられたのが同職クラブ（trade club）だった。同職クラブは職業上の地位向上と相互扶助という二つを目的にしていたが、やがて資本主義の確立とともに、この同職クラブを基盤にして、賃金・労働条件の維持・改善を目的とする近代的な労働組合が登場することになったのである。

したがって労働組合は、経済的には労働力商品の集合的取引機関であるとともに、社会的には自発的結社という性格をもっている。自発性にもとづく個人によって構成されるのが労働組合なのである。しかし、日本の企業別労働組合は個人の自発的な意志を無視した、従業員一括加盟という半強制的組織であった。その組織的性格については後に詳しく検討するが、労働組合を論ずる前に、そもそも労働運動の再生とは、この自発的結社の創出であることをまず確認しておきたい。そして、自発性をもった市民＝労働者が社会に噴出する状況が生まれることこそが、労働運動の再生の不可欠の条件なのである。

第5章　企業別労働組合体制を脱却する方途を探る

一　労働運動の現段階と労働組合改革

1　戦後労働運動の決定的な後退局面

◆労働組合の「マンモス」化

戦後労働運動の後退が「最終的」とも表現できる事態として進んでいる。事態の基本的な枠組みは、第Ⅰ部で検討したように労働市場の構造が劇的な勢いで進行しているにもかかわらず、企業別組合体制は今日も牢固として存在しつづけていることである。企業別組合は日本型雇用と年功賃金が確立している時代において企業内従業員の利益に役立っていた。この前提そのものが今大きく崩れている。だから、企業別組合の改革は誰もが常識的に理解できることであるが、現実には大きな変化は生まれていない。やがて、「マンモス」が氷河期間氷期の温暖化という環境変化に耐えられず絶滅したように、日本の労働組合も労働市場の構造変化に順応できずに、死に絶えるかもしれない。

◆産業別機能の低下と「立ち腐れ」現象

労働市場の構造変化と企業別組合という関係は、労働運動衰退の根本であるが、さらに加えて春闘が機能不全に陥ったことも大きな要因としてある。企業別組合の連合体である産業別組織が、かろうじて存在意味を有していたのは、毎年の春闘が機能していたからであった。末端の加盟組合・単組は、同業他社の賃金水準を意識しつつ、賃金の産業別統一行動にも参加していた。しかし、ベースアップはもちろん定期昇給もままならなくなるにつれて、産業別組織への結集力は低下し、連合体の分散化が進んでいる。

後に検討するように企業別組合の克服には産業別機能の強化が基本方向であるが、逆流現象がみられる。そのことは、単産本部が、企業別組合体制の問題点を意識し、対策をこうじようとするときのネックになる。単産本部が意識的な方向をだそうとしても、比較的大きな企業別組合の単組は消極的な姿勢をとる。本部は足を出そうとしても動けない。それはちょうど「立ち腐れ」のようである。

◆公務部門の労働運動の衰退

二〇〇六年、官民競争入札制度が法制化された。地方自治法二四四条の改定（二〇〇三年）による指定管理者制度は株式会社を含む民間会社も管理者にすることを可能にし、公設民営保育園、公設民営図書館が出現している。この方向をさらに徹底させるものとして官民競争入札制度が登場した。これまで国や自治体が行ってきた公共サービスを民間企業で行うことができないかどうかを洗い出し、可能な分野はすべて官と民との間で競争入札を実施し、民でできるものは民へ移行するという仕組みである。当然、受注価格が安い方に落札されるので「官」の業務は奪われる。このような施策によらなくても、実際に、民間企業への業務委託や民営化の流れが急速に広がり、公務員の行っていた業務領域を大きく浸食している。

刑務所が警備保障会社に、小中学校が予備校に、役所の窓口業務が事務請負会社に、病院が株式会社に、それぞれ運営されることも可能になるのである。これは、一九七五年からの公務員攻撃とともに進行してき下請・民営化の究極の段階といえる。そして、それは戦後労働運動の中心的な一翼を担っていた官公労部門の労働運動への壊滅的な打撃となること明らかである。

◆戦後労働運動の担い手の退場

さらに「労働運動の二〇〇七年問題」ともいえる事態が生じる。一九四七年以降の数年間に生まれた膨大な人々が「団塊の世代」と呼ばれている。後に検討する一九六〇年から七五年の「労働運動の跛行的展開」期における「表層」の運動で、恐らく、中心的な担い手であっただろう。その後は、昇進・出世のあり方で方向は違っていっただろうが、労働組合で役割を果たした活動家も多かったはずである。この「団塊の世代」が〇七年以降、一斉に定年を向かえ、労働者・労働組合員の現役からリタイヤすることになる。労働運動の主体的な力量の大幅な低下はまぬがれないだろう。

◆労働組合の「解散・消滅」現象

労働組合基本調査によると、組合員の減少のみならず、組合数の減少が著しい。組合数（単位労働組合）は、一九八四年から九八年までは七万台を維持してきたが、その後、減少し、二〇〇〇年は六万九〇〇〇、〇六年には五万九〇〇〇〇になっている。

出版産業の産業別組織である出版労連は、組織問題を一貫して重視してとりくみ、また、有効な組織改革を行ってきた単産であるが、その背景には深刻な組合員の減少があった。出版労連は、八〇年の一万四二一五人をピークに減少し、九七年には一万を割り、九九五〇人となった。その後、二〇〇〇年から〇五年まで年間約五〇〇人単位で減少し、〇六年に五九八九人である。講談社労組や角川書店労組の大手組合の脱退や単組における組合員の減少もあるが、目立つのは解散と消滅である。組合が解散を決議するのが「解散」で、解散手続きをとることができないで自然になくなるのが「消滅」である。このような事態は、恐らく、企業とユニオンショップ協定を結んでいない企業別組合に普遍的にみられることだと考えられる。

組合員の少数化の要因としては組合員の高齢化や新規採用の抑制、不正常な労使関係などがある。いずれにしても組合員一〇人前後を臨界点にして少数の企業別組合は姿を消していっている。企業別組合で有りつづけた少数組合の最後の帰結が「解散・消滅」現象なのだろう。この状況のもとで出版労連は、後にみるように単産強化と個人加盟ユニオンという注目すべき打開策を打ち出している。

このようにみてくると戦後労働運動が、今やただならぬ状況にあることは間違いない。労働運動の樹木は朽ち果て、砂漠化するかもしれない。しかし、資本主義のもと労働力が商品化し、資本・賃労働関係が成立している以上、ユニオニズムは永遠に不滅である。やがて砂漠のなかから芽をだし、葉を茂らせるだろう。だが、それにしても、今ある有意味な僅かな力を集め、発展の芽を育て、新しい労働運動の流れを創りだし、そして若い世代につなげていくことができるならば、それに越したことはない。

この戦後労働運動の決定的ともいえる後退局面に立ち至っては、これまでの企業別労働組合の延長で運動の発展を考えるのではなく、過去と断絶した「新しい労働運動」を検討する以外にはないと思われる。そのためには、労働市場の構造変化を、労働者の類型の変化としてとらえ、その労働者類型が労働組合の担い手となるような労働組合を構想すること、具体的には、労働者の類型と、組合機能、組織形態の三つは密接不可分の関係にあることを理解することである。欧米の労働運動は労働市場が構造的に変化したとき、古い労働組合を克服し、労働市場の方に労働組合を適合させた歴史をもっている。労働市場の構造変化に対応して労働組合が生きのびた例を企業別組合克服のアナロジー(類似)として学ぶことから始めよう。

2　労働者類型論・組合機能論・組織形態論

◆労働者類型の変化と労働組合

「第4章―一―2　労働組合の方法と機能」のところで、職業別労働組合について少しふれたが、ここでは労働者類型と組織形態の視点から再度、ふり返ることにしよう。クラフト・ユニオン(職業別労働組合)の「相互保険の方法」や「集合取引の方法」は、組合員が親方的熟練労働者という特殊な労働者類型を基盤にしていたから可能であった。クラフト・ユニオンに入ることができるのは徒弟制の頂点に立つ親方的な熟練労働者だけであり、高い水準の共済制度や賃金規制などは熟練労働者にのみ通用する運動であった。それに対応する組織形態は、熟練労働者だけに加入を認め、他の労働者の加入を認めない排他的で閉鎖的なものだった。クラフト・ユニオンの幹部は、「プロレタリアのくず」「浮浪人」とよばれた増大しつつある不熟練労働者にけっして手をさしのべることはなかった。まさしくワーキングプアは労働組合から放置されたままだったのである。

この職業別労働組合は自然に克服されたのではない。その閉鎖性が打破されるには新しい労働組合運動の潮流の出現が必要だった。クラフト・ユニオンとはまったく別のニュー・ユニオニズム（新労働組合主義）という新しい組合潮流が台頭し、不熟練労働者の組織化をねばり強く行った。ニュー・ユニオニズムの象徴的な争議が、一八八九年のロンドン・ドックの大ストライキだった。当時、世界最大の貿易港だったテームズ河畔のロンドン港に、昼夜をとわず、一万六〇〇〇人を動員し五〇マイルの巨大なピケットラインを築いた。一ヶ月にわたるストライキで労働者は勝利した（安川『イギリス労働運動と社会主義』）。これを契機にして、新しい労働組合、ジェネラル・ユニオン（一般労働組合）が誕生し、一般労働組合・産業別労働組合という労働者の全階層を組織する今日の時代を拓いたのである。

これはアメリカ労働運動にも共通することである。クラフト・ユニオンは、アメリカに早く移民してきたイギリスやドイツ、スカンジナビア諸国などの「旧移民」の熟練労働者によって組織されていた。クラフト・ユニオンは、東ヨーロッパのポーランド人、ハンガリー人、南ヨーロッパのイタリア人などの「新移民」の不熟練労働者に関心を示さず、むしろスト破りに利用される新移民の労働者と対立していた。職業別組合の閉鎖性は人種差によってより加重されるという関係にあった。

この職業別労働組合の閉鎖性を克服する長い歴史がアメリカにはあった。一八六九年に労働騎士団、一九〇五年にＩＷＷ（世界産業労働者組合）がつくられ、労働者の組織化を進めたが、やがて衰退した。職業別労働組合を統合していた全国組織ＡＦＬに対抗して、一九三五年、産業別労働組合主義者が別組織をつくり、三八年、正式に産業別労働組合の全国組織ＣＩＯを結成した。この産業別労働組合運動で象徴的だったのが、一九三六年、四四日間におよぶゼネラル・モーターズ（ＧＭ）のシットダウン・ストライキだった。

◆労働者類型論、組合機能論、組織形態論

新しい運動と組織を既存の運動の外部に構築するためには、労働組合はどのような類型の労働者を基盤にしているのかという類型論と、その類型の労働者の賃金・労働条件の向上をどのような運動によって実現するのかという機能論、そしてそのような労働者を組織するための組織論、これを三位一体の関係として把握することが重要である。

これまでみてきたことから明らかなように、労働組合の機能や形態を一般的に論じることは避けなければならない。熟練労働者という労働者類型に対応した組合機能と組織形態があったのである。熟練労働者は、狭い熟練労働市場を排他的に統制することが可能であった。組合機能としては、徒弟制を活用した労働力の供給制限や高い水準での共済制度を軸にすることができた。しかし、このような組合機能は、他の膨大な不熟練労働者には通用しない。だから、労働者類型の異なる労働者を排除する組織形態をとっていたのである。

やがて、自動車や電機、化学といった新しい産業が生まれ、生産過程も大量生産方式が普及するにつれて徒弟制の上に養成された熟練は解体し、クラフト・ユニオンの基盤が崩れた。労働者類型は、産業や職種の労働市場における全階層（オール・グレイド）の労働者に変わったのである。

クラフト・ユニオンは、熟練労働者の組合員の自律的な結束によって雇い主に高い水準の労働条件を押しつけていたが、一般労働組合・産業別労働組合は、ストライキを背景にした経営者との団体交渉によって労働条件を決定するという交渉機能を運動の軸においた。また、自主的な共済制度ではなく、国家に社会保障を、また組合が行っていた徒弟制や職業紹介ではなく、国家に職業訓練や職業紹介の制度を要求したのである。労働条件は団体交渉によって決する。団体交渉での力関係は、ストライキを打てる力量にかかっている。そのためには産業・職種のすべての労働者を組織しなければならない。だから、労働者の組織化そのものが労働組合の自己目的となり、組織形態は排他的な組織から労働者の全階層に開放された組織に転換したのである。

◆労働組合の基盤をシフトする

さて、日本の現実に戻ろう。労働組合は特定の労働者類型を基盤にして形成される。その類型に適合的な組合機能によって賃金・労働条件の向上がはかられ、その労働者の特性に応じた組織形態がとられる。したがって労働組合の再生にとっては、労働市場の構造変化によって登場してきている労働者の類型に、労働組合の基盤をシフトすることが不可欠である。

そのためには異なる労働者類型を組み込むことができる組織体制、すなわち労働組合の組織論が重要になってくる。組織論は、戦後労働運動では、未組織労働者の組織化や単産強化などといったお題目として掲げられたとしても、一貫して棚上げの状態にあった。しかし時代転換のなかで組織論は焦点をあてるべきテーマであり、労働組合を改革するその意識性の集中的な表現が組織論なのであるといっても過言ではない。

3　労働組合の組織改革の方途

◆既存労働組合の内部改革論と外部構築論

一九五〇年代から企業別労働組合の克服については多くの議論がなされ、克服についても論じられてきた。何故、今日まで企業別組合が変革されなかったのかについて第Ⅲ部にゆずるが、ただ、三つの点において克服の議論には問題があったように思われる。

それは、①既存の労働組合の外に新しい労働組合を構築するという「外部構築」論と、②企業別組合を末端の単組と単産本部との関係に注目する企業別組合体制の「内部構造」論、そして、③先進的に労働組合の改革する牽引するための活動家集団論である。これらについて各論として検討していくことになるが、その前にこの三点について概括しつつ、相互の関連について検討しておこう。

これまでの企業別組合の克服の議論は、既存の企業別組合の組織と機能を変革しなければならないという「内部改革」論に偏していたように思われる。企業別労働組合の改革は「脱皮」という言葉で表現されていたように多くは単線的なイメージでなされてきたように思われる。そのために産業別統一闘争や職場活動、産別強化について論じられ、また、横断賃率論も職務給論も産別組織の賃金政策として提起された。

一九五〇年代から六〇年代初頭における議論は今日でも検討されるべきものであるが、現在の二極分化した階層社会に対応した労働運動を展望する上では、次元を異にした方が適切だと思われる。すなわち、新しい運動の「外部構築」論というレベルで労働運動の方向を考えるべきだろう。日本の労働運動は、サナギから美しい蝶に脱皮するようにはいかない。古いもののなかに新しい姿が準備されてはいない。既存の企業別組合の「内部改革」と新しい運動の「外部構築」という二元論で考える必要があるだろう。

外部構築が先行し内部改革を促した典型例を、イギリスとアメリカの労働運動の歴史が示している。あのロンドン・ドックのストライキを起点にしたジェネラル・ユニオン（一般労働組合）の運動は職業別労働組合の外部に構築されたのである。徒弟制にもとづく親方的な熟練労働者の「クラフツマン」と、不熟練労働者の「レイバラー」という二つの労働者類型のなかで、クラフツマンを基盤とする職業別組合は機能不全に陥っていたが、存続しつづけた。ニュー・ユニオニズムを推進する潮流は、ジェネラル・ユニオンという形態で不熟練労働者を組織化とともに、職業別組合の改革にも努力した。不熟練労働者の組織化に成功するとともに、職業別労働組合の改革もすすみ、やがて職業別組合どうしの合同と、全階層の労働者への組合の開放によって組織的には産業別労働組合に成長したのであった。

アメリカでは不熟練労働者や半熟練労働者の組織化をすすめたＩＷＷもＣＩＯも、職業別組合・ＡＦＬの外部で活動した。職業別労働組合に固執するＡＦＬから、産業別組合を主張する潮流が独立し、産業別組織委員会ＣＩＯをつくった。そのＣＩＯが一九三六、三七年に激しい争議の末にゼネラル・モーターズの組織化に成功し、産業別労働組合の方向が大きく開けた。このように、ＡＦＬから離れた産業別組合主義者のＣＩＯの潮流が、大量生産の製造業現場の組織化に成功し、それ以降、ＡＦＬも内部改革がなされ産業別組合に発展し、ＡＦＬとＣＩＯが合同することになり、今日に至っている。

アメリカで、一九二〇年代・三〇年代に、ＡＦＬの改革をめぐって、ＡＦＬの「内部からの切りくずし（boring from within）」論と「外部から粉砕する（smashing from without）」論とがあった。かつて小川登はアメリカの労働組合組織の発展の型を参考にして、日本の「企業別組合が産業別組合の単なる企業支部に変容するための不可欠の条件は」「産業別労働組合主義者の企業外組織（外部組織）が形成される」ことだと主張した。そして、その運動の成功は「激変する客観情勢が不可欠」だとした（小川『労働経済学論の基本問題』二二一頁）。

注意しなければならないのは、内部改革を目的にするというよりも、イギリスもアメリカでは膨大な未組織労働者を組織するために、職業別組合の外部に新しい運動と組織化を展開し、そのことが結果としては、職業別組合の内部改革につながったということである。

ところで、日本の企業別労働組合体制における外部構築論を考える場合、一国レベルと産業別全国組織（単産）との二つの次元で検討する必要がある。つまり、いま進んでいる単産に属さない個人加盟ユニオンを創造し発展させることと、企業別労働組合連合体（単産）のなかに異質な個人加盟ユニオンを組み込むこと、この二つを外部構築として考えるべきだろう。これらの「外部構築」された新しい運動が、既存の企業別組合をも変える触媒の役割をはたすだろうことを期待しつつも、現段階の日本の労働運動では、「外部構築」の運動を先行させるというスタンスが重要である。

◆企業別組合体制の内部構造論と活動家集団論

「内部改革」論に当たるのが企業別組合の改革というテーマである。企業別組合というと、企業ごとにできている単組を思いがちであり、確かにそうだが、ここでは企業別組合の単組によって構成される産業別全国組織・単産をも視野に入れることを強調したい。すなわち、単産と単組を含めて企業別労働組合体制として捉える。この企業別組合体制の内部における単産の役割や運営、単産と単組の関係などを内部構造論とする。そして、内部構造論の議論のなかから企業別組合の改革の糸口が見いだせるものと考えられる。

さらに、活動家集団論の重要性は、労働組合の改革は一片の決定によって整然とすすむものでは決してないという認識から導きだされる。改革を担い推進する者たちが数多く存在することによって前進する。改革を推し進めるのは、制度的な組織上の指導部でも一般組合員でもない。それはイギリスではニュー・ユニオニストであり、アメリカでは産業別労働組合主義者であったように先進的ユニオニストの活動家集団である。

日本ではこれまで企業内の職場活動家や政党などの政治的活動家はいた。しかし、先進的なユニオニストの集団は、総評オルグなどいなかったわけではないが、非常に限られていた。企業別組合の内部改革と個人加盟ユニオンの前進のためには、企業を超えた先進的なユニオニスト集団の社会的ネットワークが必要とされているように思われる。

二　企業別労働組合体制

1　企業別組合（単組）の特質

さて、それでは、企業別労働組合の改革の各論に入ろう。企業別組合は日本特有の労働組合である。企業を単位にして労働組合がつくられることは日本に限らず諸外国にもあった。しかし、以下に述べる特質をすべてそなえた組合はおそらく日本にしかないだろう。ここで企業別組合の特質を組織と機能、階層という三つの視点から検討することにする。

◆日本の労働組合は企業ごとにつくられている

企業別組合は企業ごとにつくられていることは常識的に理解されているが、その組織上の特徴は、第一に、「企業単位の労働組合」ということである。労働組合は企業単位につくるのが当たり前と思われている日本では、労働組合はつくるものだった。欧米の場合、労働組合をつくると言うと、労働組合のメンバーは、びっくり仰天するだろう。そもそも労働組合はつくるものではなく、入るものなのだからである。欧米の場合には、企業を超えた全国組合や地方組織にまず個人として加入し、その最末端の組織に所属することになる。それが産業別労働組合であり、一般労働組合（ジェネラル・ユニオン）である。

日本にも産業ごとの全国組合がある。普通は「単位産業別組合」の略称である「単産」と呼ばれている。しかし、その単産は、企業別労働組合が連合してつくる連合体である。全国組織は、労働者一人ひとりがその全国組織に加入するという個人加盟の方式ではなく、企業別労働組合の団体加盟の方式によってつくられている。

ところで、日本にも小さいながらも産業別組合がある。一九八五年に中畑清、落合博満、掛布雅之らが中心になって結成したプロ野球労組である。プロ野球労組が産業別の個人加盟ユニオンであるのはトレードがあり、労働市場が流動的だからである。選手はプロ野球という産業の枠内で流動している。もし巨人軍の選手会が企業別組合をつくり、オリックスに組合がないとするならば、巨人からオリックスに移籍した選手は非組合員になってしまう。その流動する労働市場に対応して労働組合をつくる以外にはないのである。日本の企業別組合のエリアは企業単位であり、産業別組合は産業全体が組織のエリアである。

企業別組合の組織上の特徴の第二は、組合員資格を特定企業の従業員にしか与えない「企業内従業員組合」ということである。そしてこの場合の従業員は、ほとんどが、パートや臨時の労働者ではなく、正規従業員である。さらに、民間大企業の多くでは、労使が結ぶユニオン・ショップ協定によって従業員になれば自動的に組合員になる制度があり、またチェックオフ制度によって、従業員の給与から会社が組合費として天引きしてもらう仕組みもある。従業員の資格があれば自動的に組合員になる。従業員でなければ入ることができない。その意味で、時代と労働者類型は異なるが、企業内の従業員しか組合員資格がない企業別組合と、親方的熟練労働者の組合である職業別労働組合とは、閉鎖的で排他的な組合という点では非常に類似している。

企業別組合の組織上の第三の特徴は、企業単位に独立している「企業内独立組合」ということである。企業別組合はそれ自身、独立し、「主権をもつ組合」（白井『企業別組合』六頁）である。それは良いことのように聞こえるが、本当は、外部に対して閉ざされた組合であることを意味している。企業別組合の多くは、産業別全国組織（単産）や地域共闘組織に加盟しているが、企業別組合はその全体の一部として存在しているのではない。企業別組合は「基礎的な統治の単位」であり、上部団体は「企業別組合の意志を拘束したりそれに強制を加えるという意味で主権を侵害することは事実上できない」（『企業別組合』六、七頁）。企業別組合は独自に執行権や人事権、財政権をもっているのである。企業単位で独立し、全体との関係性が希薄な労働組合と言うことができる。

◆日本の労働組合は「工職・職制」混合組合である

次に企業別組合を階層論の視点からみることにしよう。日本の企業別労働組合が企業ごとにつくられていることはよく指摘されるが、次のことはあまり強調されていない。それは、ブルーカラーとホワイトカラーとが同じ組合に所属していることである。おそらく、このことは欧米の労働組合にはみることのできない組織形態だと思われる。すでに検討したように、戦後労働組合は、工員と職員とが混合して会社で一つの組合をつくった。その組合は工員と職員の差別を撤廃するように要求し、その結果、企業内ではブルーカラーとホワイトカラーが同じように処遇されることになった。

このような処遇制度は、一つの会社のなかでブルーカラーとホワイトカラーとが同じ労働組合に所属することの合理性を高めた。さらに企業別労働組合は、下級管理職も組合員であるという特徴をもっている。中間管理職より上の管理職を除くと、下級職制を含めた職場の労働者すべてが同じ組合員である。

ヨーロッパではそうではなく、ホワイトカラーはホワイトカラーの組合、ブルーカラーはブルーカラーの組合で、別の組織に属している。企業のなかで、横断的な複数の労働組合が存在するというのがヨーロッパで通常みられる姿であり、そもそも「一企業一組合」ではない。このような「工職・職制混合組合」としての特質をもつ企業別組合は全体を包括していることが利点のようであるが、その構成メンバーの状況や意識は全体に均質ではありえない。戦後労働運動における分裂の歴史は、企業の側がその不均一性を利用し、亀裂を深めることによってなされてきたものである。

◆日本型雇用と年功賃金の「外皮」としての企業別組合

次に企業別組合の組合機能から企業別組合の特質をみることにしよう。ブルーカラーとホワイトカラーというように階層の違いを超えて企業内の一つの組合に加入していることは、処遇制度が同じだからである。日本の賃金は、欧米のように職種や職務を基準にして決定されない。年齢と勤続、性差の基準を中心にして、それに人事査定による個人の能力評価の要素を加えながら賃金は決定される。男性従業員は、誰もが年齢・勤続を経るにつれて昇給することができる。

この日本の処遇基準は、個々の人間に属する基準、つまり属人基準にもとづくものであるから、特定企業にだけ通用するものであり、企業を超えた社会的な共通性を持たない。A社の賃金構成や賃金水準とB社のそれとは異なる。また、A社の労働時間制や昇進制度とB社のそれとも同じではない。

このように日本型雇用と年功賃金という企業ごとに異なる労働条件を前提にして企業別組合は存在し、組合運動を行っている。企業別労働組合は、企業内の労働条件の改善に関心はあっても、企業外の労働者の利害には関心が薄いのは、利害そのものが企業の内部での事柄である以上、当然のことといわなければならない。A社の従業員の利害は、A社内部の関心事でしかありえない。その意味で、企業別労働組合は、企業内の労働条件を決定する日本型雇用と年功賃金の中身を包む「外皮」として存在しているとみることができる。それにしても、現在は、中身はくずれている。企業別組合の中身が腐り液状化しつつあるにもかかわらず、なお固化した外皮が存在し続けているかのようである。

2　産業別全国組織（単産）の特質

企業別労働組合は、単組の特質から見る限り、未来はない。未組織労働者の組織化を単組は推進できるのだろうか。労働組合規約の上からも、企業外の労働者に組合員資格を与えていないのであるから、組織化は不可能なのである。また、単組の組合機能からみても、企業内の利害に関心はあっても、その利害の共通性をもたない企業外の労働者の状況に意欲を示さないのは当然でもある。単組は、労働者の組織化を進める組織的な手段を持たないこともさることながら、そもそも組織化を進める内発的な意欲を持っていないのである。そこで単組はひとまず置いておき、企業別組合体制の組織構造論として単産の特質を検討していくことにしよう。

◆単組の優位性

「単組」は単位組合の略称で、労働者がそこに直接加入し、独立した組合規約や役員、財政をもっている組織である。日本の単産本部は、加盟組合である企業別組合（単組）が執行権と人事権、財政権など、ほぼ完全に独立した主権を有しているために、欧米の全国組織のように単産本部が、加盟支部に対して強い指導力や統制力をもつことができない。また、単産の執行機関は、加盟組合の代表の形で構成されているために、加盟組合の意向に左右されやすく、強力な指導ができない。さらに、単産のユニオン・リーダーの方が、単産の末端である企業内従業員よりも企業意識が薄くなる可能性があり、産業別の視点にたってリーダーシップを発揮しようとしても、単組は言うことを聞かないことが通常のこととなる。先ほどみた単産の「立ち腐れ」現象は、この構造から引きおこされるのである。

◆上納金制度

単産の財政は、加盟組合員が直接納入するのではなく、単組からの「上納金」によってまかなわれている。上納金は、組合費を集めた単組が、加盟単産へ納める納入金のことであり、上部団体費とも呼ばれている。欧米では基本的には組合費は本部に納められ、本部の方針にもとづいて下部に配分される。日本の上納金制度は、産業別組織のリソースが企業に分散されていることを意味している。単産本部の財政は、加盟単組に比べて常に逼迫しており、産業別の運動を制約するおおもとになっている。組合のリソースが中央組織に集中するならば、労働者の組織化もいくらか進むはずである。一方、単組の財政が組合員の慰安のための組合旅行に使われることはよくあることであった。

◆単産は団体によって構成されている

単産が、企業別組合の団体によって構成されていることは一人の個人としては産業別組織に入ることができないことを意味している。労働者が組合に入りたくても、産業別全国組合に個人加盟組織がないので、企業に労働組合をつくって、団体として全国組合に入らなければならなかった。未組織労働者の組織化は長年にわたって組合方針としてそれぞれの全国組織で掲げられてきたが、そもそも全国組織は労働者が個人として加入するための門戸を閉ざしてきたということになる。

三　企業別労働組合体制の改革

企業別組合の単組とその集合体である単産の両者を企業別労働組合体制としたが、この体制の内部の構造をどのように変えていくのかが、企業別組合の克服にとって課題となる。そのなかで、末端の企業別組合は、同一企業内の正規従業員で構成され、この組合の関心事は、構成員の利害、すなわち企業内の労働条件に終始する傾向が強い。企業外のこと、まして、未組織労働者の組織化に自分たちの財政が使われることを良しとしない。そこで、組織化を念頭において企業別組合体制の改革を検討する場合、単産強化論と二本立て組織論の二つが考えられる。*

* ここで論じている企業別組合の改革については、筆者が編集担当となった『労働問題実践シリーズ 5 労働組合を創る』と『同 6 組合運動の新展開』で示した内容である。一九九〇年に出版された両書での指摘は、出版労連や銀行産業労働組合（銀産労）などを除いて、ほとんどの労働組合で受けとめられることはなかった。

1　単産強化論

「職場を基礎に」という言葉が、自分の狭い企業のなかだけで果敢にたたかうことを意味し、職場に安住してしまうとするならば、それは困ったものである。職場活動を活性化させたとしても、そのエネルギーを企業内で自己完結させるならば、今日ではあまり意味のないことである。企業内職場闘争と産業別統一闘争とは、自然発生的には接合不可能なのである。職場の積極的活動家のエネルギーを企業内にとどめるのではなく、産業レベルの運動に解放させる必要がある。その全産業的な視点から今度は職場での活動を引き上げることもできる。

この単組の独立性をうすめ、単産本部の強化がなされなければならない。企業別労働組合体制のところで検討したように、企業別組合の連合体である産業別組合（単産）のなかでは、企業ごとの支部や分会が大きな権限をもっている。したがって、日本の労働組合は産業レベルの機能が強化されず、逆に企業内の運動に傾斜する傾向を色濃くもっている。

転倒の組織論が必要である。これまで「組合民主主義の尊重」「幹部闘争から大衆闘争へ」などが強調され、組合論の常識のようになっていた。だがこの言葉は、単位組合内での下部の一般組合員の意見や気分を尊重することを意味し、その限りで重要な指摘である。しかし、これが単産と企業内組合との関係で後者を尊重することが必要だと理解するならば、転倒させなければならない。

あえて極論すれば、企業内組合の独立性を「希薄化」することが必要である。企業別組合単位で組織化も推進し、争議支援もおこない、産業別強化にも貢献しているという組合がどのくらいあるだろうか。「独立性＝企業内」という構図を否定できる単組はそれほどないのである。産業別規制を強めることが大前提になる組合活動において、団結の分散性をともなう単組の独立性は弱められなければならない。もちろんそれは上意下達の集権化をすすめることを意味するものではない。産業別強化を基本にしながら、組合民主主義の徹底や分権化、ネットワーク化もはかっていくという関係にある。また単産強化は、単産本部の強化だけを意味するのではなく、労働者との接点の多い地方本部の強化や労働者と直接かかわっている支部の改革をもふくんでいる。

◆中間段階・中間領域

企業別労働組合を克服する方向は、横断的労働市場を規制することができる欧米型の産業別労働組合・一般労働組合であることは明らかであるとしても、その道のりは遠い。企業別組合は経営者との企業内の交渉の機能を現に有しているし、企業外の労働者には利益をもたらしていないとしても、企業内の従業員の労働条件の向上に役立っている。したがって、雇い主の交渉を軸にした企業内的機能は重要な組合機能であることに変わりはない。

とりあえずは、企業内機能と企業横断的機能とを別個の機能として追求することが必要だろう。つまり企業内の労働条件を向上させるうえでは企業別組合の機能を重視しつつ、単産の意識性によって企業横断的な組合機能を追求することである。

両者の機能を独自に発揮するためには、別個の組織主体を明確にすることが必要になる。後に述べるように、組織論上は、単組の比重を低め、単産の役割の飛躍的に高め、そのもとで企業横断的なユニオニスト集団を単産内に幅広く形成することが考えられる。

労働組合の改革にとって、企業別組合をまったくの所与の前提にした段階から企業別組合を完全に克服する段階にいたる、長期の中間段階として現在を位置づけることが必要とされる。この段階は機能論上では、産業別組合の機能と企業別組合の機能との中間領域といえる。

2　労働者の組織化と「二本立て」組織論

◆第一段階――「受け皿」の構築

未組織労働者の組織化の課題は、この中間段階の問題群の一つとして存在している。その課題の遂行者は、企業別組合体制の末端の単組ではない。そもそも企業別組合は、同一企業内の正規従業員で構成され、組合の関心事は、構成員の企業内の労働条件に終始する傾向が強い。企業外のこと、まして、未組織労働者の組織化に自分たちの財政が使われることを良しとしない。だから、組織化の「内発的な意志」をもっていないとみなければならない。

したがって、組織化の重要性を認識した上部の意識性こそが決定的である。職場の一般組合員よりも単組の幹部・活動家、単組よりも単産の意識性、単産よりもナショナルセンター、ローカルセンターの目的意識的な取り組みが重要となる。その認識のうえで、次のような段階をふんで労働者の組織化と、組合組織の改革をすすめることが求められる。

組織化の体制づくりとして、まず、何よりも単産内に個人加盟組織をつくることが急がれる。企業別組合の団体加盟の単産では、企業別組合の単組とは別に、だれでも一人で入れる「受け皿」組織をつくることが組織化の大前提である。当面は、各単組の企業別組合の枠組みは維持しながら、その連合体のなかに個人加盟組織を形成することであるから、それは、すぐにでもできる対策である。単産内に個人加盟組織の「受け皿」の有る無しが、産業別組織としての組織化の意志の有無を明らかにすることであるといっても過言ではない。

そして、業種・職種、地域など組織しようとする重点を定め、その重点にたいして組織的な対策がどのように打たれているが問題となる。組織化の「受け皿」づくり、オルグの配置、財政的な保障などの手だてがどのようにとられているのか。このような方針があってはじめて組織化が動き出すのである。

◆第二段階――企業別組合と個人加盟ユニオンの「二本立て」化

さて、次の段階は、個人加盟組織の位置づけをたんなる組織化の「受け皿」にとどめず、企業別組合と個人加盟組織の二本柱を単産の組織構造にすることである。ここでは、企業別組合と個人加盟ユニオンという異質な労働組合が単産内に併存していることになる。この段階では、個人加盟ユニオンの成長を意識して次の二点が重要となる。

まず、組織拡大の専任のオルガナイザー*を大量に養成することである。専従だけではなく、定年退職した単組や単産の幹部・活動家、あるいはパートタイマーなどの半専従的なオルガナイザーやさらに下部の職場活動家をボランティア的に結びつけていくことが考えられる。これらを上意下達の指令型ではなく、この日本で巨大な労働組合を根づかせたい、そういう思いで結ばれた自発的な活動家集団として育てていくことが単産として求められる。このようなユニオニスト集団のネットワークが、産業・業種のなかで網の目のよう形成されてはじめて、日本における未組織労働者の組織化が大々的に前進するることになるだろう。

＊　組合オルガナイザーの献身的な姿をえがいた映画に『ノー・マレイ』（アメリカ、一九七九年）がある。サリー・フィールドが演じる繊維労働者を産業別組織のオルグが説得し、組織化に成功するまでをえがいている。またケン・ローチ監督の『ブレッド＆ローズ』（イギリス、二〇〇〇年）は、メキシコ系移民が多く働く低賃金職種のジャニター（ビルメン労働者）を、全米サービス従業員組合（ＳＥＩＵ）のオルグが組織化する過程を描いている。

この「二本立て」組織論に関わって有意味な提起が、連合外部評価委員会によってなされた。二〇〇三年一二月に出された連合外部評価委員会の最終報告は、同年六月の中間報告から比べるとやや後退しているが、時代認識と労働組合に対する危機意識について評価できる内容であった。「経済のグローバル化により、日本の産業構造は大きく変えられようとしている」。にもかかわらず、「企業別組合の組織だけでは、このような構造的な大転換に対して根本的に対抗することはできないため」（傍点は筆者）（「連合は、企業別組合の限界を認識したうえで、それに補完する機能を強化する必要がある」）。中間報告では、「組織だけでは」ではなく「組織では」になっており、後段の括弧内の文章は最終報告で付け加わったものである。企業別組合をあくまで温存し、それに替わる補完機能を強化するというスタンスに変わった。

しかし、評価できる点は、「企業別組合主義から脱却し、すべての働く者が結集できる新組織戦略を」と題し、労働組合を改革する具体的な一歩を明確にしていることである。いくらか重なっているところもあるので、まとめると、①組合リソース（人材や財政）の配分の見直し、②同時加盟・複数加盟の推進、③多面的な組合機能の支援、④個人加盟ユニオンの育成・支援、となるだろう。

とくに、「人の配置や財政の配分を見直し」という組合リソースを組織化に投入するというところと、「同時加盟・複数帰属を可能にする柔軟な仕組み作りの実現」、例として「ある企業別組合に加盟しながら地域のパートユニオンにも加盟する」というところは注目される。たんにオルグという「人の配置」だけでなく、企業別組合の活動家、組合員が、個人加盟ユニオンに加入し、その活動を支えることを提唱しているのである。すでに、先進的な単産や組合では積極的に同時加盟がすすめられている。

◆第三段階――単産単一化

さて、産業別連合体を、企業別組合と個人加盟ユニオンという「二本立て」の組織構造にしつつ、個人加盟ユニオンの組織化を大々的にすすめるため、組合リソースの投入を含めて、単産が積極的な役割を担うということが第二段階のテーマであった。しかし、そのことはたんに未組織労働者の組織化をすすめるという次元にとどまらない。

企業別組合の単組がこの並立している個人加盟ユニオンの方に合流するならば、どうなるのか。すなわち、企業別組合の連合体が個人加盟組織に再編成されるのである。もちろん、労働組合の組織改革は、規約を改正していっせいに個人加盟組織にしてしまえば済むという単純なものではない。先進的な組合や問題を抱えている組合などが「さみだれ式」に個人加盟ユニオンに合流するのかもしれない。また、個人加盟ユニオンに加入しても、企業ごとの交渉単位は確保されるので、活動の上からはそれほど変わりはないだろう。しかし、合流がすすめば単産は企業別組合という「部分の連合体」から、個人加盟組織の「単産単一化」が実現することになる。末端の企業別組合は、独立した部分ではなく、全体のなかの部分に変化することになる。

このように未組織労働者の組織化を大々的にすすめ、個人加盟ユニオンを成長させることを通じて、企業別組合体制の改革も成し遂げられるという関係が極めて重要なところである。

四　活動家集団論

1　活動家集団をめぐって

◆総評「組織綱領草案」

総評は一九五八年に「組織綱領草案」をつくった。総評運動の高揚の時期であり、産業別統一闘争や職場闘争の発展のなかで企業別労働組合を克服しようとする意図から提起された。綱領草案は、「組合員の中には、組合意識をもつもの、企業意識の強いもの、第三者的意識のもの、と大きく見て三つの層があり、通常大組合ほど第三者的意識の人の比率が高い」とし、そして「企業別労働組合ということは、極端に言えば、第二組合の潜在的可能性を常に持つ組合である」（四七頁）と指摘した

この「企業意識の強いもの」と「第三者的意識の人」とが結びついて戦後労働運動における組合の

分裂・脱退が引き起こされたとみることができるが、ここでは、企業別組合の構成メンバーは均質ではなく、組合意識・企業意識の濃淡があるという指摘に注目したい。

さらに綱領草案は企業別労働組合を次のように規定している。そこでは「企業別労働組合は、そのまま実質的な労働組合として受取るのではなく、むしろ労資が組合員を実質的に争奪し合う競争の場であると考えて差支えない」（四八頁）と書かれている。誰がどのように争奪するのか。この点を論じた深井龍雄「わが国労働組合の組織問題」は「労資が組合員を実質的に争奪」するという場合の「労」について、「『企業別労働組合は』というのが主語です。したがって『労』の主体が『労働組合』（企業別）だとするならば、同義反復というよりしかたがありません」と疑問を提起している。すなわち企業別組合がその組合員を獲得するというのでは、意味不明だということである。深井は、結論的には、それは労働組合運動における活動家集団だと述べた。たしかに企業別組合には意識の高低、さまざまな階層が存在しているのであり、その一致点をまとめ、経営者と対等な立場を確立することは、組合指導部だけでは到底手に負えるものではなかったのである。

◆インフォーマル組織

さて、労働者の活動家集団ということで、ここで企業がつくっているインフォーマル組織について検討することは意味がある。第Ⅲ部でもふれるが、インフォーマル組織も活動家集団とみることができる。企業別組合の組合員を「実質的に争奪」する「労」の主体が活動家集団であるべきだったとすると、「資」の主体こそがインフォーマル組織だったのである。インフォーマル組織が確立してくる以前には「資」の主体は会社の労務管理機構における職制が表面にでて、中心的な役割を演じていた。

産別会議の時代や一九五〇年代の民間大企業の争議において組合員でもある末端職制の動きが争議の敗北や組合分裂に大いにかかわった。

しかしこの末端職制は、企業による不当労働行為として指弾される余地は十分にあった。五〇年代争議をへて六〇年代になると、企業の方はインフォーマル組織という、経営組織の労務管理機構でもない、また労働組合でもない、インフォーマル（非公式）な組織をつくるようになり、民間大企業に広範に広がっていった。

企業の側が不当労働行為を逃れるには、会社派労働者の活動家集団をつくり、そうすることによって労資対立を「労労対立」にすり替えることができることになる。しかもそれは組合分裂や組合丸抱えの非常時だけの集団ではなく、労使協調の労働組合を支える恒常的な集団として存在した。

もちろんインフォーマル組織を支えた基盤は、濃厚な企業忠誠心を調達することができた「企業依存の生活構造」が確立していたからであり、今日、その基盤が崩れていることは民間大企業における統合メカニズムが弛緩しつつあることが予想される。

ともあれ、企業別労働組合は労使が組合員を争奪し合う場であるという組織綱領草案の指摘した実態をリアルにみて、企業の側はインフォーマルな活動家集団を形成した。労働組合の方が企業別労働組合の建て前によりかかって、活動家集団を主体にして労働組合を改革することがおざなりになってしまったと言わざるをえない。

2　労働組合の改革と活動家集団

このような、これまで提起された活動家集団論をとらえ返し、現時点の労働組合の改革にとって欠かせないテーマとして検討されなければならない。労働組合のなかで意識の高低や階層の違いを基盤にしながら、運動レベルで政策や戦術の違いが表れる。そのような意見の相違は組織内に潮流を生みだす。中央集権制をとらない労働組合の場合には、その組織的表現として組合内潮流や派閥が形成されるのは当然なことである。

戦後労働運動の歴史では、多くの場合、政党や政治潮流、あるいは人事派閥として表面化したために、組合内の派閥にはダーティーなイメージがつきまとっている。しかしそれでもなお組合内潮流の形成は不可避なことである。いや、不可避ではなく、先進的な方向で労働組合のメンバーの共通認識を広げ、高めるためには、そのような志をもった潮流の形成はどのような労働組合のなかにでも必要なことだと積極的に受けとめなければならない。

問題は何を目的にしたどのような集団なのかということである。まず、第一は、労働組合における執行部のような制度的な集団ではなく、個人の自覚的意志にもとづく集団である。一般的に企業別組合は、多くは個人の自発的意志ではなく従業員だから入っている。だから組織綱領草案が述べたように争奪戦が必要になっていた。争奪戦の「労」の主体こそが職場の先進的なユニオニスト集団であるべきだったのである。しかし、戦後労働運動ではその「労」は、えてして政党や政治潮流の政治的活動家であった。したがって、企業別組合という労働者の争奪の場は、企業のインフォーマル組織の活動家と、政党・政治潮流の活動家との空中戦のような対立におおわれていたといえるだろう。

第二は、職場活動家から産業別運動を担う先進的ユニオニストへの飛躍が必要である。いくら企業のなかで職場の活性化のために活動しても、それが自然発生的に「企業を超えた活動家集団」に成長するものではない。活動家のエネルギーを企業内にとどめるのではなく、積極的に全産業レベルに解放させる意識性が重要であろう。単産強化や未組織労働者の組織化、争議支援など産業別運動を担う先進的ユニオニスト集団を分厚く形成することが、企業別組合の改革にとっても個人加盟ユニオンの前進にとっても不可欠な課題となっている。活動家集団とは労働組合のあるセクションというイメージではなく、企業を越えた組合員のネットワーカーと捉えた方がよいだろう。このような組合員をつくり育てることが、欧米のような産業別全国組織に個人加盟する組合員を、一人ずつ増やしていることを意味するのだ、という意識で取り組む必要があろう。

第三は、企業・産業を超えて一国レベルで労働運動を革新するために先進的なユニオニストの潮流が欠かせないということである。労働運動の再生は、企業別組合の内部改革がすすみ、個人加盟ユニオンが成長することであることは確かであるが、それらの組織的な改革・前進によって労働運動の再生がなったと言えるのだろうか。そうではなく、ユニオニズムという新しい組合思想を身につけた活動家の集団が日本に登場することなのである。

ここでもまたイギリスとアメリカの労働運動の歴史は労働組合の革新はユニオニズムにもとづくアクティビスト（活動家）集団によって担われたことを教えている。先ほどのイギリスの運動を支えたのは、ロンドンの港湾地帯のワーキングプアに向けてねばり強く街頭宣伝活動や集会をつづけたニュー・ユニオニズムの活動家（ニュー・ユニオニスト）だった。閉鎖的な職業別組合を改革すること、組合から排除されている不熟練労働者を組織するという、ニュー・ユニオニズムの組合思想を身につけた自覚した個人の集団によって古い労働組合が革新されたのであった。

アメリカでは、既存の組合から排除されていた黒人や、英語のわからないイタリア人などの新移民、不熟練労働者、季節移動の農業労働者など、社会の最下層の労働者に対する組織化を推し進めたのが産業別労働組合主義者だった。アメリカはヨーロッパと比べて、経営者側が労働組合を認めないアンチ・ユニオニズムの濃厚な国だった。経営者側は、武器をもったストライキ破りの私兵をさしむけ、労働者側はそれに対して銃撃戦を展開するなど、労働組合を確立するために果敢な闘争を展開した。アメリカは、労働組合を確立するために断固として公然と立ち向かっていった先進的なアクティビストたちの歴史をもっている。ＩＷＷの活動家でフォークシンガーだったジョー・ヒルはデッチ上げで処刑された。ジョー・ヒルは目隠しを外して銃殺刑にのぞんだ。処刑前夜、彼は「ぼくの死を嘆いて時間を無駄にするな。組織せよ」の言葉を残した。「ドーント・モーン、オーガナイズ」（嘆くな、組織せよ）の標語は今日でもアメリカ労働運動のなかで語られている。

3　労働組合と企業内労働者組織

企業別組合と活動家集団との関係を、労働運動の未来とのかかわりで検討しておこう。一九五〇年代、企業別組合の脱皮が強調された時期、「脱皮」という表現でもみられるように、企業別組合から産業別組合へ単線的に変化していくというイメージだった。その後、ヨーロッパにも企業内の労働者組織があり、日本の企業別組合はそれと似ている。だから、企業別組合を戦闘的に強化すればよいとして企業別組合を肯定する主張がなされた。

しかしこれらは基本的に間違っている。なぜならば、労働組合と企業内従業員組織とは違う組織形態をもち、違う機能をもっているからである。その両者があいまって労働者の利益を守り、向上させている。ヨーロッパの労働組合は、組織形態としては産業別組合あるいは一般労働組合の企業横断的な個人加盟組織であり、経営者団体との団体交渉によって企業をこえた労働条件を産業別労働協約として決定している。

ヨーロッパでは労働組合は企業の外でつくられ、企業横断的に労働条件が決定されてきたが、だんだんと労働組合が企業内に進出し、企業交渉ももたれるようになってきた。そして大きな企業では企業内に組合組織もつくられている。しかし同時に、職場の従業員を代表する組織もある。イギリスではショップ・ステュアード、フランスでは企業委員会、ドイツでは経営評議会、イタリアでは内部委員会などである。それぞれ制度ごとに機能に違いがあり、法律による規定の有無にも差があるが、職場の従業員から代表が選出され、労働者代表が経営者に苦情を申し入れ、企業内の要求を実現させるためにあるという点では共通している。フランスとドイツでは法律によって認められている。

ドイツの場合は、このルートによって経営に対する規制と参加がなされている。監査役会という、ドイツでは日本と違って実際に経営方針を決め、経営を執行する取締役会をコントロールする組織がある。法律で定められているが（モンタン共同決定法、一九七六年）、監査役会のメンバーが一二名の場合、株主総会から株主代表六名、労働者代表六名である。労働者代表のなかで経営評議会から四人、全国的労働組合から二人というぐあいになっている。労務担当重役はこの労働者側代表の了承がなければ、その職につけないことになっている。*

＊ ドイツの共同決定制度については、平澤『企業共同決定制の成立史』を参照。ドイツでは「二元的な労使関係」が成立しているのである。

そして、この経営評議会を通じて労働者が企業内に傾斜しないように、労働組合も職場組織をもっている。それが組合の職場委員制度である。「職場委員制度によって組合が目指したのは、経営協議会とは別個の直接的な組合の活動家集団を経営内に配置し、組合の存在を経営内で代表する制度をつくることであった」とされている（角田邦重「西ドイツにおける企業内組合活動の法理」）。企業内の全員参加の従業員組織と、企業外の産業別労働組合の両方が存在し、産業別組合の組合員は職場では活動家集団として存在していることになる。

フランスの企業委員会は規模五〇人以上の企業で設置が定められ、その活動が保護されている。企業委員会の制度がしばしば労使交渉の主体として機能することがある。だからフランスの組織率は一〇％以下だが、全企業（五〇人以上規模）に企業委員会が定められているもとでは、労働組合は日本からみるなら活動家集団として存在しているとみることができる。

つまり、ヨーロッパの場合、労働組合と企業内従業員組織との二本立てで労働者組織が成り立っているのである。日本の労働組合運動のこれからの長期的展望としては、企業別組合から産業別組合への発展として単線的に考えず、日本の企業別組合を、このヨーロッパにおける企業横断的な自発的個人加盟組織である労働組合と、職場における従業員代表の制度である企業内従業員組織との二つの間に定位し、その変革的な発展方向いかんを検討した方が有効だと思われる。そして現在の企業別組合と活動家集団との関係を、未来における産業別組合と企業内従業員組織との関係としてとらえることが可能であろう。

もちろん団体交渉権がどちらにあるかという問題は、未来のこととしてでてくるだろうが、それは二つの組織の発展と変化のなかからおのずと形づくられてくると思われる。

第6章　新ユニオン運動の提唱

一　貧困と差別に抗する社会的連帯

さて、これまで日本の企業別労働組合体制を改革する方途について検討してきた。改革の必要性は、労働者類型の変化に対応しなければならないところからきていた。そして、その労働者類型の多くは、ワーキングプア、働く貧困層であることは確認しておかなければならない。すなわち労働運動の基盤をシフトするその対象は、膨大な未組織労働者でもあり、また、ワーキングプアに転落する十分な可能性があり、さらにはホームレスにさえ転落しかねない階層をも含んでいるのである。

日本の貧困世帯について後藤道夫は、「これまでの常識と違い、その中心は現役勤労者世帯である。彼らは、現役勤労者でありながら収入が貧困基準以下なので『ワーキングプアー』と呼ばれる。高度経済成長後半以降では、こうした貧困層の大量発生は初めてのこと」であり、「近年の日本社会では、現役世代の大量貧困に対してはほとんど無防備であるから、その影響は甚大」（『エコノミスト』二〇〇六年七月二五日）であると述べている。

このような貧困層の大量発生と政策的「無防備」を前にして日本の労働運動は貧困問題と格闘しなければならない局面にある。しかし、働く貧困層は、労働運動の主体には容易になりえない。労働者の組織化にも直ちには応答しない。労働運動の主体としてとらえるよりも、それ以前に、ワーキングプアの存在や意識を理解しつつ、彼らに対する眼差しや接近の仕方といった、さらに広い社会的連帯のあり方を考える必要があるように思われる。

1　今日における社会的連帯の切断と個別化の深化

◆自己責任論と「個別化」

新自由主義政策によって形成されつつある階層社会は、膨大な低所得の労働者や失業者を生み出す。それらの人々が貧困と差別に異議を唱えるならば事態は直ちに変わる。それは彼らが圧倒的な多数派だからである。しかし、そうはならない。低所得の労働者、フリーターと呼ばれる若者、失業者、野宿者、彼らは「自己責任」という呪文によって屈服させられ、打ちひしがれているからである。

経済評論家の森永卓郎が「テレビで政府の経済政策を批判するため、小泉政権への不満を拾おうと、選挙を前に飯田橋のハローワークでインタビューをした」。「『今の政策って、どう思いますか？』と尋ねたところ、返ってきた答に私は驚いてしまった。『ほとんどの人が改革のために痛みが必要なんですよね』と口に」したという（「経済――景気回復も雇用改善もウソだらけ」『月刊現代』二〇〇五年一〇月号)。失業者は自己責任で職を失ったと思っている。多くのフリーターも、だらだら生きている、努力しないというたぐいの若者バッシングによって萎縮させられている。

自己責任論への屈服は諦念感をも生み出す。『フリーターにとって「自由」とは何か』のなかで杉田俊介は、日本では「個人のアイデンティティを公的保障ではなく〈会社〉と〈家族〉が支えてきた。そのため《会社=家族》からの脱落と放逐が、過度に深刻な人格崩壊をまねきやすい」(一四頁)と述べている。生きる支えの崩壊がみずからの存在の否定につながりやすいのである。「そんな社会的通念や圧力、当事者自身の魂こそ根ぶかく強いる自傷的な思い込み(もう駄目だ、という生自身への諦念や侮辱)」という今日の貧者の観念を指摘している。

自己責任論という新自由主義の思想によって個々がバラバラにされている。仲間の対極にあるものは、社会的関連が切断された個である。自己責任論は個のあり様を社会的に考える思考を停止させ、各自を個の内面に向けさせる。

◆貧困の隠ぺいと社会的排除

自己責任論のイデオロギーだけでなく、さらに政策主体の意志が働き、貧困は隠ぺいされる。膨大な貧困層は、政策推進者にとっては政策の結果であったとしても、可視化された存在であれば、その政策が批判にさらされることは充分にあり得る。新自由主義の推進者は、野宿者を最下層とする低所得者全般に対して救済には無関心である。そこで、政策の失敗と見なされかねないその貧困の象徴であるホームレスの存在が目に見えないようにする隠ぺいと排除が行われる。救済でなく排除である。

日本でもホームレスに対する排除が現在なされているが、新自由主義先進国アメリカの例からみてみよう（デイヴィス『要塞都市ＬＡ』）。ロサンゼルスのある地域には「樽の形をした新しいバス停留所もベンチ」がある。「それは座り心地の悪い最小限の面を提供して、そこで眠り込むの不可能にする」ための『浮浪者よけ』ベンチ」である。「もうひとつ別の発明に『戸外スプリンクラーの積極的配備』があり、「市が設置したのは、手の込んだ頭上のスプリンクラーシステムで、それは夜の間、安心して眠りこけている人間を任意の間隔でびしょぬれにするようプログラムされていた」。そして「公衆トイレこそが市のホームレスとの戦争における真の前線」となる。その撤去の結果、ホームレスが「川のコンクリート張りの水路を流れる下水の汚水で体を洗ったり、それを飲んだりすらしている」（一九八〜一九九頁）。

◆生と生存に対する攻撃

さて、このようにホームレスの増加について検討したことは、ホームレス救済の重要性そのものを指摘したかったからではない。階層社会のなかで激増する貧困層を、労働運動がどのようにとらえるのか。新自由主義の攻撃はすでに極限にまで達していることをはっきりとつかむ必要があろう。ここで平井玄が『ミッキーマウスのプロレタリア宣言』で自分や貧者をネズミと呼び、他人を犬と呼んでいることを紹介しよう。「自分をネズミと呼び、人を犬と呼び捨ててことさらに傷つけてきたのは、すぐ隣にいる生きる人々が直面する生死の問題をまるで異星の出来事のように遠ざけている魂の壁を、そうやってブチ破りたかったからである」（九九頁）。階層社会のなかで「生死の問題」が浮上してきていることに注目したい。

新自由主義の政策は、たんに膨大な貧困層を生み出すだけでなく、重大なのはその貧困層に対する救済から撤退することである。階層社会に対応して現在すすめられている社会政策・社会保障の二階建て方式は、一階にあたる公的保障制度は徹底的にスリム化し、二階は、上層所得者向けに自己負担にもとづいて充実した施策を民間企業にゆだねようとすることを目標にしている。すなわち、新自由主義政策は、低所得の下層労働者に向けられた「生と生存に対する攻撃」とみなければならない。

2 階層社会における新しい社会連帯

◆家族的関係性としての親密圏

このような個別化や社会的排除をともないながら人びとは貧困化と孤立を深めている。そこで、労働運動の課題や政策という次元からはるか離れたところで一人ひとりが「生と生存に対する攻撃」とどう関わるのか、その眼差し、マナー、思想といったものを考える必要があるように思われる。

斎藤純一は『親密圏のポリティクス』のなかで、親密圏という考え方を提起している。「親密圏は、さしあたり、具体的な他者の生への配慮／関心をメディアとするある程度持続的な関係性と定義できる」（「まえがき」）としている。メディアとは媒介と理解してよいだろう。必ずしも、夫婦のような性愛や血縁の家族愛を媒介にしない。

そして、「他者の生への配慮／関心」の領域であった夫婦・子どもという家族は、その存在が今や標準ではなくなった。新自由主義改革によって「現代の家族は、その家族機能に対して市場原理が浸透することによって、親密圏としての役割を実質的に失いつつある」のである（佐藤和夫「親密圏を根圏として脱構築する」)。

それでは、家族的関係性が欠如して人は生きることができるのだろか。「生・育・病・老・死といった局面においてとりわけそうであるように、私たちは、たんに自立的な存在者としてのみ生きているわけではない。生の自立は他者の生への依存をすでに前提としたもの」であり、「自らに配慮や関心を寄せてくれる他者をもちうるか否かは、とりわけ社会保障の著しい後退や社会的な生に値しないとされる『余計者』の大量生産を背景とするとき、まさに生死にかかわるヴァイタルな意味をもっている」と斎藤はいう。

親密圏は、制度化されたものでもなく、運動の機能でもない。人々の他者への配慮、眼差し、生き方、つまりは個々の思想という次元だろう。新しい社会連帯はこのような眼差しをもった個人の集合によって築かれるものと思われる。澁谷望も「〈生命への配慮〉と〈抵抗〉とが分かちがたく結びつく空間としての親密圏は、社会的に排除された者にとってきわめて大きな意味をもつ。それは排除に対する抵抗の最後で唯一の橋頭堡といえよう」(「排除空間の生政治」)と考えている。新自由主義政策によって社会性が切断された個人が生み出され、その個人に対して「生と生存への攻撃」がなされている。それに抗して家族的な親密圏を再構築し、社会的連帯をきずくことが抵抗の拠点となる。

さらに佐藤和夫は「親密圏が、社会からの避難の場所としてではなく、むしろ、親密圏を基礎に社会のなかに積極的に打って出る関係として脱構築されたとき、個人と親密圏、公共圏の関係は新たな相貌を示すことになる」とし、「親密な人間関係の再形成のなかから新しい『政治』と公共性を始めるしかない」述べている。この親密圏の思想にもとづく社会的連帯を最も下の基礎にしてこそ、労働運動との関わり合いも、政治への異議申し立ても、可能になるのである。

◆セツルメント的機能

その実際のイメージを紹介しよう。「孤老族」という言葉があって、「千葉県松戸市の常盤平団地では、毎年一〇人近いお年寄りがだれにも看取られずになくなっていく」という(『朝日新聞』二〇〇五年七月三日)。しかし、団地では有志が集まって「孤独死ゼロ作戦」を行い、夜は明かりがついているかを点検し、朝はカーテンが開いているかを点検しているという(「ひとり団地の一室で」NHK総合テレビ、二〇〇五年九月二四日)。

孤独死は、高齢者というよりも六五歳以下が四〇%と大きな割合を占めている。このような取り組みが、親密圏の思想を身につけた個人による自発的結社の行動とみることができるだろう。また、NHKのこの番組では、独居の中高年男性に生活保護をとらせるよう、有志が付き添って役所にいく場面が描かれていた。

また、個人加盟ユニオンの電話相談の七、八割は何らかのメンタルヘルスのケアが必要と思われる相手だということを多くのところで聞く。相談の電話が四時間、五時間におよぶ場合もあるという。その時に早々と切ることは、「生と生存」に関わることになるのである。

労働運動は、新自由主義の「生と生存に対する攻撃」に対抗しうるには、社会的に排除された貧困層との親密な人間関係の形成が最基底にあることを念頭におき、何らかの運動につなげる必要があろう。一九世紀後半、イギリスでセツルメントという活動があった。下層労働者や貧困層の救済のために社会教育や職業紹介、医療事業など公的事業の不備を補完しようとする運動で、日本でも戦前・戦後、東京大学などの学生たちが住民と生活をともにしながら献身的な活動を行った。これからの労働運動には、このようなセツルメント的機能を今日的な段階で構想することが求められているのである。

◆貧者の自覚と仲間、生存権

貧困化と社会的連帯の切断、自己責任論のなかで、状態がどんなに過酷であっても人びとが自動的に労働組合に向かうことはない。また、同じ仲間がすぐに連帯するわけでもない。貧者の自覚と仲間、そして生存権の意識、これらが新しい社会的連帯にとってカギになる言葉だろう。

ネズミがネズミであることを自覚する。貧者が貧者であることを自覚する。その自覚が社会性を獲得することにつながるだろう。仲間と「つるんで生きる」ことが、生きる術だと知ることになるだろう。仲間とはむずかしく言えば、「アソシエーション」であるが、それは、意識の高い自発的結社から、人と人との結びつきの仲間まで、広い意味をもっている。大切なのは「居場所」があり、仲間がいるという社会的連帯を、底辺のところでつくることが労働運動の前提として不可欠であるということである。

そして、その仲間のなかでこそ初めて、権利というものを自覚的に受けとめることができるに違いない。その権利こそが生存権である。杉田はこう表現している。「こんな社会とその《構造》の全体を根こそぎにするための『見えない銃』としての生活原理、この世に産み落とされたすべての生存を等しく生かそうとする『見えない自由』」、これらが「崖っぷちの攻防線では、ぼくらのなけなしの武器としてあってもいいのではないか」。最低限の生活が成り立たないのは自己責任によってではない。国民は、憲法二五条によって「健康で文化的な最低限度の生活を営む権利」を、二七条によって「勤労の権利」をもち、国家は義務を有する。ワーキングプアが自己責任論から脱し、この生存権思想を獲得するとき、労働運動の流れは変わるだろう。

◆下層からはい上がる道具としてのユニオン

しかし、それにしても、戦後日本の労働運動はこの流れを変えるために役に立つような経験を、どのくらいもっているのだろうか。大幅賃上げの経験や、政治課題に取り組んだ経験は役には立たない。七〇年代前半の国民春闘の経験は大切である。「弱者救済」という言葉は適切ではなかったが、階層社会における下層労働者の救済のために「国民春闘」を復活させることは緊要である。

しかし、高度経済成長と大幅賃金の時代の前には、日雇労働者や失業者の労働運動があった。戦後の大失業のなかで、全日自労（全日本自由労働組合）は政府に失業対策事業を実施させ、職業安定所を通じて失業者に公共事業に就労させる運動を行った。各安定所に押しかけ、団体交渉を行い、就労の人員を増やさせる「仕事よこせ闘争」を展開した。職安闘争ともいわれた。今日、失業対策事業は廃止になっている。職業安定所はハローワークとしゃれた名前に変わったが、職業安定法にもとづく職業紹介所であることに違いはない。毎日、多くの求職者が訪れている。労働組合の宣伝カーが向かうところはハローワークではないだろうか。再びの高失業時代のなかで今こそネオ職安闘争が求められていると思われる。

つぎに、全港湾（全日本港湾労働組合）の運動は、NHKテレビ『フリーター漂流』の若者たちを思い浮かべると参考になる。かつて神戸港の「手配師」の問題があったが、今日の業務請負会社も手配師のようなものではないか。一九五〇年代半ばの神戸港は、「船会社、荷主のもとに」、「元請け会社を頂点に」第一次から第三次の下請が系列化されていた。この「企業系列のほかに、戦前から神戸において労働争議つぶしをおこなってきた山口組三代目田岡一雄を会長」とする「親方の組織」があり、このもとに「手配師」たちの組織があった（『全港湾運動史 第一巻』一六七〜一六九頁）。港湾日雇い労働者は、「門前募集」などで手配師を通じて仕事にありついていた。一九五六年に神戸港で働く港湾労働者が、手配師にバットで撲殺される事件があり、全港湾は、一九五六年、「暴力の支配する港の民主化を、その主要な闘争目標」に置く方針を打ち出した。結局は、港湾日雇い労働者と下請企業の労働者を組織化しつつ、港湾労働法の制定によって、港の民主化を実現したのであった。

さて、このようにみてくると、欧米の労働組合がそうであったように、労働組合とは本来、下層の労働者がはい上がって雇用と生活を安定させる「武器」として存在していたことが確認されなければならない。後に詳しく紹介する全日本建設運輸連帯労組関西生コン支部の経験はその典型である。かつて建設業界で「練り屋」とさげすまれていた生コン労働者が、みずからユニオンの力によって社会的地位と生活を向上させたのであり、階層社会の下層労働者の地位向上が不可能でないことが教えている。生コン支部の経験は、セメントメーカーのセメントを輸送する近畿の「バラセメント輸送業界」にも波及し、さらに、生コンを建設現場で圧力をかけて流し込む、「ポンプ屋」と呼ばれている大阪の「生コンクリート圧送業界」にも広がっている。

二　個人加盟ユニオンの現段階と発展方向

単産内部における個人加盟ユニオンの形成・発展は、さきに述べた企業別組合の組織改革、すなわち内部改革論にとって中心的な軸といえる。単産における個人加盟ユニオンの成長が触媒になって単産の企業別組合体制を改革することができるかもしれないからである。また、既存産業別組合の外部に個人加盟ユニオンの形成することは外部構築論そのものである。この外部における個人加盟ユニオンの発展は、日本の労働運動の企業別組合体制を打破していく力になりうるからである。そのためには個人加盟ユニオンの発展段階を明確にし、さらにユニオンの発展方向を確認することが必要である。

とりあえず、個人加盟ユニオンの発展段階を、①「合同労組」段階、②「個人紛争処理」段階、③「組織の安定とユニオン運動」段階、そして、めざすべきは、④「労働市場規制型」ユニオン段階という四つでとらえておこう。

1　「合同労組」段階と限界

個人加盟組織は、まず一九五〇年代後半ごろからの合同労組（合同労働組合）として注目されるようになった。独立した企業別組合に組織できないような小零細企業の労働者を、個人加盟を原則にして同一地域ごとに組織したのが合同労組であった。

合同労組をつくる運動は、結局、産業別に整理することなく、全国一般という形で確立し、そのなかに地域の合同労組が組み込まれた。地域合同労組は、個人加盟組織であっても企業ごとに支部がつくられ、その企業支部は独立性を強くもったので、結局のところ、多くは、中小企業労組の結合体、小さいながらも企業別組合の連合体という実質をもってしまった。したがって合同労組であるにもかかわらず、個人加盟組織の受け皿がなく、企業ごとの組合結成による組織化という対応にとどまっていた組合が多かった。

さらに、この合同労組は、産業別・業種別の縛りのないこともあり、地域という領地的な傾向と、幹部・オルグの運動上の個性を反映して閉鎖的で分散的な傾向を強くもっていたように思われる。また、中小企業労組の戦闘性が政治主義の方向で発揮される傾向もあった。こうして合同労組は、大きくまとまって組織力を強めていくというよりも、むしろ四分五裂の状態にとどまっていた。

個人加盟ユニオンの運動のなかで今日、重要なことは、合同労組方式が行き詰まっていることを認識し、その打開策を探ることである。合同労組もまた「小さいながらも企業別組合の連合体」という組織性格をもつことは、企業単位の分会や支部の浮き沈みに、合同労組の本体も規定されることになる。

それは、すべての企業規模のなかで減少がはなはだしいが、なかでも小規模企業における組合員の減少がいちじるしいところからも推測できる。企業規模「二九人以下」のところで組合員が減っている。二〇〇四年から〇五年で対前年度比でマイナス六・三％、〇五年から〇六年でマイナス三・七％である。

出版労連の事例は、合同労組方式と個人加盟方式との対比を明瞭に示している。出版労連の合同労組は、小零細共闘という中小零細企業の出版社の共闘組織を中心にして東京出版合同労組として一九七六年に結成された。合同労組といっても個人加盟組織ではなく、まさしく小さな企業別組合の連合体であった。この合同労組はすでにみた「解散・消滅」の嵐に見舞われた。九五年には三二分会五二七人だったが、〇六年には一八分会八〇人に激減した。一二分会が姿を消し、〇六年には一八分会もそのうち二分会を除いて、分会における組合員数は一〇人未満である。

出版労連合同労組の減少数のなかには、当時、合同労組に属していた出版ネッツ分会（フリーランサー）一七八人、ユニティ・ユニオン分会（企業籍有り）一三八人が抜けて労連本部の直属になった分も含まれている。この二つは合同労組の衰退と対照的に発展している。出版ネッツの組合員は一八六人（〇六年）である。また、ユニティ・ユニオンは〇二年に出版情報関連ユニオンと名称を変え、完全な個人加盟組織になった。

しかも、出版情報関連ユニオンで注目すべきことは、地域ごとに三〇～四〇人で支部をつくっているが、その下に企業ごとに分会も班も置いていないことである。支部は、複数の企業から組合員が参加し会議を行っている。八〇職場二〇七人（〇六年）に発展している。そのうち三二人が二重加盟者およびオルグである。

このユニオンに加盟し、活動している組合員のなかには、他の支部の組合員に対して「単組臭い」と感じる者もいるという。ユニオンのメンバーは、他の出版社のことはもちろん出版産業全体について話し合っているが、単組＝企業別組合の組合員は自分の企業のことしか知らないし、それ以外のことは話さないということのようだ。出版労連の例は、合同労組の衰退になかでも、それに代わる純粋の個人加盟ユニオンをつくり、なんとか減少を食いとめる方向を打ち出したという点で画期的な経験である。

2 純粋な個人加盟ユニオンと「個人紛争処理」段階

合同労組の段階から個人加盟ユニオンの段階への発展は、労使対立の焦点が、集団的紛争から個人紛争へと移動していることからも求められている。小さいながらも企業別組合の連合体であった合同労組の段階では、その存在意味は、賃上げや倒産反対など企業単位での労働者の利益があったことによる。つまり小規模の企業における正社員を基盤にした運動が可能であったことを前提にして成り立っていた組織形態であった。しかし、すでにみたように状況は一変した。

今日の職場状況からすると、そもそも職場に組合をつくること自身が困難になっている。東京東部労組（全国一般労働組合東京支部労働組合）は、「数年前までは複数の労働者での相談、ないしは個人できてもその背後に職場の仲間の顔が見えた。しかし最近は影さえ見えない。まったくの孤立した相談がほとんどだ」と述べている。そして、「労働者個人と会社との紛争が多発し、その関係をめざして個人組合員が増える社会的必然性がある。個人労働者の相談が労働相談のほぼすべてになってい る現状において、その労働者が一人組合員として組合に加入する」ことになるとし、その組合員が「問題解決後も組合に定着するよう」「『定着個人組合員』の獲得と拡大を追求すべき」だとしている（石川『ひとのために生きよう！』一一七～一一八頁)。労働市場の変化に対応するには、組織形態としては、一人でもすぐに加入できる個人加盟組織を基本にしなければならないということである。

このように合同労組方式の限界を点検しつつ、新たに純粋な個人加盟ユニオンが登場してきた。九〇年代以降、コミュニティ・ユニオンや管理職ユニオン、女性ユニオン、青年ユニオンなどの新しい個人加盟ユニオンが結成された。個人加盟組織の新しい潮流は、リストラ解雇や非正規雇用の増加など九〇年代の労働市場の構造変化に優れた対応力を発揮し、既存の個人加盟組織の活性化も促した。全体として一つの新しい組合潮流として形成されつつある確かな傾向が生まれた。

組合機能としては、個人の相談活動や交渉などによる紛争処理をその中心にすえなければならなかった。電話相談・組織化・団体交渉による個人紛争処理の活動が広がっていった。このような組合機能は、マスコミでも注目され、企業内の従業員の利益のために活動してきた企業別組合とはまったく別の労働組合像を社会的に広く示すことになった。

3　「組織の安定とユニオン運動」段階

個人加盟ユニオンの現在とは、これまでの合同労組の段階から、個人紛争処理段階への飛躍とみることができる。この個人加盟ユニオンが個人紛争処理段階に入ったということは、第3章で明らかにした労働市場の「非正社員」戦略に十分に対応できることを示している。周辺的正社員と非正社員の未組織労働者を、個人紛争処理の組合機能を軸にしながら、組織化していくことが可能なのである。

しかし、未組織労働者の組織化は「賽の河原の石積み」と昔からいわれているように、組織化して問題が解決すると組合をやめていく。アメリカでも入ってもすぐに出て行くので「回転ドア」と呼ばれているそうである。企業別労働組合は職場分会によって、合同労組は企業支部によって、その安定性が保たれていた。しかし、「職場を基礎に」論が通用しない流動的な労働市場のもとにいる労働者がユニオンに自覚的に居続けるには何が必要なのだろうか。

組合員の入れ替わりは、出入り自由の個人加盟ユニオンの宿命でもあるが、組合員の定着を高めていくために、個人加盟ユニオンの「組織の安定」という組織論からと、「ユニオン運動」という運動論からの二つの角度から検討していくことにしよう。

「組織の安定」という面では、基本は、第4章で述べたように、労働組合は自発的結社という組織性格をもち、相互扶助・親睦の役割を含んだ社会的集団であることと、第7章でみるように「労働組合の組織文化の革新」が必要であること、この二つから方策が考えられるだろう。

ピースボートのスタッフに、何故あんなに多くの若者たちが集まっているのかをたずねたことがある。答は「居場所と役割」だった。そのユニオンに居場所を感じられないとすると、個人紛争が解決したら、足が遠のくのは当然でもある。指令され動員される対象でしかなかったら、自分の役割をユニオンの中に見いだせないだろう。

居場所は、漫然と組合員をとらえるのではなく、さまざまな傾向ごとに組合員をグルーピングするなかでつくられるように思われる。居場所とはソサエティ（社会）である。組合員を職種別、勤務地別、階層（女性、若者、外国人）別などにグループ化し、そこでの役割を求める。そのためには分権化と組織のフラット化が不可欠である。

さらに、労働組合を、経営者との対立的な関係だけで存在しているととらえるのではなく、組合員自身がスキルアップできるような技能教育や、業界・職種の知識の習得なども労働組合がなすべきことの一つである。また、ワーキングプアを抱え込む組織である限り、社会的な多面的機能を組合がもつことが大切である。メンタルヘルス・ケア、セクシュアル・ハラスメント対策、サラ金対策、生活保護手当の取得、農業との連携も考えられる。

このように組合員の「居場所と役割」に考慮し、ユニオンの多面的な機能を拡大していくことが組合員の定着性とユニオンの安定につながるものと思われる。そして、このように組合員の定着を高めることは、個人加盟ユニオンのつぎの段階である労働市場規制型ユニオンへの発展を展望するときに極めて重要である。

つぎに、「ユニオン運動」段階とはどのようなことを意味しているのだろうか。個人紛争処理とは、ユニオンが弁護士や取立人になりかわって行う仕事ではない。個人がユニオンに持ち込む紛争は確かに深刻で重大ではあるが、それが解決すれば当事者がユニオンから離れることはよくあることである。現在、多くの個人加盟ユニオンは、この個人の紛争を個人で終わらせないように腐心している。この点が「ユニオン運動」の眼目といえるだろう。

アメリカには「クラス・アクション」(Class Action) という訴訟の形態がある。個人が他の多くの人たちを代表して訴訟を起こし、多くの人に利益をおよぼすのである。「ユニオン運動」もこれと似ている。首都圏青年ユニオンは、牛丼チェーン「すき家」の一つの店舗で六人が解雇問題で組合に入り、そこで残業代未払いも追及した。結局、「すき家」は二〇〇六年一二月から会社のアルバイト従業員の残業代を支払うと約束した。残業代一万人分、数億円を支払った。しかし、過去二年分は未払いなので、ユニオンは、各地の「すき家」の前で、ユニオンに入って、会社に支払わせようというキャンペーンを行っている。また、東京東部労組は、紳士服の「コナカ」で〇七年二月に支部を結成、三月の団体交渉で従業員七二〇名の未払い残業代・総額九億円の支払いを回答させた。これらは「ユニオン運動」の典型だろう。

残業代の未払いや非正社員の雇い止めなどのように、はじめは個人紛争のようであるが、そこで働く者に共通する課題であることが多い。それを社会問題化し、ユニオンで団体交渉を行えば、マスコミや世論が若者の働き方や貧困に同情的な今日では、成果を獲得することがあり得る。自分の個人的な問題ではなく、働く者はみんな同じような扱いをされていること、連帯すれば成果を得られることを実感すれば、ユニオンにとどまる可能性は高まるだろう。

このように賃上げを中心にした企業内の要求にもとづく集団紛争から、個人加盟ユニオンによって個人の紛争を処理する方向が開かれ、さらに、個人の紛争を通じながら再び新しい集団的な利益を実現する段階へと向かっていると捉えることができるだろう。この段階が「ユニオン運動」なのである。

ところでこの「組織の安定とユニオン運動」の段階は、労働者の組織化と「産業的力」を蓄積することが課題となる。この段階で力を蓄えることがつぎの労働市場規制型ユニオンの確立に向けた飛躍にとって不可欠となる。その力とは、企業内ではなく、インダストリアル（産業）レベルにおける労働組合の規制力のことを意味している。労働市場を規制する力は、この「産業的力」の水準に規定されているといってよい。「産業的力」の「身の丈」以上ではあり得ないのである。

「産業的力」とは、具体的には、憲法第二八条「勤労者の団結する権利及び団体交渉その他の団体行動をする権利」にもとづく、インダストリアル・アクション（産業的行動）に投入することができるエネルギーということができる。経営者団体に団体交渉を要求しておこなうデモンストレーションの規模、現場でストライキを行う力量、ストライキを持続させるためのストライキ基金の金額、労働争議を勝利させる指導力量と支援する連帯意識、労働者の連帯を破る労働者に対して批判する倫理観など、これらのエネルギーと意識水準の総体である。このような産業レベルのパワーを蓄積することによってやがてつぎの飛躍を実現することができるだろう。

さて、これまで個人加盟ユニオンの発展段階を、「合同労組」の段階、「個人紛争処理」の段階、そして「組織の安定とユニオン運動」の段階という三つを検討してきた。つぎは「労働市場規制型」ユニオンの段階であるが、すぐにそのテーマに入らず、「若者労働運動」について考えることにしたい。若者ユニオンの発展段階で、今日的で最も重要な課題は「組織の安定とユニオン運動」の段階である。若者労働運動はこの段階を切り開きつつあるように思われる。この段階を十分に踏むことなしにはつぎの「労働市場規制型」ユニオンの段階には到達できないだろう。さらにまた、若者のところにユニオンが定着しない限り、日本の労働運動の未来もないのである。

三　若者労働運動

若者というと世代論として受けとめがちであるが、新しい労働者類型の登場という類型論で考えることが重要である。日本の年功制システムが、一気に一斉に解体することはありえない。とくに中高年の従業員の一定層ではまだ年功制システムは残っているだろう。しかし、若者という世代をみれば、先に検討したような非正社員と周辺的正社員という労働者類型の異なる階層が膨大に存在する。世代としては異なる中高年労働者も年功制システムから放逐された階層は、若者労働運動と同じような基盤にあるといえるだろう。そこで、若者の意識や職場環境、労働運動などについて検討していくことにしよう。

1　若者世代における意識の独自性

若者労働運動を考える場合、現在の若者の社会的意識を積極的にとらえることが極めて重要である。日本経団連の柴田昌治副会長は、若者の意識との関連で「忠誠心のある正社員が働いてくれるのが望ましい。経営者として心配なのはニートの存在だ。社会システムを立て直し、職業観をどうつくるか。将来を見据えた教育が大事だ」(『朝日新聞』二〇〇六年一月一四日) と述べ、経営側として「忠誠心のある正社員」がいなくなりつつあることに不安を感じていることがうかがわれる。この若者の社会的意識が重要である。

確かに、今の若者たちには、これまでの企業社会に対する忌避の意識がある。今の若者の意識が形成されるその初発は「団塊ジュニア」からだと思われる。その対極の典型はその親、「団塊の世代」だろう。

「団塊の世代」は「大学紛争世代」、「学生運動世代」ともいわれていた。しかし、就職する時期になると、「いい学校―いい大学―いい会社」という企業社会の秩序のもとで、多くは「いい会社」に就職し、そして内部昇進制に組み込まれ、出世の階段をのぼり、会社人間と化した。また、「団塊の世代」の家族はニューファミリーとも呼ばれたが、多くは、性別役割分業の家族を疑問視することなく受容してきたように思われる。企業社会における「会社人間と専業主婦のワンセット構造」はこの世代によって確立されたといって良いだろう。

家族のためとはいっても、家族責任を放棄し、加熱した労働に身を投じる親たちを、現在の若者たちは、子供の時から注視してきたに違いない。この若者の会社人間・企業戦士に対する忌避の意識は、階層社会の到来という客観的条件によっても、企業戦士の拒絶と役割分担の断念を強いることになっている。親元に居ることができない有期雇用の若者の悲惨さは先に紹介したが、すでにワーキングプアの若者たちの膨大な層が形成されている。会社人間になる環境にすらおかれていないのである。

現在の若者は、日本における労働者の階級形成に大きな関わりをもっている。ウィリス『ハマータウンの野郎ども』は、イギリスにおける義務教育の最終学年を終えて就職していく、一六歳の労働者階級の息子たちを克明に調査し、労働者階級の若者をいきいきと叙述している。日本の高校卒者の就職は、一人一社制と学校推薦のもとで、成績の総合評価による「潜在能力」評価と、出席日数による「規律性」の物差しで生徒を序列化し、企業に送り込んでいた。一部の「落ちこぼれ」や反逆はあっても、圧倒的多数派は馴化され学校の秩序にしたがった。一方、イギリスの「野郎ども」は学校文化には従わず、親から労働者階級の文化を受け継ぎ、徒党を組んで生き、粛然とブルーカラーの仕事に就いていく。

訳者の一人である熊沢誠は、この本の出版に際して、日本では学校の秩序からこぼれた者たちがイギリスと違って、「どうしてもうちのめされるということでした」と感じ、そして今、「学校のありようが奇妙にかつてのイギリスに似てきました」。「とはいえ、もちろん日本では、かつての『野郎ども』を抱擁した労働者文化は今のところはるかにでも展望できない」。「若者は、彼ら、彼女らに元気を与えてくれる思想、なかま、組織や機関をどこかに求めることができるでしょうか」と問題を投げかけている（『若者が働くとき』一五九〜一六一頁）。労働運動側が、この問いに明快に答えることができるかどうか、そのことが問われているのである。

企業に依存し昇進することによって生活を向上させるという、これまでの道が断たれてしまった若年たち、彼らこそが、労働運動の新しい舞台で主役を演じることができる者たちとみなければならない。そして、そのことは、日本における労働者の階級形成の担い手として登場することにもなるだろう。

2　年功的経営風土から殺伐とした労働環境へ

若者労働運動が興隆してきた背景には、若者の労働環境が殺伐としたものに一変してしまったことがある。この大きな変化をもたらしたものは、一つは年功制の解体のもとで正社員に対する処遇が変化したこと、あと一つは有期雇用という異質な労働者集団に対する専制的で使い捨ての人事政策が徹底されていることによる。いくらか前には存在した年功的で均質な従業員集団は、成果主義人事制度と非正規雇用の活用という二つの雇用人事政策によって完全に解体したとみていいだろう。

◆年功的職場秩序の解体

日本の若者はこれまで新規学卒者の一括採用によって入社し、その後、日本特有の企業内技能養成システムにもとで比較的長期的な視野で育成されてきた。先輩によるＯＪＴによって徐々に技能を身につけ、仕事ができるようになっていった。先輩が後輩に仕事を教え、だんだんと昇進し、賃金も定期昇給制度によって毎年上がっていった。仕事は、部署に下りてきた課題を集団的に遂行するので同僚や上司のやっている仕事もだいたい理解し合えた。

人間関係のトラブルが起きたら日本特有の「赤ちょうちん文化」のもと上司が部下の不満を聞き、緩衝剤となった。職場は息苦しさはあったとしても、それはそれで、企業目的をともに遂行する体育会系的な男同士の連帯の場でもあった。

この年功的職場秩序は、成果主義人事制度と「即戦力」主義によって解体されたとみていいだろう。

成果主義人事制度によって、年功的な自動昇進から業績を上げた者だけの選抜的昇進に転換した。成果主義は個人の、しかも結果がすべてという業績を評価する特徴をもっている。上司は自分に課せられたノルマを達成するために、即戦力であるかのような部下を手駒のように使い、成果を追求する。部下や同僚のことなどかまってはいられない。職場には、利益目標に対する大きな責任のもとで過酷な労働が支配することとなった。

さて、これを若者労働運動との関連でみるならば、どのようなことになるのだろうか。すでに検討したように、周辺的正社員のところに困難が集中することは多分に予想されるだろう。ファーストフード、ファミリーレストラン、量販店などでは大量の離職を予想して大量に採用する。採用された正社員に対して、正社員になりたい者はどこにでもいるという労働市場圧力をかけて効率性を追求する。脱落した者を排除する。今、名の通った会社で若者たちがユニオンを結成しているのは、このような人間に対する「使い捨て」のようなやり方に対する憤りがあるからである。

◆非正社員という異質な労働者集団

今日、登場してきている膨大な非正規雇用労働者は、正社員になれるルートがほとんど断たれたまま、無権利で劣悪な労働条件のもとにおかれている。年功的な従業員集団が基本となって仕事を遂行していたこれまでの職場秩序であれば、若者であっても同じ仲間であった。しかし、第3章で検討したように、今日の企業内労働力構成で重要なのは、企業内に膨大な異質の非正社員の集団が組み込まれてきたという点である。

日本の労働市場はどうやら軍隊の階級のようになってきているように思われる。軍隊はほんの一部の将校＝士官と膨大な兵士からなる。兵士はどんなに戦功を挙げても基本的に将校には出世できない。また、将校は直接には兵士を指揮しない。兵士を統率するのは、兵士のなかで軍曹や伍長と呼ばれるリーダー＝下士官である。

先に検討した労働者類型からすれば、「中核的正社員VS周辺的正社員＋非正社員」の前者が将校、後者二つが兵士というところだろう。ただ日本の雇用構造では「周辺的正社員」から「中核的正社員」へ昇進するパイプは狭いけれども存在する。このなかで、基本的には非正社員を直接に指揮監督する役割は周辺的正社員が担っているように思われる。若い正社員がすぐに非正社員の指揮監督を任され、精神的に参ってしまう例は多くみられる。

この経営者と中核的正社員の将校という「奴ら」の世界で、兵士に対する人を人と思わない無権利で劣悪な処遇の政策がまかり通っている。それはちょうど、無能な帝国陸軍の将校が無謀な「突撃命令」を繰り返し、兵士を消耗させ、そのことに痛みを感じなかったことと同じことのようである。

この人を人と思わないやり方に若者は怒りを持って立ち上がっているのである。座談会「今、なぜ『若者労働運動』なのか」（『世界』二〇〇七年五月号）のなかでも若者たちがただならぬ状況におかれていることが分かる。病気などで休みが重なると派遣会社から不良品あつかいされる。「派遣会社から電話がかかってきて『明日から行かなくていい』と言われ、解雇」される。「ヨドバシカメラの店員と派遣会社の社員から」「殴る蹴るの暴行」を受ける。製造業派遣の現場では「女性寮の男性管理職による、立場を利用してのセクハラが横行している」。そして、「すき家」では、「アルバイトを、感情を持たない交換可能な資材としてしかみていない」、「人間あつかいされていない」と感じた者たちがユニオンに入った。また登録型の観光業の派遣添乗員も「低賃金には、いわば泣き寝入りしていたわけです、解雇に対しては『これまで耐えに耐えてきたけれどもう許せない、虫けらじゃないんだ』」とユニオンをつくったのである。

3　ユニオニズムの正道を歩む若者労働運動

それでは若者労働運動はどのような特徴をもち、衰退する労働運動全体にどのようなインパクトをもたらす可能性をもっているのだろうか。

◆失うべきものは何もない労働者

若者労働運動の担い手の特徴として、失うべきものは何もない労働者であるということがある。鎌田慧は、ガテン系連帯を取材した「派遣労働者の人間性を賭けた叛乱」という記事のなかで「工場の門の前で、集合写真を撮っていたときに気がついてのだが、皆さん、なかなか不敵な面魂をしていらっしゃる」と述べている（『週刊　金曜日』二〇〇七年二月一六日）。その不敵な面魂は「クビになっても死にやしない、どうせクビになっているようなものではないか」と鎌田が彼らに檄を飛ばした言葉と結びついている。企業による生活の保障も雇用の安定も、そこからくる企業意識もない。失うべきものは何もない労働者なのである。

しかも、彼らは、現在のところ何もないというのではなく、将来ずーっとこのままなのかもしれない、その確実にあり得る将来の不安をかかえている。一〇年間勤めていた岡山の百貨店が倒産し、三重県亀山の半導体工場で働いていた後藤英樹（四八歳）は、亀山の高台からみえる満天の星を見上げ、子どもの時には感動した星も今は美しくない。それは自分の生活はこれから先、ずーっと良くなるとは思えないと感じたからだという。後藤は、亀山からさらに東京都青梅市の日立の半導体工場に移動した。製造業派遣の現場で働くならば、どこに行っても同じような待遇なのであり、この先、時給が上がり、生活が良くなるとは思えない。まして正社員になれる道は考えられないということなのである。

さらにみておかなければならないのは、製造業派遣で労働者は、確かに二〇歳代・三〇歳代前半の若者が多いが、ユニオンに結集してくる者のなかには必ずしも若者とはいえない年齢層も少なくないということである。ガテン系連帯の第一回全国交流集会（二〇〇七年二月二五日）に参加したメンバーのなかに四〇歳代が目立った。よくよく考えれば、若者が就職難で非正規で働くことは多いとはいえ、すでに九〇年代末以降、激しい人員削減や倒産によって職を失った者は年齢層を問わず大量に存在するのである。職を失った者たちは正社員として再雇用される保障はまったくなかったのである。

実はこの四〇歳代層がユニオンに結集してきている。それにはわけがある。彼らのなかには国民年金にも加入していない者も多い。老後がどのようになるのか。考えただけでも恐ろしくなるという。これが彼らの実感なのである。

若者労働運動とは、吹きだまり、どん詰まった者たちの崖っぷちでの開き直りなのである。ガテン系連帯共同代表の池田はいう。「かけがいの仲間があっという間に集まりました。皆ドン詰まりの生活は厳しいですが、いつでも笑いが絶えません。仲間と共にある喜び、活路がきっと開けるという確信がそうさせるのだと思います。これ以上悪くなりようがありませんしね。あとは、とことんやるだけです」（前出『世界』座談会）。

◆過去と断絶した運動方向

日本の労働組合の世界では、プラカードやスローガンに、もっぱら「要求実現」や「〇〇反対」という用語が並んでいる。欧米の場合には「フェアー」や「アンフェアー」「ジャスティス」という単純明快な言葉が多い。日本の若者労働運動も、義憤や正義という言葉がてらいもなく使える世界である。貧困と差別のもと、無権利と暴力、パワハラ、セクハラが横行する。この労働法も通用しない広大な荒野に「正義を行わしめる」、これが若者労働運動の心意気なのである。そして、だからこそ、過去の労働運動と断絶した新しい質が生まれつつあるように思われる。三つほど指摘しよう。

まず、一つは、組織論に関わることである。とりあえず企業に根ざさないというスタンスである。首都圏青年ユニオンは、「企業別の分会は原則としてつくらない方針」で地域別分会をつくっている。その理由は、「どこかの企業で分会をつくって、過半数を占める多数派組合をめざして安定的な待遇を保障する労使協定を結んで賃上げやボーナス獲得をめざすという方向性では」ないからである（前出『世界』）。

不当な解雇や残業代未払いなど個々の組合員の利益の実現することは言うまでもないが、その後、事業所に定着し、企業内要求をそこそこ実現していくことで事足りるとするならば、それは企業別組合とまったく変わらない。だから、「それより、いま現在、悲惨な労働条件にあえいでいる若い人間が膨大に存在するのだから、そっちに向かわなければならない」と青年ユニオンは方向性を明確にしている。

二つは、運動論に関わることである。前者と同じ意味であるが、若者の貧困と差別、無権利を生みだしている構造の改変をめざしているということである。象徴するエピソードがある。先の後藤英樹は、インターネットでガテン系連帯を知り、池田に会った。後藤は池田に「『皆さんが正社員になったら会は解散するんですか』。後藤さんの問に池田さんはそうじゃない、と首を振った。『ならば、一緒にやりたい』」（『アエラ』二〇〇七年四月二日）。

ガテン系連帯は、個々の組合員の直接雇用や正社員化だけを要求しているのではない。もちろん、派遣を受け入れる企業は、一年経てば、派遣労働者に直接雇用を申し入れる義務がある。個々の派遣労働者が、直接雇用を要求することも選択肢としてあるが、それは個々の選択であり、派遣のままで働きたい若者もいる。個々の労働者を直接雇用させたから、また、一つの企業で派遣労働者を正社員にさせたからといって派遣労働という全体構造を変えたことにはならない。

ガテン系連帯は、すでに検討した個人加盟ユニオンの「組織の安定とユニオン運動」という発展段階を切り開いているように思われる。すなわち、派遣労働者の労働条件の改善を、①派遣された製造業現場の派遣労働者全員におよぼすような改善をめざす、②一つの派遣現場だけでなく、その派遣会社の全体の派遣労働者の改善をめざす、③さらには派遣業界の健全化とそれをつうじた日本の派遣労働者の改善をめざす、という方向を示しているからである。

日研総業ユニオンは、二〇〇七年七月二六日、春闘の交渉が妥結した。日研総業は、「派遣労働者の労働条件を期間工と同一水準に近づけるように努める」。具体的には「勤続一年になる派遣労働者の時給を一〇〇円引き上げ、一二五〇円」とした。これは期間工の時給がおよそ一二七〇円であることを念頭においた金額だった。また、「作業服を無償支給する」、「五月連休時と同様、平成一九年八月の工場休業期間の賃金補償分として、『連休手当』を三万円支給する」、さらに「今後、派遣業界の雇用条件の水準引き上げのために労使協議を継続する」などの項目も実現することができた。

さらに相手にすべき最終的な目標は、個々の派遣会社ではなく、「背景資本」の位置にある大手製造業メーカーである。「まっとうな」「老舗の請負会社首脳」は「正社員の六～七割の労務コスト（現実はダンピング競争の結果、約四割）をメーカーに考えてもらえれば、教育を含めきちっとした請負業は成立する」という（『週刊東洋経済』二〇〇六年九月一六日）。派遣会社と請負会社の業界団体をつくらせ、その経営者団体と労働組合とが団体交渉にもとづいて労働条件を決定するという安定的な労資関係を確立し、そして、大手製造業メーカーにものを言っていく。このような労資関係の構築をめざすことが、遠大ではあるが、日本の労働組合運動の正道なのである。

第三は、労働組合の新しい組織文化を生み出しつつあるかもしれないということである。家父長制とは、年長の男性による年少男性とすべての女性に対する支配的なシステムであるが、年功制はその一種であり、日本特有のさらに煮詰められた家父長制的仕組みといえる。企業別組合はこの企業のなかの年功制のピラミッド構造を組織に組み込んでいる。したがってジェネレーション・ギャップと女性差別は労働組合のなかに内包され、固定化されているといえるだろう。

組合員の出入り自由の個人加盟ユニオンは、組合員を、その自発的な意志によってだけつなぎ止めることができる。そのためには指令動員型でなく、参加型の組合であることが不可欠である。その保障が、今や誰でも手にすることができる「弱者のツール」、ＩＴ技術の活用だろう。メールはもちろん、サイトやブログ、ミクシィを活用して運動が進んでいる。情報を共有しながら、家父長制と無縁なフラットな人間関係と自由なコミュニケーションという新しいユニオン文化を形成する可能性をもっている。そのユニオン文化がまた上下の関係性が薄く横に広がる組織と運動を支えていることにもなっている。

四 「産業別・職種別運動」型ユニオン

1 賃金下落を規制する原理と個人加盟ユニオンの発展方向

◆職種別賃金と個人加盟ユニオンの結合

第2章で検討したように、労働者間競争の規制という労働組合の中枢的機能が産業レベルで実現できていないことが、日本における競争社会と格差社会を生み出す根源であった。産業レベルで賃金労働条件の基準を設定し、その基準を、企業を超えた産業別労働協約の形で実現させること、すなわち賃金労働条件を企業間競争のらち外に置くことが、企業同士の競争に巻き込まれるという形での労働者間競争を規制する道であった。過労死するような働かせ方は、労働時間の基準が、企業を超えて産業別に存在しないことからくる。

この労働組合の中枢的機能の確立は企業社会の超克にとって不可欠であったが、しかし今度は、この課題が、格差社会から階層社会への転成のなかで、いっそう重要性を増してきている。すなわち、階層社会の出現にともなう賃金下落をどのようにくい止めればよいのだろうか、というテーマである。

それは、これまでの企業社会を克服する原理と同じことである。規制とはある基準にそろえることであり、その基準をふみにじり、基準から抜け出し、日本の企業の労働者の賃金・労働条件を他社よりも引き下げて働かせる。そのことが企業社会を生み出した。階層社会における賃金下落は、下落に対する歯止めの基準を設定することによってくいとめることができる。この基準は、企業を超えた横断的な職種別賃金以外にはありえない。

このように賃金論における職種別賃金と、労働組合論における個人加盟ユニオンとの結合こそが、賃金下落のもとで労働運動を再生させる必須の条件なのである。労働市場の構造的変化や規制緩和による有期雇用労働者やワーキングプアの増大、これらを背景にしてどんなに安くても職に就こうとする労働者同士の競争がますます激しさを増している。今日では、労働組合による労働市場の規制力とは、労働者の組織化と同義語である。労働市場のなかで膨大に存在する未組織労働者を個人加盟ユニオンに組織し、職種別結集・再編を行いながら、職種に関連する経営者団体と団体交渉機構を確立する。この遠大な道のりを歩む以外に、下層労働者の貧困化をくい止めることも、労働運動の再生もない、と思い定めることが今必要とされる。このことを成し遂げることができるのは、労働市場規制型ユニオンだけである。

◆労働組合の類型と労働市場規制型ユニオン

日本で労働市場規制型ユニオンのイメージをつかむためにはいくつかの前提が必要とされる。まず、労働組合の組織形態についてである。これまで述べてきたが、労働組合の組織形態は、欧米の産業別労働組合と一般労働組合（ジェネラル・ユニオン）、日本の企業別労働組合、今は限られた領域にしかない歴史的な職業別労働組合、この四つである。このうちの日本の企業別組合以外の三つは、労働市場が企業横断的であるから当然、他は労働市場規制型ユニオンということができる。今日では、産業別労働組合とジェネラル・ユニオンの二つが労働市場規制型ユニオンである。

産業別労働組合は、同一産業の労働者を熟練・不熟練をとわず広く組織する組合であり、欧米で一般的な形態である。一方、ジェネラル・ユニオンは、産業別・職種別の区分にとらわれず、広く分散している労働者を組織している。名称は変わったがイギリスでは運輸一般と都市一般が大きなジェネラル・ユニオンだった。アメリカではチームスターズが代表的な存在である。また、既存の産業別組合が他の関連産業に進出しながら、ジェネラル・ユニオン化する傾向もある。

しかし、産業別労働組合、ジェネラル・ユニオンとも大きな違いはない。イギリスとアメリカのジェネラル・ユニオンは、職種も産業の区別もない雑多な労働者の集まりなのかというとそうではなく、すべて「複合産業別労働組合」とみることができる。イギリスでは「トレード・グループ」という業種別組織があり、そこが団体交渉の機構に参加している。トレードを単位にした団体交渉によって職種別賃金が設定される。この団体交渉こそが労働市場をユニオンよって規制する機構になっているのである。

さて、つぎに団体交渉制度についてである。ヨーロッパとアメリカとは大きな違いがある。ヨーロッパの産業別の団体交渉と労働協約についてはすでに述べてきた。アメリカは、ヨーロッパのような経営者団体と労働組合との協約は例外的で、パターン・バーゲニングと呼ばれる交渉方式である。全国組合の指導のもとに支払能力の大きい企業とまず協約を結び、これを他の企業に波及させるという交渉パターンをとっている。

この交渉の担い手はローカル・ユニオンと呼ばれる企業別組織であるので、日本の企業別組合による企業内交渉と似ている。しかし、企業別に協約は締結されても、それは全国的な運動の一環として展開され、締結した協約も全国組合の承認をへて有効になる（栗田『労働組合』一二三〜一二四頁）。

しかし、やはり労働条件の産業別規制という点ではアメリカの労働組合はヨーロッパに比べてはるかに低いレベルにある。『新世紀の労働運動*』（マンツィオス）は、レーガン大統領の新自由主義政策によって労働運動が壊滅的に後退し、そこから労働運動を立て直し、ＡＦＬ・ＣＩＯを改革していくなかでの経験が描かれている。そのなかでつぎのような指摘がある。

＊　この多くの部分は「連合」が一九九九年に『二一世紀に向けた新しい労働運動』として出版されている。なお、地域を基盤にした労働政策の実現を「コミュニティー・ユニオンは、レーバー・マーケット・ユニオニズムの政治版である」とし、生活賃金運動との結びつきなども指摘している。

「未組織が圧倒的な経済圏では、事業所を一つずつ組織していたのでは不十分であるとの現実認識にたどり着く。労働組合が、賃金を競争の枠外に置こうとしたら」、「その地域と産業全体の巧妙な戦略を立てなければならない」。そして「都市や産業全体で賃金を競争の枠外におかせるためには、地域を組織化するプロジェクトが必要」だとしている。このような労働組合のことを「レーバー・マーケット・ユニオニズム」（一四八頁）と呼んでいる。すなわちアメリカでも労働市場（レーバー・マーケット）規制型ユニオンが必要とされているのである。

さて、それでは労働市場強制型ユニオンと日本の個人加盟ユニオンとはどのような関係にあるのだろうか。日本の個人加盟ユニオンは、管理職、女性、青年という階層ごと、コミュニティ・ユニオンという地域別という違いはあるが、すべてジェネラル・ユニオンの組織形態だと考えられる。ただ、労働組合の枠組みが産業ごとに区切られていないことと、誰でも加入できるという意味でのみジェネラル・ユニオンとの共通性がみられるのであり、イギリスとアメリカのジェネラル・ユニオンとはやはり大きな違いがある。それはユニオンのなかにまだ職種別結集の軸が確立していないからである。

ところで、日本の個人加盟ユニオンには、産業別・職種別にユニオンをつくっている他の類型もある。プロ野球労組、日本音楽家ユニオン、ケアワーカーズ・ユニオン、出版ネッツなどが存在する。したがって、前者をジェネラル・ユニオン型個人加盟ユニオン、後者を産業別組合型個人加盟ユニオンと分けることができる。

◆労働市場規制型ユニオンの結集軸

ヨーロッパ型の産業別組合が労働市場のもっとも包括的な規制を成し遂げることができるものであり、これが日本の労働市場規制型ユニオンの到達目標といえるだろう。そこでその産業別組合は、どのような労働者の結集軸をもっているかに注目しなければならない。結集軸とは、何を基盤にして労働者が連帯しているのか、である。産業別労働組合では、産業別、職種別、企業別、地域別、この四つの結集軸をあげることができるが、この四つがどのような関係になっているのか、検討していくことにしよう。

日本の場合、企業のなかに労働組合が基本的には一つしか存在せず、その企業別組合が連合して、産業別全国組織ができている。企業が産業別にまとまっているから、あたかもヨーロッパ型の産業別労働組合が実現しているかのようにみえる。しかし、ヨーロッパの産業別労働組合は、企業別結集によって産業別結集が成立しているのではない。

そのことはヨーロッパの産業別組合の最基底をみるとよく理解することができる。組合組織論を研究した中林賢二郎は、『現代労働組合組織論』(二〇二～二〇五頁)のなかでフランスやイタリアの「単位組合」(サンジカ)を紹介している。単位組合について注目すべきことは、産業別労働組合では、企業別結集ではなく、地域別結集という連帯原理が組み込まれているということである。単位組合(サンジカ)とは「執行機関、三役をもつ、組合の最基底をなす組織」である。この執行権・財政権・人事権をもつ「単位組合」に労働者が個人加盟している。

重要なことは、その単位組合は、日本のように企業単位ではなく、「同一産業の労働者を企業の枠をこえて地域的に結集したもの」ということである。一企業一単位組合(サンジカ)ではない。そして「一つのサンジカに属する同一地域の同一産業の労働者は、工場もしくは職場ごとに班(セクション)をつくっているが、ここには執行部がない。組合としての行動はサンジカの執行部の指導下で行われる」。「数万人の労働者が働く巨大工場では、一工場でサンジカをつくる例が最近ではでてきているが、それはむしろ例外的なもの」なのである。

もちろん、すでに企業内労働者組織について検討してきたが、産業別労働協約を個別企業で適用するために、職場委員などの名称で組合の下部役員や活動家が職場交渉を行う。しかし、注意しなければならないのは、一部の巨大企業を除いては、企業内の職場組織が独自の権限をもったサンジカではないということである。つまり、企業ごとに執行部をもつ基本組織は大企業で例外的にしか存在せず、基本的には、一つの基本組合に複数企業の労働者が加入している。このことが、労働者の企業意識を克服するために極めて重要な組織形態上の保障になっている。個人加盟組織であっても、企業単位に執行部をおけば、合同労組がそうであったように、実質的には企業別組合になるのである。

つぎは、産業別結集と職種別結集ということである。日本の産業別全国組織（単産）における賃金は、企業ごとにバラバラであるが、その企業内では職種別の区分はあり得ず、ほぼ一本の年功賃金で決定されている。しかし、ヨーロッパの産業別賃金は、職種別熟練度別賃金であるので、その細部は職種別賃金であり、産業別賃金の一本ではない。したがって、産業別労働組合は、職種別結集の集積として産業別に構成されているとみなければならない。したがって、産業別労働組合は、職種別結集と地域別結集、この二つの結集軸がより合わさって産業別結集が成り立っているのである。

◆個人加盟ユニオンから「サンジカ」形成運動へ

さて、つぎに、地域別結集と全国組織との関係であるが、実は、組合運動の決定権は「地域のサンジカ」がもっているのである。フランスやイタリアの産業別全国組織は「全国連合」(National Federation) であり、労働者はこの全国組織に個人加盟するのではない。入るのはサンジカである。サンジカが「県で連合したものが産業別の県連合、全国に結集したものが、全国連合」になる。全国連合がピラミッド型の頂点に立って指令を出すということはまれで、基本的な組織である地域のサンジカが「自分たちの判断にもとづいて要求を組み、闘争を準備」し、県連合や全国連合は「情報をあたえ、他のサンジカとの行動の調整をはかる」のである。

さて、このようにみてくると、今日進んでいる個人加盟ユニオン運動の重要性が浮かび上がってくるだろう。今日の個人加盟ユニオンはコミュニティ・ユニオンは当然としても、管理職ユニオンも「東京」「関西」「名古屋」という地域ごとに存在している。青年ユニオンも「首都圏」や「静岡」などにある。新しい個人加盟ユニオンは現段階では地域限定型とみることができる。

この地域限定型の個人加盟ユニオン運動は、未来を見通してとらえ返せば、「サンジカ」形成運動とみることができる。しかし、日本の個人加盟ユニオンで決定的に欠けているのは職種別結集である。それでも、個人加盟ユニオンのなかにも職種別結集の萌芽はみられる。労働者を業種別・職種別に捉え、その運動をつくりだすことを意識しているのが、関西の「ジェネラル・ユニオン」だろう。「語学産業の産業別組合」をめざし、「NOVA、ジオス、ECC、ベルリッツなどの語学産業」に地歩を占め、しかも、「更新拒否は認めない」、「労働法を守れ」などの「全国統一要求」をつくり、各社に対して一斉に提出している段階にまで発展してきている。東京の下町ユニオン（東京東部地域ユニオン協議会）にも介護ユニオンという介護に携わる組合員のグループがあり、また、ビルメンテナンス業における技術者のグループも結成された。ビルメンの組合員は、ビルメン技術の国家試験の会場でビラまきをして、いくらかの反応もあったという。また、首都圏青年ユニオンでは、居酒屋ユニオンやコンビニ・ユニオンをつくりたいと話されているとのことである。

このような職種別結集が進み、個人加盟ユニオンのなかに様々な「トレード・グループ」がつくられ、それが次にはユニオンを越えてネットワークを組み、団体交渉にのぞむことが、個人加盟ユニオンの次の発展段階を切り開くことになるだろう。

産業別・職種別連帯の「トレード・グループ」が地域を単位に形成されれば、それはすでに、組合運動に対する決定権と組織における執行権をもった産業別労働組合の基底組織（単位組合・サンジカ）を創造することに等しいのである。この「サンジカ」形成運動は、戦後労働運動の決定的な後退局面において、過去と断絶した全く新しい労働組合を創造していると言えるのではないか。

2　産業別労働協約を実現した「産業別・職種別運動」型ユニオン

しかし、いずれにしてもヨーロッパ水準の産業別労働協約は実現していないが、日本でも、最もヨーロッパ的水準に近い労働組合が存在する。さきの区分では産業別組合型個人加盟ユニオンに属する全日本運輸建設連帯労働組合・関西生コン支部である。日本において産業別あるいは職種別にユニオンを追求している労働組合を「産業別・職種別運動」型ユニオンと呼び、その典型例として、関西生コン支部の長期にわたる経験を紹介しよう＊。

＊　関西生コン支部について、安田『告発！逮捕劇の深層』と参考文献欄の【資料】に掲載した諸文献、および筆者の組合リーダーへのインタビューをもとに叙述した。なお、「産業別・職種別運動」型ユニオンは、実質的には、産業別組合・一般組合の運動であるが、のちに検討するように、日本的な特殊な条件を基盤にしていることと、「職種」を強調しなければならないことを考慮して、このような名称を用いた。

この事例は、ヨーロッパ型の「産業別・職種別運動」型ユニオンの形成は、日本では極めて困難ではあるが、決して不可能ではないことを教えている。そしてこれは、年収七五〇〜八〇〇万円の水準を関西生コン支部の労働者が、ユニオリズムの正道に立って実現している注目に値する事例である。

◆団体交渉機構（集団的労資関係）の確立

生コン業界には「川上」に大手セメント製造メーカーがあり、「川下」にはゼネコンを中心にした建設会社があり、その中間に、生コン製造の工場をもつ中小の生コン企業が位置している。劣悪な労働条件の下に生コン労働者は働かされていた。一九六五年、全自運（全国自動車運輸労働組合）に加盟していた関西の生コン業界の組合を中心にして全自運関西地区生コン支部が結成された。個人加盟組織で結成時は一八三人だったが、最盛時の一九八三年には三五〇〇人に増えた。その年、生コン支部は「集団的労使関係」という言葉を用い、その制度の確立を運動目標においた。

「集団的」とは、生コン支部が企業内に存在し、交渉がなされている全企業と生コン支部との間で労使関係を成立させるという意味である。労使関係という言葉は「インダストリアル・リレイションズ」の訳であるが、集団的労使関係は文字どおり「産業」レベルの労資関係のことである。

関西生コン支部は、一九七三年の臨時大会で「我々の要求は、単に全自運組合だけのものではなく、未組織労働者を含めた産業別要求」であるとし、「集団交渉方式」を実現させることを決議した。別添資料で「対象企業は、関生コン支部関係全企業とし、これら企業に対して集団交渉につくよう申入れ、合理的根拠なく拒否する企業があれば集中抗議を組織する」と説明した。集中抗議では、指名スト、さらに時限スト、統一ストと発展させ、交渉のテーブルにつくように要請した。その年、参加企業一四社との間で初の集団交渉が実現した。

以後、関西生コン支部は、共産党の組合介入による組織分裂や、経営者の組合敵視政策、警察による弾圧、暴力団の襲撃などさまざまな困難をくぐり、曲折をへて、九〇年代半ばから再び運動の高揚をむかえている。とくに生コン業界では暴力団の関与が激しいことから、暴力団との攻防は避けがたい。一九七四年、組合員・野村昌明が暴力団に刺殺され、八二年には、組合員・植月一則が拉致され、リンチにより殺害されている。

九八年の春闘で、大阪兵庫生コン経営者会と、労働五団体との共同交渉が、労使代表約三〇〇名の参加でもたれた。経営者会に加わっている企業は一二七社。一方、労働五団体は、全日本建設運輸連帯・関西地区生コン支部と、全国交通運輸労働組合総連合・生コン産業労働組合、全自運が名称変更した運輸一般・関西地区生コン支部、全港湾、生コン産業関連労働組合である。この経営側と労働組合側とが相互に相手を尊重しながら交渉のテーブルにつく、その仕組みを「団体交渉機構」という。経営側も複数の企業が参加し、労働組合側も複数の労働組合が参加している。労働力の値札をつける場が「交渉機構」なのである。

ここで特筆しておきたいのは、値札をつけるその場に関連するあらゆる労働組合が参加していることである。全日建連帯・関西生コンは、運輸一般（当時の全自運）を脱退した組合であり、長い間、両者は深刻な対立関係にあった。この対立と抗争の歴史を乗りこえて共通のテーブルについたことは、労働組合の本来の姿を示したという意味で、大きな意義がある。ここには連合加盟の労働組合も参加している。関西地区という地域的な限定はあるが、このようにして、生コンの業界の賃金は、決定されているのである。交渉機構を通じて労資双方が合意したものが、労働協約として確認される。この労働協約における賃金部分は、ヨーロッパ型の協約賃金にほかならない。交渉機構に参加した一二七社には、その協約賃金が基本的には適用される。

◆職種別賃金

交渉機構の確立は、この産業においてはこれ以下の賃金水準はあってはならないとして最低を規制し、さらに水準の上昇をはかるための仕組みだが、その交渉の前提としてウェッブが言った「共通規則」すなわち基準の設定が必要となる。基準があって水準の上昇ができるからである。

その基準は、企業を超えて同じ賃金を実現するものであるので、仕事基準でなければならない。

関西生コン支部は、一九八二年に労資で確認した「三二項目協定約束事項」のなかで「業種別・職種別賃金体系」という項目で職種別賃金要求を明確にしている。支部の中では結成当初から異論もあったが、年功賃金は否定された。支部のなかの賃金は、年齢格差はなく、勤続年数別格差も一年で五〇〇円程度の差にとどめられている。だから先に紹介した関西生コン支部の労働者はどこの企業で働いていようとも年収七五〇万円から八〇〇万円なのである。

なお、一九七四年に、ユニオンの推薦する者を雇い入れるという一種のクローズド・ショップである優先雇用協定を実現したが、八三年に経営者側から破棄されていた。二〇〇〇年、業界が失職した労働者の雇用の責任をもつという共同雇用保障制度を復活させた。生コン支部の労働者は、企業によってではなく、このユニオンによって賃金も雇用も保障されているのである。

◆職種別ユニオン

産業内に等しく適用される労働条件を確立させること、すなわち産業別労働条件の規制のためには、一つの企業ではなく、業界全体の経営者を相手にして、強力な産業別統一闘争を展開しなければならないことは明らかである。そのためには、指導者の資質もさることながら、組織的な体制が必要だった。関西生コン支部は結成時からその組織的体制を確立していた。結成の時から支部の組織的性格は、産業別個人加盟組織であることと、支部は「決定権をもつ統一的指導機関」であるというところにあった。

まず、産業別個人加盟組織についてであるが、「産業」といっても生コン業界であるので生コン労働者という「職種」が大きな意味をもっている。もちろん生コン運転手に限らず生コン企業の従業員をも組織しているので、プロ野球労組のような純粋な意味での職種別組合ではない。だが、支部のなかで、同じような仕事をしている同じ職種の生コン労働者であるという職種別の連帯基軸が中心に座っていることは確かである。この職種別連帯が、企業意識が生まれることを阻み、業種別の結集を保障する組織的また意識的な保障になっているものと思われる。

つぎの支部の位置づけでは、決定機関は支部にあり、その下の企業単位の分会に決定権限をもたせないという点で画期的であった。先に紹介したフランスの「サンディカ」と同じ性格である。単産強化論のところでもみてきたように、企業の職場における意見や気分をくみ取る組合民主主義の問題と、産業別統一闘争を強力に展開する産別指導部の権限の問題とは別の次元で考えなければならない。関西生コン支部が結成時からこのような強固な産業別指導機関を設置したことは、産業別運動をすすめる上で重要な組織的条件であった。「産業別・職種別運動」型ユニオンにとって、産別指導機関の確立は欠かせない検討課題であろう。

3　日本的特殊性のもとでのユニオニズムの確立

　ところで、以上のように検討してきた関西生コン支部の経験は、労働組合における「団体交渉の方法」を忠実に実践してきた結果であった。しかし、一九八〇年から八二年にかけて経営者や警察は異常な反応を示した。

　八一年、日経連会長・三菱鉱業セメント会長の大槻文平は、「関西生コンの運動は、資本主義の根幹にかかわるような運動をしている」、「生コン支部の運動は箱根の山を越えさせない」と発言している。また、八二年に「逮捕された組合員は、取調中に担当の刑事から、『背景資本に対する取り組み』『実損回復のみならず、経営者にペナルティを科すこと』『企業の枠を越えて連帯ストを打つこと』が違法であり、許されないと言われている」（安田『告発！逮捕劇の深層』三二頁）。これらの発言は、関西生コン支部の運動が、経営側の痛点をついていることの証でもある。

　関西生コン支部の運動は、ヨーロッパの産業別労働協約体制を追求してきたものでしかなく、国レベルで協約体制を実現しているヨーロッパ諸国で資本主義の根幹を揺るがすような事態が起きているわけではないので、「資本主義の根幹」という大槻の発言はまったく不可解な認識である。しかし、「資本主義の根幹」を「日本資本主義の根幹」という意味で使ったのならば、いくらか腑に落ちるところがある。つまり、この前段で検討した産業別労働協約体制という戦略は、実はこれまで特殊日本的な土壌のなかで追求されてきたのである。その点が極めて重要であると思われる。以下の四つの点について検討していくことにしよう。

◆重層的下請構造と「背景資本」追及の関係

生コン業界は、業者は独占的セメント製造メーカーからセメントを購入し、自社の生コン工場で生コンクリートを製造し、ミキサー車で建設現場に輸送するという仕組みでなりたっている。生コン業者には、セメントメーカー直系の下請企業も、独立系の企業もあるが、セメント会社にとって生コンは主要な販路である。また、生コン業者にとってはセメント会社からセメントが供給されなければ経営は成り立たない。ここにセメントメーカーと生コン業者との構造的な下請関係が成立する。セメント会社は、セメントの販路拡大のために生コン工場をつくらせる。工場が乱立する状態になり、供給過剰と低価格競争によって、生コンの値崩れが生じる。それは労働者の賃金抑制や企業倒産を引き起こすことになる。

このような構造のなかで生コン業界に対して支配関係にあるセメントメーカーに労働組合運動の矛先を向けるのは当然のことである。先ほどの三菱鉱業セメント会長の大槻文平の発言は、三菱鉱業セメント系列の生コン企業で争議が起こり、生コン支部が、三菱製品の不買運動や三菱銀行や三菱グループ各社への抗議運動を展開した後でのものであった。

このような下請構造は生コン業界に限ったことではもちろんない。古くから、下請工場といって親会社から部品や素材の提供をうけ、それを加工して一定の加工賃の支払いを受けるという請負関係がある。また、建設産業では、施主からの受注機能に特化した大手ゼネコンが、独占的に受注を確保し、施工は下請の専門工事業者にまかせ、ゼネコンは建設現場の行程管理を行っているだけである。建設産業では、下請けの下に孫請があり、まさしく重層的下請構造がつくられている。運輸産業でも、荷主の発注を受ける大手運輸業者とそのもとで実際の運輸業務に従事する中小運輸業者という構造が成り立っている。

このように下請構造のもとでは親会社、また、建設産業の構造では受注独占のゼネコン、生コン業界では供給独占のセメントメーカーなどのような「背景資本」に対する追及は欠かせない。それは、直接的な雇用関係にある中小企業に対して経営の安定をもたらすことになり、経営の安定は労働者の労働条件の確保の条件になるからである。

◆企業間競争と事業協同組合の関係

下請構造のもとでは元請企業から仕事を受けようと中小企業の企業間競争が展開されている。親会社はこの企業間競争によって低コストを実現することができる。また、企業間競争は下請構造がなくても、新規参入が容易な業界に通常よくみられる。サービスの供給と受容が即時的になされる業界、例えばタクシー業界や対人サービス業、あるいは飲食業・小売業では下請関係はないが、労働集約型であったり、設備資金が低廉であったりすることによって新規参入が容易になり、過当競争の状態がある。

どんなに企業間競争が激しく展開されていても、労働協約体制を確立することによって労働条件は競争の「らち外」に置かれ、労働条件は安定する。これはこれまで繰り返し強調されてきた。しかし、下請構造のもとでの背景資本の支配や、容易な新規参入による過当競争状態が生まれているなかでは、たんに団体交渉機構への参加を要請するだけでは不十分なのである。企業間競争に労働組合も目を向けなければならない。なぜならば、企業間競争は製品やサービスのコストの低下を引きおこし、コストの低下は労働者の労働条件を圧迫することになるからである。「企業間競争の緩和」と「団体交渉機構への参加」という二つを同時に追求する必要がある。

それでは、企業間競争の緩和という課題はどのようにして可能になるのだろうか。製造・販売する生コンの価格を安定させることである。一九七五年、関西生コン支部は、生コン業界は、「業界の自立を目指すための協同組合化に努力し、共同受注、共同販売の道を探るべきである」との見解を示した。共同受注とは高値のセメントを売りつけるセメントメーカーに対して共同して購入することである。共同販売とは生コンの価格を買いたたくゼネコンに対して適切な価格で販売することである。これが可能ならば、コストは安定する。

企業間競争の緩和と価格の安定を保障する体制が事業協同組合であった。事業協同組合については多くの経験と研究があるが、関西の生コン業界の事業協同組合で、他と特筆して重要な特徴は労働組合主導型という点にある。それは労働組合が、企業間競争を緩和することの重要性とそのための事業協同組合の必要性について問題意識を鮮明にしていたからである。

もちろん業者の方も過当競争による共倒れを避けるには事業協同組合の必要性は知っている。しかし、協同組合に入らずに抜け駆けすれば企業の利潤が膨らむことも知っている。事業協同組合はこのあやうい基盤のうえに成り立っているのである。いくつかの協同組合の未加入社（アウト社）が、協同組合が設定した価格よりも安い価格で値下げ攻勢をかければ、協同組合の加入者（イン社）の結束は乱れ、ダンピング競争が行われ、企業は共倒れとなる。

関西生コン支部の運動が再び高揚をむかえたのは、バブル崩壊後の業界の無秩序と企業の相次ぐ倒産を背景にして業界のなかで協同組合の形成の機運が高まったことと関係している。九四年、大阪の四つの事業協同組合が合併して、業界再建のために大阪広域生コンクリート協同組合を結成した。結成以前に各生コン協同組合の理事が、生コン支部に対して「広域の協同組合を設立したいと考えている。生コンの価格の値戻しは、この方法しかない。ついては、アウトを広域協に加入させるよう、労組が動いてくれないだろうか」と協力を要請したという（前掲『告発！逮捕劇の深層』二〇九頁）。

ここに事業協同組合と労働組合の関係の重要性をみることができる。生コン支部はアウト社への宣伝、説得活動を行い、結成時は半数ぐらいであった事業協同組合の組織率が九六年には七〇％に上昇した。労働組合にとって事業協同組合は、先の「企業間競争の緩和」と「団体交渉機構への参加」の二つにとって大きな意味を持っている。生コン企業が協同組合に加入することは、業界の秩序をつくり、セメントメーカーへの対抗と企業間競争の緩和につながる。また、協同組合の加入企業は、同時に団体交渉機構への参加が見込まれる。したがって、労働組合が事業協同組合に未加入の企業に対して、労働組合の産業別統一闘争の一環として抗議の矛先を向けることは当然なことといえる。

◆供給過剰・低コストと生産調整・価格設定の関係

さて、企業間の過当競争が展開されれば、供給過剰となり、低価格の販売競争が展開されることになる。この「過当競争―供給過剰―低価格」のサイクルをどこで断つことができるのだろうか。生コン業界は、一九七五年に中小企業の近代化をめざす構造改善事業の対象業者に指定された。その事業を推進する母体が商工組合であり、商工組合はカルテル事業を行うことができることになっている。

事業が認可された場合には、原則として独占禁止法の適用が除外されることとなる。

構造改善事業によって過剰生産を調整するためにいくつかの生コン工場が閉鎖されたが、生コン支部はその措置を認め、優先雇用協定で失職した労働者の雇用は確保した。さらに生コン支部は、新規事業の開発や、新たな設備投資など企業の投資計画にも発言し、企業の経営・運営へ関与する権利を主張し、行動した。

セメントメーカーは少しでも多く販売することが自らの利潤につながるので、直営の生コン業者に新工場をつくらせ、大量に出荷させようとする。それは専業の生コン会社の経営不振と価格低下につながるので、生コン支部として反対運動を展開している。このように関西生コン支部は、産業別運動の一環として生産調整と適正な価格の維持に関与している。産業の適切な秩序と安定した価格設定を可能にするような条件をつくりあげることが、日本の場合、産業別労働条件規制にとって不可欠なのである。

◆企業の反組合姿勢と団体交渉の確立

不当労働行為に対して労働組合が企業にペナルティーの罰金を要求することは労働組合の存続に関わることとして重要である。労働者に低賃金やサービス残業など過酷な労働を課すことと、労働組合を否定したり、不法に運動を抑圧することとは別の次元として考えるべきだろう。前者は粘り強い組合運動で解決をはかる社会領域であるが、後者は憲法二八条の団結権・交渉権・争議権を踏みにじる行為であり、そのような企業は法治国家では存在することが許されない。二度と過ちを繰り返さない保障としてペナルティーを科すことがあり得るのである一九三七年にアメリカのルーズベルト大統領は「労働者に生活賃金より少ない賃金を支払うことで成り立っているような企業は、この国で存続するいかなる権利も持っていない」と議会で演説を行った。生活できる賃金を支払わない企業に対してである。ましてや労働組合を否定する企業は大企業であろうと中小零細企業であろうと「存続するいかなる権利も持っていない」のである。

企業が行った不当労働行為にペナルティーを科す問題は、人と人との関係でみるとわかりやすい。他人に不当に襲いかかられ傷害を負わされたとしよう。示談となり、危害を加えた者は傷を治すための治療費を払った。それだけで済むわけはない。慰謝料を支払うのは当然である。不当労働行為の場合には、人を慰め、償いをする慰謝料ではなく、二度と同じことをさせないために、もし行ったらまた罰金をとられるという認識を残すために労働組合は企業にペナルティーを科すことになるのである。賃上げや労働条件の改善については交渉が決裂したら、組合はストを打てばよいのであり、そこにはペナルティーの要求はありえない。しかし、労働組合の団結権に関わる不当労働行為に関して労働組合は毅然とした態度で、適切な措置を企業に要求するのは当然なことだろう。

五　社会的労働組合運動

さて、現在における労働運動の再生とは、第Ⅰ部で検討した非正社員と周辺的正社員の膨大な階層を労働組合に組織し、さらに、この過程で労働者の職種別再編・結集をはかり、職種に関連する経営者団体との団体交渉を確立することである。すなわち膨大な未組織労働者の組織化をつうじて産業別・職種別運動を進め、ヨーロッパ型の産業別労働協約体制をめざすということになる。そして下層労働者の生活と労働を支える労働政策・社会保障政策・社会政策の実現を求めて国の福祉国家的改編を実現させることである。

産業別労働協約体制と福祉国家、この二つを目的とする労働運動こそが真のユニオニズムと呼ぶにふさわしい。この二つの目的を欠いた運動は労働運動の再生にはつながらない。

とはいえ、労働者の組織化と団体交渉の確立を狭く追求しても実現は難しい。階層社会のなかでの貧困化の深まりに対応した幅の広い社会的連帯や世論形成も必要であり、とくに若者の労働運動を大きく支援していくことが期待される。

さらに、労働者という階層的利益を追求するだけでなく、今日の労働運動には、ジェンダー平等やエコロジズム、反グローバリゼーションの視点を確立することが必要とされ、その視点はユニオニズムの二つの目的を深め、さらに再定義することにつながるだろう。これらのことが以下のように展開されることになる。

1　「新しい社会運動」と「一九六八年の価値」

社会的労働組合運動（ソシアル・ユニオニズム）という言葉がアメリカにもあるし、日本でも使われるようになった。その言葉はまだ一つにまとまっていない。ここでは、社会的労働組合運動を「新しい社会運動」の価値を受容した労働組合運動として考える。したがって日本では基本的には未来のことである。

欧米に比べるならば日本は三周遅れの社会労働運動とみることができる。まず、第一は、労働市場規制型のユニオニズムを展開できていないこと、第二は「一九九九年の価値」をそれぞれ受容できていないことである。第二、第三について検討していくことにしよう。

労働組合は、競争の激しい自由な労働市場を規制することによって、労働者の生活を向上させることを目的にしてきた。ヨーロッパにおいては制度化された団体交渉の発展と、経済成長に支えられて賃金の上昇、そして労働者政党との連携による福祉国家の前進、これらによって労働者の生活は向上し、労働運動は市民社会のなかで大きな地歩を占めた。しかし、このような労働運動は、大きな異議申し立ての運動にさらされることになった。新たな価値を突きつけられたのである。それが「一九六八年の価値」であった*。

＊「一九八六年」については「特集　思想空間の変容　一九六八―一九八八」、リーダー『フランス現代思想　一九六八年以降』などを参照。

ヨーロッパ社会は一九六八年あたりを契機に大きく変化した。具体的には、一九六八年のフランスの五月危機、「プラハの春」、六九年のイタリアの「暑い秋」、イギリスやドイツにおける山猫ストといった形で、六〇年代末から社会労働運動が高揚してきた。それは、たんに経済状況の悪化を背景にした運動の高揚という次元にとどまらない。「新しい社会運動*」と呼ばれるこれまでと異なる質をもった運動が吹き出してくるその出発点になったのである。「性の政治学、環境問題、エコロジーの重要性、労働者による支配要求や、協同組合運動、それにヨーロッパ左翼の政治や文化といったものが、五月以降、質的に変化したことはたしか」であり、「今日の西欧の政治状況は、この事件なしにはありえない」(リーダー『フランス現代思想』二〇頁)というぐらいのものだった。このインパクトが日本には長らく届いてこなかったし、また届いても運動として確かなものになっていなかった。

＊ 新しい社会運動については、トゥレーヌ『ポスト社会主義』、坪郷實『新しい社会運動と緑の党――福祉国家のゆらぎの中で――』、ウォーラーステイン他『反システム運動』などを参照。

それでは、「新しい社会運動」を労働運動の側はどのようにとらえるべきなのだろうか。「新しい社会運動」は古い労働運動と対置され評価されてきた。確かに、「新しい社会運動」は、巨大で官僚化するきらいのあった労働組合と既成左翼政党に対抗的に出現した。それは、労働運動の範囲に入らない分野における社会運動の提起であり、また、それらが持っていなかった新しい価値にもとづく異議申し立てであった。

このように「新しい社会運動」と労働運動とはしばしば対立してきたし、これからも運動の優先順位や価値の受容をめぐって対立が続くことはあり得ることである。共有されなければならないのは、資本主義社会システムのもとで労働力が商品化され労働市場で売買される限り、労働組合という社会集団が巨大で強力な交渉力を持つことは当然なことだということである。しかし、さらに、すでにみてきたようにグローバリゼーションの進展は、労働運動が行ってきた経済成長を前提にした「豊かさ」の追求が限界にきていることを示している。今日では、労働運動の側も「新しい社会運動」の価値を受容する必要性と可能性が生じてきたと思われる。

それでは、「新しい社会運動」の提起したテーマとは何であったのだろうか。それは複雑である。「一九六八年」が生み出した個人重視の傾向は、思想的にはポストモダンの土壌になり、また、その後の新自由主義思想の自己責任を果たす「強い個人」という考えにつながる。ここでは社会労働運動のテーマに限っていくつかみていくことにしよう。

まず、一つは脱物質文明の価値である。イングルハートは一九六八年からの欧米世界における価値観の変化の分析にもとづいて、「物質的消費と安全に対する圧倒的な強調から、生活の質に対する関心の増大への移行」、つまりこの「脱物質主義的価値観と政治的不満感が結合」して、「欧米世界全体にわたって政治生活を徐々にではあるが根本的に変えてしまう静かな革命が進行していた」(イングルハート『静かなる革命』三五八〜三六二頁)とした。今日では、グローバリゼーションのなかで「脱物質文明」の価値は、経済成長批判と、途上国の開発・貧困に対する視点として重要な意味をもっていることはいうまでもない。

第二は、これまで労働者階級を基盤にする労働運動にとっては副次的な存在でしかなった階層やあるいは課題が、社会運動としてみずからの価値を主張するようになったことである。エコロジー運動やフェミニズム運動、エスニシティの運動などが「新しい社会運動」として活発に展開されるようになってきた。これまで男性組織労働者を「中枢」としてきた労働運動は、それ以外を「周辺」とみなしてきた。しかし、今日の日本でも、女性労働者の過半数は有期雇用であり、失業者や若者の有期雇用労働者を加えるならば「周辺」労働者が多数派となりつつある。労働運動はこの「中枢」と「周辺」の逆転を直視し、「社会運動」との連携をめざすことが重要である。

第三は自発的な参加意識の高揚である。イングルハートは、六八年以降の政治文化について『エリート挑戦』型の政治」が登場してきていることを指摘した。「エリートに指導される政治参加というのは、主として政党、労働組合、宗教団体等といった既成の組織を通じて大衆を動員するエリートの問題」とし、これに対して「『エリート挑戦』型の政治とは」、国民が「決定がなされるにあたって彼ら自身ますます重要な役割を果たしうるような政治のことである」としている（前掲書『静かなる革命』三～四頁）。

既成組織における指導性や動員力と、民衆の自発的参加意欲との関係は常に複雑な問題をはらんでいる。しかし、日本でも九〇年代における無党派層の政治への参加傾向や、ボランティアの登場にみられるような自発的な行動意欲の高まりを前にして、今後、両者の関連を十分に検討することが迫られるだろう。

さて、この「新しい社会運動」が登場してきたのは、一九六八年のラディカルな抵抗運動の波が引いてから、七〇年代半ばのことであり、「理論的に影響力を増したのは、政治的には新保守主義が席巻し始めた一九八〇年代になってからのことであった。それはいかにも『季節はずれ』の運動論であった」（豊泉周治「国家の政治からライフスタイルの政治へ」）。その「季節はずれ」は、むしろ、今日からみれば、新自由主義との対抗が社会労働運動の戦略になる八〇年代に、そしてなによりも、反グローバリゼーションの九〇年代の運動につながる、いわば連続性ともなっているところに注目しなければならない。その意味では、連続性を持たない日本の労働運動は、「新しい社会運動」との連携・融合を早急にはかりながら、次にみるグローバリズム運動に合流することが求められるのである。

2　反グローバリズムと「一九九九年の価値」

一九九九年は、世界の社会労働運動にとって歴史的にみて大きな画期であった。その年、一一月三〇日から一二月三日にかけて、アメリカのシアトルでWTO閣僚会議が開催された。この会議に圧力をかけるために世界中から労働組合やNGOが「反グローバリゼーション」のスローガンのもとに結集した。会議の初日、数千人が会場を取り囲み、各国の代表の入場を阻止した。午後には七万人の大規模な反対デモがシアトルの中心街で行われた。WTO閣僚会議は、この非暴力不服従の直接行動と、WTO加盟国内部の対立により、流会になった。

このような、グローバリゼーションを推進する国際機関に対する抗議は、その後も、二〇〇〇年四月のIMF・世界銀行の春期大会（ワシントン、三万人）、同年九月の同年次総会（プラハ、二万人）、二〇〇一年四月の第三回米州貿易地域サミット（ケベック、二万人）、同年七月の先進七カ国プラス一首脳会議（ジェノバ、二五万人、死者一名）と、引き続きおこなわれてきた。

そこで、このような国際的な反グローバリズム運動について検討することにしよう。グローバリゼーションの進展は世界経済全体を変貌させつつあるが、それと同時に、個別的課題や地域の問題に大きな影響を与えている。したがって、まず注目すべきことは、個別課題に徹底的に根ざしながら、反グローバリズムのもとに個別領域の運動が合流していることである。

例えば、農民の運動である。EUが、ホルモン剤を使って飼育したアメリカの牛肉に対して輸入禁止をとった措置に対して、WTOは協定違反とした。アメリカはその損害賠償の一つとしてフランスのロックフォール・チーズに一〇〇%の関税をかけた。このアメリカの制裁に抗議し、一九九九年八月、南フランスのミヨ市で、農民同盟の指導者であるジョゼ・ボヴェを先頭にして、アメリカの象徴であるマクドナルド店を解体する事件が引き起こされた（ボヴェ『地球は売り物じゃない！』）。

この例はフランスのある地域のチーズの問題がグローバリゼーションと深く関係していることを示している。シアトルには、フランスで一躍、有名になったジョゼ・ボヴェも、そして、「生物多様性」を主張するインドの農民運動・女性運動の指導的研究者バンダナ・シヴァも参加した。

また、環境問題に関連してシアトルで、ウミガメとチームスターズがやっと一緒になったといわれた。「チームスターズ」とは、もともとは四頭だての馬車の御者のことであるが、ここではチームスターズ・ユニオンという運輸・流通産業を中心とするアメリカの巨大ジェネラル・ユニオンのことである。「ウミガメ」とは、エビ漁に際してウミガメ保護装置を義務づけたアメリカの環境保護政策を、WTOが自由貿易に反するとして協約違反にしたが、これに反対する環境保護団体のことを指している。

チームスターズ・ユニオンの主張は、貿易の拡大は多国籍企業を利するのみで、労働者から雇用を奪うというものであり、また、ボヴェの農民同盟は「多くの農民を滅亡に追いやる利益追求型の商業主義的農業に反対。また、消費者の安全確保のために、米国の肥育ホルモン牛肉の輸入反対」という内容だった[*]。シアトルの運動は、これらの個別の課題を解決するためには、グローバリゼーションを推進する国際機構を改革しなければならないこと、そして、そのためには国境を越えて連帯しなければならないことを明確に自覚した運動だったのである。

＊ シアトルの運動に参加した団体の主張は、通商産業省『二〇〇一年版 通商白書』を参照。なお、毛利嘉孝は、シアトル闘争を「社会運動の一つの転換点」と位置づけ、また、それに至る新しい運動の結集点だとしており、重要な指摘である（『文化＝政治』）。

ブレッカーとコステロは、「シンク・グローバリィ、アクト・ローカリィ」＝「地球規模で考え、地域レベルで行動する」という、この「昔のスローガンを逆転させることを学んだ。地域で成功するためには、地球規模で行動しなければならないことを学んだ」とするアメリカの「自作農擁護運動家」の言葉を紹介している（ブレッカー『世界をとりもどせ』一三四頁）。「アクト・グローバリィ」の時代なのである。もちろん国際的な行動に参加することだけでないことは当然である。しかし、地域における困難や課題を解決する最終的な標的をつねに明確にしつつ、地域の活動や対政府の行動をおこなうことが不可欠だということである。

日本の労働運動は、このような社会的労働組合運動という方向性を意識しながら再生をはかることが求められている。具体的には以下のことが考慮されなければならない。

3 新しい福祉国家と社会的労働組合運動の課題

福祉国家は、国家による所得再配分政策という手法をもちいながら、国民の生活条件を平等にし、労働者が豊かで落ち着きのある生活を送れるようにした。福祉国家は、日本のこれまでの企業社会と比べるならば、ゆるやかな労働と穏やかな生活がある、資本主義のなかでよりましな国であることに間違いない。しかし、福祉国家に問題がないわけではない。過去において、そもそも福祉国家は対内的な政策であり、対外的な帝国主義政策と矛盾するものではなかった。また「南」の収奪の上に「北」の福祉国家が成り立つという構図があった。

ここでは、エコロジズムの視点、ジェンダー平等の視点と、協同労働と「生産者」の視点、協同組合地域社会という視点、この四つを社会労働運動のなかに組み込むことの必要性を検討していくことにしよう。また福祉国家のあり方を新しい次元に引き上げていくこれらの視点は欠かせない。

◆エコロジズムの視点とライフスタイルの転換

第1章で、新自由主義グローバリゼーションが地球の維持可能性を危うくし、さらに地球における「富の偏在」を拡大させることを指摘した。このことを踏まえ、階層社会の出現とワーキングプアの増大という日本社会の現局面において、さらに二一世紀の労働運動を展望するならば、基本的には次のようなことが考慮されなければならないだろう。

日本は経済大国として経済成長を回復するのではなく、むしろ経済成長をダウンさせる経済社会システムが構想されなければならない。これは労働運動にとって深刻なテーマでもある。労働者の賃金も、経営者のこれまでの取り分を減らして賃上げすることはありうるとしても、GDPの拡大を前提にするような大幅賃上げは戦略的に再検討されなければならない。

日本の政治のリーダーには、「GDPが二倍になる必然」という理屈をたてて『上げ潮の時代――GDP一〇〇〇兆円計画』(中川秀直) なる本を出版している者もいる。そのなかで『日本はこれだけ豊かなのだから経済成長はいらない』しかし、それは安定した高給が保証されている『勝ち組』の発想であり、若者から人生の成功を奪う発想だ」（三頁）と開き直り、ＧＤＰの急成長を提唱している。

ワークシェアリングこそが必要なのである。企業の雇用政策や政府の規制緩和によって非正規雇用の労働者が増加しているが、戦略的には雇用の分かち合い（ワークシェアリング）を対置する以外にないだろう。パートタイマーの短時間労働者を、長時間労働の正規労働者にするのではなく、むしろ正社員の短時間労働者化をはかり、短時間正社員制度を確立することである。ワークシェアリングによる雇用保障と均等処遇による生活の安定が基本的目標となるだろう。

これらのことは、労働運動の担い手である働く者一人ひとりに、そのライフスタイルの転換が迫られていることでもある。そのライフスタイルは、いうならば、「エコロジカルでジェンダー平等なリッチ・シンプルライフ」と表現できるだろう。物質的には質素でシンプルな、束縛されない長い自由時間がある文化的なリッチな、そういう働き方・暮らし方である。

ワークシェアリングによって短時間正社員制度が実現するならば、一人ひとりの所得は下がるかもしれないが、完全な自由時間が確保される。さらにジェンダー平等によって片働きではなく男女とも平等に働く。これらによって「質素」ではあるが、充実した健康で文化的な生活を営むことができるだろう。どこから始めるべきなのか。非正規雇用で働く膨大な若者と女性を対象にした均等待遇と時給の向上の課題が戦略的な重要性をもって浮かび上がってくるだろう。

◆ジェンダー平等

新しい福祉国家をめざす戦略にとって、女性の運動の役割は特別に大きい。とくに男女平等の国際的な高い水準は、日本において福祉国家を推進する上で大きな追い風になるものである。

これまでの企業中心社会とは、要するに男性の会社人間的な働き方と、女性の専業主婦またはパート的な働き方、このワンセットの構造だった。男性の昇進・昇給にそって家族も「幸せの階段」を上り、豊かになることができた。しかし、階層社会の到来は、「お父さん、頑張って」という男性の働き方と世帯主賃金に支えられてきた役割分担家族の基盤を揺るがすことになっている。これは女性が働かなければならない、働き続けなければならない条件となっている。

このような階層社会によって性別役割分業を維持することが困難になるという時代状況のなかで、一九九九年に制定された男女共同参画社会基本法は、限界や弱点があるとしても、性別役割分業を廃棄することを国の基本方向にしたことについて、労働運動側としてあらためてとらえなおす必要がある。基本法の「男女共同参画社会」という言葉は、対外的には「ジェンダー平等社会」(gender equal society) と表記されている。少なくとも基本法の政策理念は、男女の性別役割分業をなくして、ジェンダー平等な社会をめざすことにある。男女がともに仕事をし、ともに家庭で家事をし、ともに地域で生活することを可能になるような「国づくり」の方針なのである。

ところで、この性別役割分業を廃棄するために、ヨーロッパ諸国では、その理念にもとづいた労働政策や家族政策の発展がはかられている。両性が平等に働いているという前提のもとで、世帯主概念が廃棄され、税や社会保障も個人単位に移行しつつある。しかし性別役割分業の解体は、労働力再生産の機能を家族から個人単位に単純に転換することではない。すなわち、性別役割分業の解体は、賃金・社会保障・税などあらゆる分野で家族単位から個人単位への転換が不可欠であるが、しかし、家族から個人へ単純に切り替えるのではない。それは「『福祉国家』の福祉政策という経済的なシェルター」によって、「家族のもっていた経済的機能＝労働力再生産機能を国家に保護された個人単位で実施することに転化」（服部「家族の変容と家事労働の社会化」）することによってなされなければならないのである。男性が女性を扶養しているという伝統的家族を対象にしていた福祉国家から、ジェンダー・エクイティな福祉国家へ前進させることが不可欠である。このように新しい福祉国家をめざす担い手として、若者とともに女性のはたす役割は大きい。

しかし、ジェンダー平等をめざす女性運動と、これまでの労働運動とは直ちには連携できない問題がある。それは、差別されてきた歴史をつうじて女性たちが押しだしてきた運動の論理を、労働運動の側が、受けとめることができるのか、ということである。

問題の核心は、男性が妻子を扶養することを是とし、世帯単位が社会的規範とされた時代は、とうに過ぎさったということである。単身者賃金から世帯主賃金へと上昇する年功賃金を享受する可能性をもっている若年層は限られている。男女が共に働き個人単位で生活を設計しつつ、多様な家族のあり方を選択することになるだろう。このような現状は、労働と生活の根本から、ジェンダー・センシティブであることを男女に迫ることになる。「男は外で働き、女は家で家事をする」という性別役割分業を超えて、ジェンダー関係を再構築することを労働運動は構想すべきだろう。

具体的には、女性労働者がこれまで求めてきた同一価値労働同一賃金原則は、男性を含めた有期雇用化の拡大に対して、均等処遇の物差しとして一層重要になってきている。また、この原則の前提である仕事基準賃金は、横断的労働市場における賃金下落に対する歯止めの基準でもある。

ＩＬＯ一五六号条約「家族責任を有する労働者の機会および待遇に関する条約」が求める「両性の家族責任」は、家事・育児・介護ができる働き方を男性にも要請し、労働時間の短縮や社会制度の拡充を要請している。階層社会に挑む方向は、総じて労働の場におけるフェミニズム戦略と共通性をもっている。労働運動側は、これらの戦略・政策を共有することによってのみ、女性や若者という多くの労働者を、労働運動の担い手とすることが可能になるだろう。

さて、このように労働運動が、フェミニズム戦略を受けとめることが運動の発展にとって重要であるにしても、そのためには、女性労働運動が独自の運動潮流を形成することが不可欠である。労働運動は自然にはこれらの戦略・政策を受け入れない。なぜならば、「妻子を養うこと」のこだわりや、女性が対等に働くことへの抵抗感から男性が解放されない限り、労働運動がそれらを受容することは無理だからである。また、女性労働者自身が、これらの戦略・政策を「女性の要求」と思っていたり、また、企業別組合の婦人部・女性部の枠のなかにとどまっている傾向もみられるからである。

そのためにはフェミニズム視点にたって経営者や政府に差別是正や社会的地位の向上を迫り、また男性主導の労働運動を改革する運動が必要である。この女性独自の運動潮流は「労働運動フェミニズム」と表現されるだろう。

◆協同労働と「生産者」視点

一九六八年は「若者の反乱」という言葉で象徴されるように管理社会に対する反乱、大量生産・大量消費文化の拒絶という面もあった。しかし決して若者だけではない。大量生産方式にたいする反乱は、それまでもアブセンティーズム（無断欠勤）や、退職という形で自然発生的に盛んにおこなわれていた。無味乾燥なコンベア労働を労働者は拒絶し、それによって生産性も低下してきたのである。これが「フォーディズムの危機」といわれるものの一側面である。

労働は、古来より苦痛に満ちた営みであったことに違いはない。しかし、現代におけるような労働は、たんなる労働史の延長ではなく、それとは異なった労苦をともなっている。すなわち、指揮・監督者から指図された、無味乾燥で、細分化された単調な繰り返しの作業、というイメージが追加される。この「現代の労働」とは、実のところ、たかだか二〇世紀に入ってからのことである。労働の歴史のなかでほんのわずかな期間にすぎない。この労働の歴史を分ける分水嶺になっているのが、テーラー・システム、フォード・システムといわれている大量生産方式である。これをフォード主義生産様式（フォーディズム）という。

大量生産方式が支配する前は、職場の労働過程は労働者が支配していた。その時代の生産はクラフト生産といわれるが、注文生産にもとづく多品種小量生産であり、経営者は、注文主から仕事を受けた後、生産過程のいっさいを親方的な熟練労働者にまかせていた。熟練労働者は、材料を選び、仕事の段取りをおこない、工具をつくり、ついで最後の検査をやり、機械の修理や工具の管理と研磨もおこなっていた。また徒弟期間中の労働者を訓練し、やがて一人前の職人・親方に育てていった。そして、この親方的な労働者は、職業別組合の組合員であり、労務管理も担っていたのである。これを間接的労務管理という。

やがて、経営者が経営権を握り、労働過程を支配するようになった。この経営者による労働過程の支配が確立するなかで起きた、熟練労働者を中心にした運動が、サンディカリズムである。その当時の日本の運動を考察したつぎの指摘は考慮されなければならない。

第一次大戦後、日本においてもサンディカリズム、ギルド社会主義のような「反資本主義生産者意識」が多くの組合活動家をつよくとらえた。「自然発生的な労働運動は本質的に労働力商品販売者としての意識・実践と生産者としての反資本主義的な意識・実践との二重性をもっており、労働組合運動といえどもこの二重性をまぬがれてはいない」（池田『日本機械工組合成立史論』一頁）。すなわち、労働力商品販売者と生産者という二重の視点から労働者をみなければならないという指摘である。

しかし、その後、団体交渉制度によって賃金は上昇するが、労働疎外は歯止めがきかなくなるという状況、つまり、労働組合の「分配主義」の傾向が生み出されたといってよいだろう。これにたいする反乱が「一九六八年」だったといえる。

具体的に、どのように考えられるべきなのだろうか。第一に、協同労働の視点をもつことである。労働者の不満は実際には物質的な労働条件に限定されてはいない。経営側による命令のされ方、労働集団のつくられ方、つくっている製品やサービスの中身など、総じて自己の労働に対する欲求がみたされていない不満を多くもっている。労働運動にとって、この「労働のあり方」にこだわる視点が必要とされる。

その時の出発点は、労働現場における協同労働の視点であろう。職場における労働集団が、みずからの労働はみずからが設計するという思想を獲得することだと思われる。「分配主義」的傾向にあった労働組合を、協同労働の視点からとらえ直し、徐々に職場における労働に対する発言権、決定権を確保していくことである。内山節が強調するように「労働者が生産―労働過程の主人公になる、すなわち労働過程を奪還していく」（内山『戦後日本の労働過程』一六頁）ことを長期の戦略とすることが、二一世紀の労働運動のあり方として求められている。

それは、長期の課題としてだけではなく、熊沢誠が「『働き続けてゆける職場』に必要なもの」として「ゆとり・なかま・決定権」のトータルな関係を指摘し、「集団レベル」における「仕事に関する一定の決定権が、今日、働きやすい職場の不可欠な要素」（『能力主義と企業社会』二二七頁）であると強調しているように、当面の運動の課題でもある。

第二に、産業レベルでで「産業のあり方」を視野に入れることである。個々の労働者の仕事や職場レベルの労働過程は、企業と産業の生産システムの一環としてである。職場における「労働のあり方」を凝視することは、パートタイマー、派遣労働者、有期雇用労働者、下請企業などとの産業レベルにおける労働編成のあり方と、そして「産業のあり方」そのものを視野に入れることになるだろう。*例えば、出版産業における過酷な労働が、フリー労働者や出版プロダクションの安価な活用と結びついているのは、出版点数を競う産業のあり方からきている。それは視聴率を競う民間放送産業でも同じことである。また建設職人が、その独立した労働の世界が崩され、低賃金を強いられているのは、大手建設資本が町場の個人住宅の分野に侵入していることによる。

＊　このことは、労働者が企業の枠を越える道筋は「公平」の視点からだけではなく、この「協同」の視点からも開かれることを示している。協同労働の視点から、職場における「労働のあり方」を問うことは、「産業のあり方」を透視することにつながるからである。

第三に、「社会的に有用な生産（ソーシャル・ユースフル・プロダクション）」という視点をもつということである。先の「産業のあり方」の例は、その「労働のあり方」が「つくっている製品やサービスの中身」にかかわっているということである。その中身を問題にするのが社会的有用生産の視点である。

社会的有用生産の視点は、イギリスの軍事用航空機部品メーカーであったルーカス・エアロスペース社の労働者が、経営側の合理化・人員整理にたいして「経営プラン」の対案を打ち出したときに確立したものである。

これには、「社会的に有用な、人間的なニードにこたえる生産」という生産物についての主張と、資源やエネルギーを浪費し、労働者の熟練を放逐してしまうのではなく、「社会的、人間的な価値にてらして吟味される」「生産の仕方」についての主張の二つを含んでいる。* すなわち生産物と生産方法についての二つである。社会的有用生産という視点は、「新しい社会運動」の価値を生産過程に導入したものとみることができるだろう。

＊ ヒラリー・ウエインライト、デイヴ・エリオット『ルーカス・プラン――「もう一つの社会」への労働者戦略』。反合理化闘争との関連で戸塚秀夫の「解説」も参照されたい。

ところで、この協同労働の視点と社会的有用生産の視点から、「労働のあり方」と「産業のあり方」を問う課題は、二一世紀の労働運動にとって不可欠な運動となるに違いない。日本の労働組合運動は、労働市場の規制の運動は非常に弱かったが、この「労働のあり方」や「産業のあり方」を問う運動については実は豊富な経験をもっている。教員による教育研究集会、地方公務員による自治研究集会といった運動もある。また、清掃労働者による資源循環型清掃事業の提案や、水道労働者による水資源再生型水道事業の提案もなされている。

かつて、教師や公務員についてだけ、何か特殊な労働者のような議論があった。しかし、社会的有用生産の視点は、公共部門に限らず、あらゆる産業分野に共通して必要とされるものである。特殊な専門労働者としてではなく、労働者を、労働力商品販売者と生産者という二重の視点から捉えることによって社会労働運動を活性化させることになるだろう。

「産業のあり方を問う」生産者の視点は、特に新自由主義構造改革の対象となる医療・教育・保育・福祉・清掃などのあらゆる社会的サービス部門において有効だと思われる。その点では、労働組合がつくる産業政策としてだけではなく、労働現場における「労働のあり方」を問う視点と結合することによって、職場の労働者を含めた運動にする必要があろう。

さらに新自由主義政策との対抗の上で、社会的有用生産の視点を確立することが必要である。そのことによって、社会的サービスの送り手側である生産者の「産業のあり方」としてだけではなく、受け手の側である消費者の社会運動と広く連携することが可能になるだろう。

◆協同組合地域社会の形成

生活協同組合や労働者協同組合を含めて協同組合運動は「第三の波」(石見「第三世代の協同組合と社会運動」)といわれているように、協同組合の運動はすぐれて今日的な意味あいをもってきている。一九世紀前半のロバート・オーエンの時代が第一の波で、一八四四年のロッチデールの消費組合の設立から一九一〇年代までが第二の波、その後、長い空白があって一九七〇年代から新しい第三の波が始まったとされている。第三の波の協同組合は、さきの「一九六八年状況」の価値を共有しているところに特質がある。

今日の協同組合について三点について検討していくことにしよう。まず第一は、協同組合と市場万能主義の新自由主義との関係についてである。新自由主義の競争万能の政策理念に対抗する上で、市場経済を規制する協同組合の本来的な機能はあらためて強調されなければならない。その中心の理念が「第三セクター」ないし「社会的経済」というコンセプトである。

世界の協同組合が加盟する国際協同組合同盟の一九八〇年の大会でおこなわれた「レイドロー報告」は、協同組合に高い価値を与えた。国民経済をマクロ的にみて、①公的セクター、②私的セクター、③協同組合セクターの三つにわけ、「三者が一緒に並んで活動し、相互に補完すること」になるが、そのなかで協同組合は「基本的には資本主義に対するひとつの代案という立場」にあり、したがって「資本主義を駆り立てる主な動機である利潤の追求に反対することにおいては非妥協的な態度をとる」べきだとしている。これが三つのセクターのなかでの協同組合の特質である。

この特質からするならば、協同組合が成長することは市場経済の領域を押さえることになる。市場経済における協同組合の比重が大きくなり、協同組合相互が共同し成長することができるならば、協同組合の価値に忠実な限り、自由市場万能主義を規制していくことができることになる。

さらには、長期的になるが、先ほど述べた企業内労働者組織をつうじて私的セクター部門における労働者の経営決定権への参加というルートもある。この経営民主主義によって、労働者・労働組合が、市場を規制していくことができる。協同組合の成長と私的企業における労働者の統制は、国家ではなく、社会の領域から資本主義の市場経済を規制するルートになるだろう。市場の社会的規制である。

これと政府による市場経済の規制が、国民生活、社会保障、消費者保護、環境保全の視点からなされるならば、国家と市民社会の両方から市場経済を制御していくことが可能になるだろう。

第二は、協同組合セクターと福祉国家との関係についてである。福祉国家は、所得再配分が主な政策手段であるから、一定の中央集中型財政の仕組みをもって全国的な規制、すなわちナショナル・ミニマムの実現をはからなければならない。その意味で福祉国家には大きな公共が必要である。しかし同時に、福祉国家には、国家の制度による画一的な施策や官僚的な運営、受益者にたいする管理的要素などが付随していたことも確かであろう。そこが福祉国家はもはや時代遅れだとして、「個人のイニシアチブを中心に据え、社会をそうしたイニシアチブの結果として把握する」（ソルマン『新《自由の時代》』二五頁）新自由主義の理念が入り込む余地があるのではないだろうか。新自由主義は現代を、個人のイニシアチブや、選択の自由、価値の多様化、個性の尊重の時代だとする。

その意味では、自治能力を向上させ、友愛と連帯の精神を共有するこれまでの協同組合を、「一九六八年」以後の新しい時代環境のもとでとらえ返す必要があると思われる。協同組合だけでなく、ボランティア組織やNPO（非営利組織）の活動も、自治と連帯につながるだろう。このように、福祉国家のなかに、「自治的な協同組合コミュニティー」を組み込み、「生産と生活を現場で統一する新しい社会経済体制の確立」をはかることが、福祉国家の前進にとって必要になっていると思われる（前掲「第三世代の協同組合と社会運動」）。

第三は、協同組合セクターと地域再生との関係についてである。協同組合地域社会という考えが、地域社会の再生にとって有効である。さきのレイドロー報告は、「協同組合の偉大な目的は、地域社会や村落をたくさん大都市のなかに建設すること」でなければならないとし、「多種多様な協同組合」をつくり、また「協同組合間協同」をつうじて、「協同組合地域社会」を建設することを強調している。

そして、地域社会を基盤にして、協同組合セクターと公共セクターの連携が社会的有用生産の視点から促進されることが、新自由主義改革によって荒廃する地域を再生するために必要とされている。さらに同じ視点を共有する社会運動が連携することも欠かせない。このような「公共セクター」と「協同組合セクター」、「社会運動」の三つの緊密な提携関係を構築することが、新自由主義政策に対抗できる有力な布陣だと思われる。

第7章　福祉国家戦略と「労働政治」の展開

一　労働運動と福祉国家

1　階層社会における福祉国家戦略

さて、先に格差社会の安定性を指摘し、その安定性を、企業社会における「企業依存の生活構造」と表現した。これまで日本では企業社会が、福祉国家における生活保障面の代替機能を果たしていた。階層社会の到来の深刻さとは、「企業依存の生活構造」が解体されたのみならず、その解体と新自由主義社会の到来とが接続しているところにある。例えば、ワーキングプアの増加の深刻さは、たんなる貧困層の拡大ではなく、国家が低所得者に手をさしのべなければならなくなった時に、手を出さないどころか、社会保障改革や自治体改革などにみられるように援助から撤退しているところにある。

ヨーロッパにおける福祉国家では低所得者に対する何らかの援助が制度的に存在する。生活保護制度も最低賃金制度も住宅政策もはるかに日本の水準よりも高い。

労働社会における二極化とは、すでにみたように一極はわずかながらの中核的正社員であり、他の一極は、周辺的正社員と非正社員であった。この膨大な低所得労働者が、企業に生活を依存することもできず、さりとて国家による生活の支えもなく、路頭に放り出されてしまったようなものである。いわば、企業によってはしごを外され、路上に落ちた低所得労働者が、今度は、新自由主義改革によって沼地に突き落とされる、そんな光景である。このように企業社会の解体と新自由主義改革との同時進行が二〇〇〇年以降、日本に膨大な貧困層を生みだしている原因なのである。

そうであるならば、日本の労働運動は、これまでのような日本型雇用と年功賃金を前提にした賃金・雇用の運動から完全に脱却し、国家に対する長期的な福祉国家戦略と中期的な雇用・賃金政策、短期的な施策という明確な展望をもった運動が必要とされる。

雇用保障の面では、周辺的正社員と非正社員は、終身雇用制はおろか長期勤続すら保障されてはいないが、今後、政策的には、終身雇用でもなく、有期雇用でもない、第三の道を模索すべきだろう。ヨーロッパ型の国家に規制された横断的労働市場とそれを支える労働政策を構想すべきである。すなわち新自由主義の潮流が、正社員か、そうでなければ非正社員かという意図的な選択、ワナを仕掛けてきている時に、第三の道を明確に主張できるかどうか、これが階層社会における福祉国家をめぐる論戦の軸になるだろう。

日本の終身雇用制はたんなる長期勤続制ではない。年功賃金のもとで転職すると不利になる処遇制度のもとで、特定企業に定年まで雇用されつづける制度である。したがって、企業を移っても不利益にならないような賃金制度や、また職業を変えるための職業訓練の施策も、労働市場政策として重要になってくるだろう。横断的労働市場は、職業紹介・職業訓練・失業保険・社会保障の諸制度の充実によって整備することができるが、そのためには、国の学校制度や職業技術教育、職業訓練制度、公共職業紹介制度などの抜本的な改革が必要になる。

とくに重要なことは、ヨーロッパの場合は、企業外技能養成システムで技能を養成してきたが、日本は戦後一貫して企業内技能養成制度によって従業員の技能養成を行ってきたということである。現在、企業は、企業内で地道に技能を養成させる余裕もなくなり、「即戦力」に頼っている。また、膨大な非正規雇用の若者にはスキルを身につけさせる仕組みもない。このままますすめば日本は「無技能国家」になるだろう。

さらに日本型雇用の柱の一つである新規学卒者の定期一括採用方式は、「三月卒業・四月入社」を一般的な入職ルートとしていた。だから、公的職業紹介制度（ハローワーク）は学卒者には縁遠いものであり、学校がその機能を代替していたのであった。日本型雇用を否定するのであれば、ハローワークの民営化などは論外で、無料の公共職業紹介制度のいっそうの充実が必要とされているのである。

これらのためには、これまでの雇用政策の基本であった中高年雇用確保や企業内訓練などでみられるような企業への助成金制度という手法を転換することが必要である。企業や個人への助成金ではなく、日本型雇用の崩壊に対応して、新しいシステムを構築するという視点から、制度設計に対して財政の大幅投入が不可欠である。

年功賃金の解体・縮減に対しては、すでに述べたように、国による最低賃金制を抜本的に改善し、さらに産業別労働協約体制の実現によって、最低賃金の上に設定されるべき職種別賃金の向上を長期的な目標にすべきだろう。とくに最低賃金制の機能は、これまでの年功賃金の最下層であった中小零細企業の若年層の賃金規制から、膨大な非正社員の時間賃金の規制へと機能が転換してきた。最低賃金制の拡充は、ワーキングプアの増大や若者の貧困化が進むなかで緊急の課題になっている。

後藤道夫は「フルタイム就労の単身労働者が社会保障と直接税を払い、勤労に必要な経費を確保したうえで、生活保護なみの生活が可能になる収入水準を『最低賃金制』は確保すべき」だとしている（「格差拡大をやめさせ貧困をなくすために」）。「生活保護制度での2級地—1」（地方都市）では二三〇万円程度、「年二〇〇〇時間という多めの労働時間を想定しても、最低時間賃金は一一五〇円以上」と提案している。

さらに膨大な低所得労働者の出現は、企業によって与えられていた家族手当を国による児童手当に、住宅手当を国の住宅政策の充実に、企業年金を国の年金制度の充実に、などのように、企業から国家への転換の必要性が大きな世論になりうることを示している。

この賃金の面でも新自由主義潮流が仕掛ける「年功賃金か、そうでなければパート型賃金か」という落とし穴にはまることなく、職種別賃金と最低賃金制という第三の道を提示すべきだろう。

2　労働組合の発展と福祉国家の形成

階層社会の出現のなかで今、企業中心社会の生活構造から福祉国家のもとにおける生活構造へと転換をはかることが急がれる。そこで、そもそも福祉国家と労働運動とはどのような関連なのか。福祉国家の起源にさかのぼって検討することにしよう。

福祉国家（Welfare State）という用語は、ナチスドイツの戦争国家（Warfare State）に対抗して、第二次大戦中のイギリスで広まったものだが、本格的に福祉国家が実現したのは、第二次大戦以降のことである。福祉国家については、社会政策・社会保障の制度面への注目や、社会主義諸国の誕生に対抗するための資本主義の改良政策との指摘などがなされてきたが、そもそも労働運動の発展と福祉国家の実現という関係に注意が向けられなければならない。国政選挙における有権者の政策選択によって福祉国家が実現すると安易に考えてならない。労働運動の発展によって福祉国家を実現させる道が切り開かれた以下のような過程があった。

「社会政策の一八八〇年代から一九一〇年代までの約三〇年間における集中的前進こそは、全体としてそのままイギリス『福祉国家』の基礎づくりとなった、と解するのが、欧米社会経済史・労働史たちのむしろすでに伝統的となった認識といってよい」（木村正身「福祉国家の起源と社会政策」）という形成時期の指摘は、労働運動と福祉国家の関係を考える上で重要である。この時期の三〇年間、とくに一九〇六年から一一年までの時期はリベラル・リフォーム「自由＝社会改良の時代」といわれ、社会改良政策のめざましい前進がみられた。制度の水準は現在とはもちろん違うが、医療保険と失業保険を内容とする国民保険法をはじめ、老齢年金制度、最低賃金制度、職業紹介制度、労働災害補償法、炭坑八時間法などがこの時期に成立・確立した。

まず、労働組合の機能と国家の政策との関係をみなければならない。イギリスではこの三〇年間に労働組合機能の質的な転換がなされた。すでにみたように、熟練労働者の職業別労働組合から全階層の労働組合への成長だった。このなかで労働組合の機能の変化が迫られた。職業別組合は、徒弟制度にもとづいた労働力の供給制限や、共済制度によって労働条件を向上させていた。ここで重要なことは、職業別労働組合は、内部的な結束の力と相互扶助・共済といういわば「自助の精神」にもとづく組合機能であったことである。しかし、労働組合が全階層の労働者を組織基盤にしたことは、このような「自助の精神」に依拠することができなくなったことを意味した。

労働運動の担い手が変わり、労働組合が改革されることが、福祉国家の実現をめざす運動の前提でもあったのである。福祉国家が労働運動の戦略的課題となるには、「自助の精神」から脱却し、国家の社会制度によって生活を向上させるという運動が自覚されなければならなかった。『自助』の運動から社会改良の運動に転換」(栗田『労働組合論』五三頁)したことこそが、福祉国家の基礎づくりの条件をつくったのである。結論的にいうと、「全階層」をふくむ巨大な労働組合が誕生し、政府にたいする制度闘争を展開できるようになったことが、労働組合論から福祉国家をみる場合のポイントである。この「階層」と「組合機能」、「福祉国家」の三つの関係は日本で労働組合の改編と福祉国家を検討するときも重要な視点となる。

第二に注目したいのは労働者階級の政治参加についてである。イギリスでは一八八四年の第三次選挙法改正によって、労働者階級の選挙人が増加し、有権者のなかで労働者階級が過半数を超えた。また、一九〇六年にイギリス労働党がつくられた。つまり、労働者階級の数が増大し、彼らが選挙権を有するようになった。同時に労働者は巨大な労働組合に結集し、その労働組合を基盤にする労働者政党を生みだした。

議会制民主主義を前提にして、労働者階級が「選挙権」と「政党」を持ち、政権にまで到達しうる可能性が生まれ、この条件を武器にして、国の政治をより福祉国家的な方向に前進させていくことができるようになった。このことが福祉国家を実現する政治的な前提条件といえるだろう。

第三にみておかなければならないのは、福祉国家を実現させた政策理念についてである。イギリスにおける社会改革は、「リベラル・リフォーム」といわれたように、労働党ではなく、自由党の手によってなされた。その時期の自由党の改革の政策理念は、新自由主義（New Liberalism）だったのである。今日の新自由主義とは言葉は同じでも中身は全く逆であった。

そもそも経済的な意味での自由主義は、国家の強制からの自由をめざした。つまり、国家から封建的な特権を与えられた者だけに営業活動を許されていたが、自由主義はこれを排し、営業の自由を主張する政策理念だった。産業革命をへて社会問題が激化し、労働運動が発展する。これにたいして自由主義は、国家の干渉を嫌って自由放任政策をとり、社会政策には消極的だった。これでは社会不安や労働運動の高揚に国家は有効に対処できない。そこで、自由主義のなかから、自由放任主義ではなく、自由の実現のために国家の果たすべき積極的な役割を主張する潮流が生まれた。これが新自由主義なのであった。

この「新自由主義」がリベラル・リフォームに「結実することによってイギリス福祉国家の礎石を創出した」（岡田与好『経済的自由主義』二六〇頁）のである。やがて、「新」自由主義が当然のこととなり、「新」がはずれて自由主義になった。現在の新自由主義は、否定の否定、一九世紀型の国家介入なき古い自由主義といえる。このように福祉国家は、社会主義のみならず、国家介入を前提にした自由主義にも受け入れられ、支えられているのである。

このような過程から、労働運動が基盤とする労働者類型と組合機能との関連で福祉国家が理解されなければならない。さらに、これは、閉鎖的な職業別労働組合が「自助の精神」にもとづく運動の限界に突き当たり、組織形態の転換と機能の発展を模索したように、今日の日本の労働組合が「企業内的機能」にもとづく運動の限界に突き当たり、どのような道を模索するのか、という問題でもある。国も歴史段階も大きく異なるが、このアナロジー（類似）こそが重要である。

二　日本における福祉国家戦略と「労働政治」のあり方

◆政策制度闘争要求と「労働政治」

それでは日本の労働組合は、国民春闘まで高揚し、それから停滞した政策制度闘争を再び取り組みなおせば、その発展の先に福祉国家が見えてくるのだろうか。しかし、そのためには政策制度闘争の正確な理解が必要である。

政策制度の運動は、労働運動の世界では当然視されているが、理解されなければならない二つの点がある。一つは今日でも労働組合運動によくあることだが、政治闘争と経済闘争という二つの分け方にもとづいて、この政策制度分野を政治闘争と表現してしまう不正確さである。そこでは、社会政策・社会保障も、戦争に反対する課題や国の安全保障など外交の問題も、国政の選挙運動も、同じ政治闘争として括られる。確かに、対政府の課題という点では同じであるが、労働組合においては、労働と生活の固有の領域にもとづく社会政策・社会保障分野と、一般的な国民的政治課題とは峻別されなければならない。前者は労働組合の先に述べた「法律制定」という本来的な課題であり、後者は個々人の政治的見解・信条にしたがって取り組むべき政治運動である。もし仮に、労働組合が取り組むとしても、あくまでも副次的であり、一般組合員の政治意識の水準にもとづく合意が形成されていることが前提になければならない。

ここに来ると、労働組合の目的と方法が日本では不確かなまま今日に至っていることが理解されるだろう。この「法律制定」の方法の正確な理解に欠けていたことが、戦後労働運動における国民的政治課題への偏りと政策制度の課題の軽視につながったものと思われる。

あと一つ理解されなければならないことは、政策制度の個別課題を実現させる運動と、トータルな国の政治を転換させる政党運動・政治運動とは次元が異なるということである。政策制度の具体的な課題を実現させるためには、労働組合は院外活動などを活発化させ、労働と生活に関わる政策・制度を、国の政治の争点にし、議会・行政に圧力をかける。そして、労働組合は、労働者に有益な政策を推進したすべての議員や政党を、党派を超えて明確にする。逆にまた、労働者の不利益になるような政策を推進した議員と政党も名指しして、組合員をはじめ社会的に周知させる。

労働組合は、多くの組合員が労働者に有利な行動をとった議員に投票するであろうことを期待する。また議員や政党は、そのような労働者の投票行動に期待を寄せる。これが「労働政治」である。ここまでが労働組合が政治の世界と接触し、なすべき行動ということになる。

労働組合が特定の政党と恒常的な支持関係をつくったり、組合員に特定政党支持を義務づけることは、組合員の政治信条を侵害することになるのは当然だが、そもそも労働組合の本来的な運動である政策制度運動の発展そのものを阻害することになるということが理解されなければならない。

◆労働組合と政党

さて、このように労働政治のメカニズムを最大限に活用することが、福祉国家への道では不可欠なことであるが、日本では政党と労働組合の双方が労働政治を理解していないように思われる。それは、第Ⅲ部で、具体的に検討するように、戦後労働運動のなかで労働組合と政党との不明瞭な関係が一貫して続いてきたことによる。戦後直後における共産党と産別会議におけるフラクションをつうじた指導・被指導の関係、さらには、一九五〇年代に形成された総評＝社会党ブロックにおける特定政党義務づけの癒着関係などによって日本の労働組合運動は政治主義的偏向を一貫してもっていた。

それではなぜ、そのような傾向が生まれたのだろうか。それは政党と労働組合とを市民社会と国家という枠組みで捉えることができず、国家が全てであり、国家のあり方を転換する、すなわち体制変革こそが最優先されるべきだという時代の観念を引きずってきたからだと思われる。

国家と市民社会の枠組みのなかで、労働組合と政党の問題をどのように考えなければならないだろうか。政党は市民社会から生まれた。国家がつくった官製の政党組織でないかぎり、政治を変えるために市民が一人ひとり集まってつくった結社である。市民社会における私的な政治組織である。しかし同時に、政党は、選挙で選ばれて国家機構の中に入っていくという点で、またつねに国家の改編を目標にしているという点で、国家機構の中に片足を入れた組織だともいえる。政党は市民社会と国家の両方にまたがる組織である。

しかし労働組合は市民社会の領域におさまっている組織である。旧社会主義国における労働組合は、国家機構と一体となった共産党を通じるかたちで、国家にからめ取られていた。しかし労資の自治的な団体である限り、労働組合は市民社会における私的領域に存在する組織である。政党と労働組合との関係をこの原理的な把握からとらえ返す必要があろう。

両者とも明朗な関係が求められる。政党は、労働組合との特定の関係ではなく、正面玄関から入って、テーブルをはさんで政策についての自由な議論をすべきだろう。また労働組合も超党派に立った対応を行い、労働政治の前進をはかるために政党に積極的な働きかけをするべきだろう。また、労働組合は、組合内部での自由な政治活動を認め、政党は公然と政治課題について主張すべきだろう。

◆政治主義的偏向の弊害

さて、労働組合と政党との癒着関係はどのような弊害を労働組合にもたらすのだろうか。まず第一に、政党と労働組合との混同は、国家の改変をめざす政党戦略や政治運動に労働組合運動が組み込まれてしまうことになる、ということである。労働組合は、本来のユニオニズムにもとづく運動ではなく、つねに時々の政治運動を過大に担わなければならなくなる。そうなると、労働組合のリソース（資源）もそこにつぎ込むことになる。戦後労働運動には、労働組合のリソース、すなわち財源、人材、そして会議の時間、行動のエネルギー、それらを未組織労働者の組織化や争議の支援や産業別統一闘争にではなく、毎回毎回の政治課題に投入してきた、そのような負の歴史がある。

政治運動というものは、労働組合などのさまざまな団体が集まって、その団体ごとに動員が割り当てられるというやり方ではなく、政治的自覚にもとづいた個人単位の政治結社とそのメンバーによって担われるべきであった。ヨーロッパやアメリカはそのようなやり方で運動を展開している。

第二に、政党と労働組合との関係を整理しないと、それぞれの役割が理解されず、国家の変革をめざす政党が労働組合よりもはるかに高く位置付けられ、労働社会における労働組合の役割が軽視されるということである。国家の改変を役割とする政党の側から、労働組合にたいして「労働組合主義」という冷笑的な態度がなされてきた。戦後労働運動のなかで、あたかも政治を変えれば、労働者の生活がすべて改善するかのような幻想が与えられてきたことは確かなことである。「法律と役人と警察がいて労働者の利益が守れるならば、この世に労働組合は要らない。ゆがんだ日本の労働市場を正常化する力は、統一した労働者大衆の力以外にはない」（佐藤一晴「音楽家ユニオンの供給事業」）。けだし名言といえよう。

そもそも、労働社会のなかでヨーロッパのようなユニオニズムをつくってこなかったことが、企業社会形成の主体の側の問題点だったのである。そのことを今、階層社会の到来のなかで深刻に考えるべきだろう。市民社会で抑え込まれたものは市民社会で決着をつける以外にない。どんなにそれが困難であろうとも、政治への「近道」に入り込むことは、けもの道、迷い道にはまり込むことになるのである。

第三は、これが根本的なことであるが、政党と労働組合とを混同することは、「労働者の統一」にとって決定的な阻害要因になるということである。一九五〇年代の半ば、イタリアの組合指導者だったG・ヴィットリオは、「赤色労働組合主義」の克服の必要性とともに、「労働組合は、一定の産業の勤労者の大多数を代表していなければ」ならないとして、「労働者の統一」を強調した。何故、「労働者の統一」が大切なのかが重要である。そのことについて「労働組合の本源的任務」「すなわち勤労者のあいだの競争を排除するという任務をはたす条件である」からだと述べている（『労働者の統一』一三六〜一三七頁）。

つまりヴィットリオがいわんとしていることは、労働者間競争を規制して、企業を超えた産業レベルの労働条件を確立することために統一の思想が必要なのだということである。具体的に、ヴィットリオは「政党的あるいは宗教的な労働組合ではなく、勤労者の政治的見解とかイデオロギーとか宗教的信仰とかにかかわりなく関係産業のすべての勤労者がその内部に自由に共存できることを可能にするような労働組合」でなければならない。そのために「いかなる流派も客観的にはその隊伍のうちで居心地の悪さを感じさせないようにするための必要な措置をとること」ができなければならないし、「したがって、労働組合は《非政党的》でなければならない」（一四六頁）ことを強調した。

今日の日本の場合でも、階層社会のなかで産業別労働条件規制と労働組合の福祉国家戦略にとって「労働者の統一」が不可欠になっている。例えば「勤労者の政治的見解」に関連すると、労働組合にとって今日重要なのは団結権・団体交渉権・争議権を明確に保障している憲法二八条と、生存権を保障する二五条である。あえて言えば憲法九条の改正問題ではない。九条改正問題が日本の将来にとっていかに大切であっても、それは労働組合一般の直接の課題ではなく、構成員一人ひとりが市民としてアプローチすべきテーマである。派遣や請負の過酷な労働現場で働いている若者たちのあいだでは憲法九条を守ることは当然のことになってはいない。下層の若者たちのなかには右翼少年だった者、そして今も靖国派の者もいる。彼らを排除した上で「労働者の統一」が実現すると考えるわけにはいかない。

労働組合は、内部におけるそれぞれの「政治見解」にもとづく政治活動を保障することが重要なのであり、労働組合が一定の「政治見解」のもとで、他の見解の者たちの「居心地の悪さ」を感じさせることは「労働者の統一」を阻害することになる。政治主義的偏向を長らく続けてきた日本の労働組合にとって「労働組合の本源的任務」から「労働者の統一」を深く考えなければならないように思われる。

◆福祉国家戦略の担い手の登場

さて、以上のように「労働者の統一」を理解し、労働政治のメカニズムを有効に作動させるならば、福祉国家戦略の膨大な推進勢力が登場してきているなかで、実現に向けて大きく道が開かれる可能性が大きい。確かに、日本における福祉国家戦略は、企業主義的統合のもとで困難であった。戦略を推進すべき労働運動は、「年功賃金と企業福祉」を標準とする労働者を基盤にしていたからである。しかし、民間大企業の労働者は、「労働者類型としては一つの類型でしかない」。それ以外の類型は、「濃淡はあるとしても『年功賃金と企業福祉』を標準にしていない、したがって、生活保障のチャンネルとしてより国家の方向に目を向けざるをえない」のである。「『年功賃金と企業福祉』からもっとも離れた労働者たちが、労働組合運動の舞台で主役を演じるようになるとき、日本における福祉国家『戦略』は実ったということができる」（木下『企業社会の克服と労働運動』四四〜四六頁）。

これは一九九四年の指摘であるが、労働運動の課題が企業社会の克服から階層社会への挑戦という方向に移行したことによって現実味をもってきたといえるだろう。第Ⅰ部で検討してきたように、日本の労働社会は激変してしまった。上層と下層の分断のくさびは、中核的正社員とそれ以外の階層との間に打ち込まれている。中核的正社員は成果主義人事制度によって業績をあげて、所得を増やしていくことができるだろうが、周辺的正社員は、定期昇給はおろか賃金下落にさらされている。非正社員のなかでも生活自立型非正社員は、福祉国家的な施策が緊急になされるか否かが、死活問題になっている。

下層労働者は各類型によって微妙に利害も異なるが、「年功賃金と企業福祉」を標準としない労働者という均質性を十分にもっている。下層労働者の激増は、膨大な数の「貧者の一票」を生み出していることを意味する。これに政治勢力がどのように対応するのか。労働政治のあり方が重要で切実なテーマになってきている。

三　時代転換期における社会労働運動の再生

1　政治潮流の鼎立と市民意識

◆新自由主義派・保守派・福祉国家派

労働政治のメカニズムがどのように威力を発揮する可能性があるのか、その視点から今日の政治状況について検討することにしよう。客観的には大まかにいって三つの政治潮流と市民意識が生まれつつあるように思われる。二〇〇五年の総選挙は確固たる新自由主義的政治潮流の台頭という点で、また客観的には三つの政治潮流の形成という点で注目すべき選挙であった。

まず、第一の潮流が明確になったという点である。政党の枠組みではなく、新自由主義構造改革の徹底的推進派、曖昧さを払拭した新自由主義の純血種である。しかし、ここにきて、第二の潮流が先行きは定かではないが、形成されかかってきているように思われる。ダーティーな鳩も、靖国派議員も、新自由主義派議員も、土建国家的体質の議員もいる。星雲状態の第二の潮流が、競争主義によって零落する地元住民の利益を考え、また「鳩」的体質をもつ「リベラル保守」として、そのポールを立ち上げられるか、確かではないが、恐らくそれは第三の潮流の成長にかかっているだろう。

第三の潮流は、これまでの土建国家（開発主義国家）でもなく、これからの「国民的競争国家」（新自由主義国家）でもなく、「新しい福祉国家」をめざす潮流である。これから日本で、客観的には「この国のゆくえ」を問う三択の選挙が続くだろう。

膨大な「貧者の一票」は、一部は「第一の潮流」である新自由主義勢力に向かいつつも、なお無党派層として浮動している。問題は「第三の潮流」である。この潮流もまた定かではない。政治勢力としてきわめて少数であり、しかもまだ新福祉国家戦略を明確に掲げてはいない。労働政治の場で、この未定の政治潮流が、そしてまた、これから登場するであろう「新しい労働運動」の政策提起を受けとめることができるだろうか。この未来の不確かな動向が、日本の政治のこれからにとって重要になっていくものと思われる。

ところで、新自由主義改革の進展と同じ過程で、それと対抗すべき戦後革新が後退したのは、戦後における開発主義国家体制を明確に否定し、新しいビジョンを提起しえなかったからだろう。保守政党が推し進めてきた開発主義国家体制を「ぶっつぶす」という革新性を、新自由主義勢力が獲得してしまったのである。

開発主義国家体制とは、国家レベルでは開発主義的な利益政治の推進であり、労働社会のレベルでは企業主義的統合であった。このうちの企業主義的統合についてどのような対応をすべきだったのか。統合の基盤であった企業依存の生活構造が解体されつつあるなかで、今更のことであるが、日本型雇用と年功賃金という日本型モデルに対する理解と評価は、新自由主義に対抗する戦略を構想するうえで決定的に重要である。対抗ビジョンを打ち出すための最初の関門といっても過言ではない。それは、政治レベルの「福祉国家モデル」と、「労働社会モデル」との整合性の問題であるからである。両者は一致していなければならない。

日本の各政党が、日本型雇用と年功賃金という日本的システムを転換させる明確の方向性を示すことができていない。それは、終身雇用制か有期雇用か、年功賃金かパート型賃金かという新自由主義のワナでもあるジレンマにはまっているからである。すでにふれたように、一刻も早く、「第三の道」を選択し、新自由主義に対抗する戦略を打ち出すべきだろう。

◆受動的市民

「第三の潮流」が少数派であるのは、その潮流の戦略・政策・組織にそれぞれ問題があるとしても、ここでは、潮流の支持につながる戦後の市民意識について検討しておきたい。すなわち市民社会における連帯感が喪失していることについてである。日本人の社会連帯意識は戦後一貫して低下しているとみてよいだろう。社会連帯の象徴であるストライキも、民間大企業では一九六〇年の三池争議以来、半世紀近く日本では起こっていない。国民規模のストライキも一九七五年のスト権ストの敗北以降みることはできなくなった。この国の若者たちは、生まれた時からストライキの光景をみたことがないのである。欧米の労働者からするならば、異様な事態だろう。

ここで取り上げたいのは、たんなる市民意識ではなく、日本では、「社会連帯」喪失型統合システムとでもいえるようなものが、一貫して作動し続けてきたのではないだろうか、ということである。これまでの日本を、企業社会的統合と開発主義国家の二つで捉える見方は広がりつつあるように思われるが、それを社会意識の面から考えたい。

企業主義的統合からみると、例えば、年功賃金の定期昇給制度は従業員一人ひとりは、賃金運動によらずとも毎年、自分の賃金が自動的に上がっていくというシステムだった。春闘は、連帯しているかのようにみえたが、各社の賃上げのアップ率をそろえたにすぎない。企業社会における労働者は、従業員集団という枠組みのなかで、企業秩序を受容する限りにおいて、毎年、生活は自動的に良くなっていった。それは自立的な労働者を、受動的な従業員として馴化するメカニズムでもあった。もし連帯感があったとしても、それは企業ごとに切断された連帯でしかなかった。

古い話であるが、日産自動車追浜工場では、一九八一年から八二年にかけて、労使協調にくみしない少数派に対して「大の大人がたんやつばを相手の顔にひっかけ、刃物で背後から衣服を切り、希硫酸や有機溶剤をかける。よってたかってなぐりつけ肋骨を折り、血尿が出るまで〝キンケリ〟をやってのける」(青木『日本式経営の現場』八八頁)という集団リンチが続いた。これに参加した加害者は、職場の一般従業員、同僚だった。「企業依存の生活構造」を基盤にした企業共同体的な意識による積極的関与であろう。

また、地域社会でも、利益政治による地域統合のもとで、住民は保守的な集団的秩序のもとに包摂されていた。公共事業を軸にした政官業の癒着構造のもとで、自らの投票行動をバーターにして「仕事と雇用が上から降ってくる」というパターンで、一定の利益を得ていたのである。その集団的枠組みから出ることは、住民にとって不安であり、また危険でもあった。

例えば、鹿児島県・徳之島の伊仙町の町長選挙で、一九九一年、住民約一〇〇〇人が選挙に不正があったとして開票所の町役場に殺到し、投石する事件があった。これは町長に誰がなるかによって公共工事の業者への配分がまったく違ってしまうからであった。この集団的な利益に住民は群がったのである。

ここで用いた「受動的」という言葉は、個人の意思にもとづく自発的な運動によらずに集団に依存すれば利益が自動的に供与されるという意味であり、主体的な関わりが消極的であることを示すものではない。むしろ、その集団に身を投ずる積極性すらみられた。日本の社会統合は、このような実利的でファナティック（熱狂的）な集団主義による「自発性」の組織化でもあった。市民による自発的な権力性の発動を伴いながら、他者を抑圧し、そのことによって、社会的統合にみずから身をゆだねたのである。

◆新自由主義市民とナショナリズム

しかしながら、グローバリゼーションの進展と国内における新自由主義戦略は、そのような市民を生みだす制度と器の解体を必然化することになる。それならば、その過程は、新自由主義に対抗する社会連帯の創造をうながすのだろうか。これが重要なテーマになってくる。

受動的市民は、実利的な集団に協調することによって利益を得ていたのであって、社会的連帯とは無縁な存在であった。それ故に、直ちには新しい社会連帯の主体にはなり得ない。むしろ、最近の自己責任論の噴出は、社会連帯意識の欠如の極点であり、受動的市民から、新自由主義的な言説を受け入れる「新自由主義市民」への転身が急速に進展しているように思われる。とくに労働社会における受動的市民から新自由主義市民への転身は、これまで企業間競争で勝ち抜くことを疑問視することなく、また、従業員のなかでの業績競争に組み込まれていた日本のサラリーマンの世界で最も起こりうる変化でもあるだろう。

社会的サービスに関していえば、金持ちや貧困層用のいくつかの選択肢が用意され、そのなかで選ぶ資力・能力のある「強い個人」が「自己選択」をして、「自己負担」をして、その結果については「自己責任」とする。そして、たまたま大きな打撃を受けた人には、「自助努力」を前提にして「セイフティー・ネット」を用意する。

新自由主義市民とは、このような言説を積極的に肯定する、ないしは屈服する者たちのことである。ほんの一部の事例であるが、例えば、暴力団の組員が生活保護をもらっているとか、外車に乗っている者が学校の給食費を払っていないとか、そのようなさまつなことから短絡的に制度の改悪を受容してしまう人々などである。考えてみれば、受動的市民と新自由主義市民とは、社会連帯意識の欠如という点では、地続きだったのである。

さらに、今日の偏狭なナショナリズムの傾向についても、社会連帯の喪失のまま社会解体が進行するなかで生じている面がある。社会解体の軋みの中でにじみ出る液層のようなものである。新自由主義改革によって「強い個人」以外は零落していく。これまで、年功賃金で豊かになる従業員集団や、公共事業に群がる地域団体は、利己性や倫理性に問題があったとしてもそれはそれなりに強い結合力をもっていた。その結合力が弛緩し、「個別化」された個人が、社会に浮遊し始める。連帯を信ぜず未来を見ることができない者たちは、強者が弱者を打ち据え、弱者が弱者を小突く光景を傍観しながら、やがてナショナリズムの水路へと流れていくのかもしれない。社会労働運動の側は、社会連帯の再設計という視点からも、新自由主義市民やナショナリズムの問題をとらえる必要があるだろう。

2　グローバル企業の利益と国益との対立

◆グローバル企業への転身と企業益

さて、受動的市民から新自由主義市民へ横滑りする道も存在し、多くの市民がその方向にむかうかもしれない。しかしながら、そうはいってもいられない状況が生み出されていることも確かなことである。今日、その焦点になってきているのが、日本のグローバル企業の利益や「国民的競争国家」の施策が、国民の利益に真っ向から対立してきているということである。

『売国奴！』三月に自民党本部で開かれた党の農業基本政策小委員会。議員の一人が発したこの一言に会場は静まりかえった」(『朝日新聞』二〇〇一年七月八日)。日本の商社は、中国に合弁会社をつくり、そこに種や苗、そして化学肥料や農薬を輸出し利益を得る。そして栽培した農産物を日本に輸入して利益を得る。日本と全く同じ農産物や製品をつくるこのやり方を「開発輸入」という。この議員は「開発輸入は愛国心に欠ける」という思いで一喝したのである。一方、日本農業がどのようになろうとも、グローバル企業化した日本の商社の利益からすれば、知ったことではない、ということなのである。

また、出生率の数字を発表するさい、これは「民族の滅亡」であると発言した厚生労働省大臣がいた。過労死するような過酷な労働が放置され、さらに非正社員の若者の増加によって少子化がいっそう加速され、労働力の再生産すらおぼつかなくなっている。それが「民族の滅亡」につながろうとも、「国民的競争国家」づくりに邁進する新自由主義政府にとっては知ったことではない。さらに膨大な男性非正社員の出現は、この国で若者に対する技能の習得がなされていないことを意味する。日本が「無技能国家」になろうとも目先の企業のコストが削減されればそれで良しとされるのである。

さて、このような企業体質は、日本企業のグローバル化から生まれている。国民経済の枠のなかで、少なくとも輸出主導経済の段階までは、日本の国内に工場をつくり営業所をつくっていた。国民経済の次元では、日本という境界線のなかで生産し、消費し、雇用するという経済活動がなされていた。利益を求めて投資するとしてもそれは北海道と九州・沖縄の範囲に収まっていた。しかし、グローバル企業となった日本企業は、もはや経済活動の対象は日本ではない。グローバルな自由市場経済のもとで企業利益が得られたら、その投資先は日本とは限らない。グローバル経済のもとで企業競争を勝ち抜くためには、企業益となる国・地域に投資し、企業展開する。利益は日本国内に還元される保障はまったくないのである。

さらに、そもそも、企業名からすると日本の企業のようであるが、すでに実態は、日本籍ではないグローバル企業への変身が急速にすすんでいる。外国人持ち株比率の割合をいくつか紹介しよう（二〇〇六年）。東京スター銀行八〇・九％、中外製薬七〇・二％、日産自動車六九・三％、オリックス六三・〇％、西友六〇・三％、ソニー四九・三％、キャノン四六・九％、住友重機四一・一％など、ほんの一部の例であるが、すでに日本企業とは言い難い状況が生まれている。このようなグローバル企業は、外国人株主の配当を高めることを至上命題としているのであり、そのために日本が提供する「立地条件」を徹底的に利用はするが、利益は国内にもたらさない。日本の「国益」は知ったことではないのである。

オリックス会長の宮内義彦は「日本の企業経営でいま求められているのは、一言でいえば『アメリカにむかって走れ』ということ」だという。「アメリカに向かって」とは、経営の「効率が高く」、「分配の平等性が低」い、アメリカ的経営を指向するものであり、それが「何よりも株主にとって、最も快適な経営手法」だとみているからである（『経営論』ⅰ〜ⅳ頁）

だから、「ゼネラル・モーターズにとって好都合なものであっても、アメリカ合衆国にとって必ずしも好都合であるとは限らない」（ヒルシュ『国民的競争国家』一一四頁）と同じように、日産やオリックス、ソニー、キャノンなどの日本のグローバル企業にとって利益であるものが、日本の国益とは限らない。

この日本企業のグローバル企業への転身と、内外のグローバル企業の利益のための「国民的競争国家」づくり、この二つがこれからの日本の政治に大きく関わっていくことになるに違いない。だからこそ、いずれ多くの市民は、グローバル企業に追随するナショナリスト気取りの政治家が、必然的に有している「売国奴」的体質に目を向けることになるだろう。ここに大きな対立点が生じることになる。

◆地域の荒廃

さて、つぎは地域の荒廃と再生についてである。地方自治体の三位一体の改革（補助金削減、地方交付税の見直し、税財源・運営権の移譲）が急速に進行し、「地方分権化」の名のもとに、地方公共サービスの削減がすすんでいる。地方自治体は今や新自由主義構造改革の尖兵になりつつある。

医療・教育・社会福祉などの構造改革の執行を都道府県にゆだねるとしながら、実は国家の地方自治体への介入が強化されている。すなわち、政府が、社会保障・社会福祉などの行財政改革のガイドラインを設定し、都道府県に「自主的な」地方計画を立てさせ、そして、国がその執行を点検し強制する、という体制である。地方自治体は、政府の掲げる数値目標の実行を強いられながら、みずから福祉公共サービスの削減の担い手に仕立て上げられているのである。

地域の荒廃は以前からも進行していたが、しかし、労働市場の構造変化が二〇〇〇年以降から劇的に深まったことと時期を同じくして、ごく最近、地域の衰退がドラスティックにすすんでいる。「三位一体改革」第一期（二〇〇三年度から〇六年度）の結果が示した地方自治体にとっての財政状況は、地方への税源移譲が三兆円、国庫補助負担金の削減が四・四兆円、地方交付税が三・四兆円の削減であった。地方財政が急速に悪化し、住民サービスの低下はもちろん、財政的に存続が危ぶまれる地域が全国で広がっている。そこにきて夕張市の財政破綻（二〇〇六年）を政府は「みせしめ」として利用し、地方自治体による住民サービスの徹底な削減を求めている。*

＊　最近の「三位一体改革」については、岡田知弘「小泉『構造改革』と地域経済・地方自治」、保母武彦『「平成の大合併」後の地域をどう立て直すか』、保母・河合他『夕張 破綻と再生』などを参照。

さらに、従来の利益誘導政治のもとで展開されていた公共事業投資が削減され、また誘致企業の撤退もあいまって地方の雇用は縮小し、農山村地帯や過疎地帯の衰退とともに、地方都市の地盤沈下はいちじるしい。地方は「田園まさに荒れなんとす」という荒廃の極みとなっている。

◆開発主義保守と新自由主義、地域市民

ところで、日本の戦後の保守勢力は、ヨーロッパ的な本来の保守とは異なる。ヨーロッパの保守主

義は急激な変化を嫌い、地域の伝統的な共同体を大切にしていこうとする価値観をもっている。一方、日本の保守は、企業の誘致と公共事業のために地域の開発を積極的に進め、そのため郷土がどんなに荒れ果てても、利益政治をつうじての選挙基盤の安定のためには、それはいとわない。

企業誘致がままならない地方では、公共事業が地域産業となり、多くの補助金が投入され、例えば、佐渡島では「島の海岸線のおよそ九五%が人工護岸となり、海岸、河川改修が環境問題を生み出している」という(保母武彦『公共事業をどう変えるか』岩波書店、二〇〇一年)。

日本の保守主義者は、地域や共同体をかえりみず、国土の開発を推し進め、破壊してきた。後藤道夫は「開発主義国家を担ってきた『保守派』(=開発主義保守派)は、産業化と資本蓄積の推進のために、自身のよってたつ共同体をも先頭に立って改編し続けた『保守派』である」とし、「田舎や農業を頑固に守る保守派、あるいは古い産業と業界体質にしがみつく保守派のイメージは、日本の開発主義保守派にはそれほどあてはまらない」としている(『戦後思想ヘゲモニーの終焉と新福祉国家構想』三二頁)。

そして地域をかえりみないという点で、戦後の開発主義保守と新自由主義の潮流とは連続の関係にある。戦後の開発主義保守によって荒廃した地域社会は、今度は、グローバル企業の利益のための新自由主義改革よって決定的なダメージが与えられようとしている。

しかし、ここにきて、開発主義保守のままで地域の荒廃をくい止めることはできないことはますます明らかになってきた。労働社会における企業主義的統合が弛緩していることと同じように、地域社会における開発主義保守による統合も機能不全に陥っているのである。そこから、住民による新しい地域再生の動きも起きている。それを象徴的に示すのが、市町村の広域合併を拒否した自治体が参加する「小さくても輝く自治体フォーラム」だろう。毎年二回、フォーラムを開き、「地方が国の財政赤字と共倒れしないための自己防衛策も必要」だとして、「創意工夫」を住民や自治体職員が討論している（保母『「平成の大合併」後の地域をどう立て直すか』六一頁）。また、「総務省のいう『新しい公共空間』論で位置づけられる行政の下請け組織としてのNPOではなく、住民の自治的な組織」（岡田「小泉『構造改革』と地域経済・地方自治」）も生まれてきている。

このような流れは戦後日本における新しい地域運動の可能性をもっている。開発主義保守でもなく、新自由主義でもない、地域市民による自発的な行動の芽生えだろう。姜尚中が『愛国の作法』のなかでいうように「存廃の瀬戸際に立たされている地域社会は、より広域な自治体へと吸収されていく道を選ぶのか、それともより開かれた新しい『郷土』の再建を目指すのか、二者択一の厳しい選択にたたされている」。後者の試みのなかで、「地域社会の新しいコミュニティの再生やアソシエーション（自発的な結社）などの『自治』となって活性化されつつある」（一五六頁）。

さらに姜は、この郷土（パトリ）の再建の意味を「『パトリオティズム』の再生」は「さし当たり、ナショナリズムの『屈折率』を縮小していく方向に向かう可能性」があると捉えている。それは「パトリの再生で国境を『下から』超える」ことができるかもしれないからである（一五七頁）。

ナショナリズムとパトリオティズムとは概念的に異なる意味をもっている。[*]ナショナリズムは、「近代国家」（ネーション）の成立時に、国境線の範囲内に「国民」を創設するためのイデオロギーであり、人工的につくられたものである。パトリオティズムは同国人や自国の風土、文化のなかから歴史的につちかわれた感情である。

＊　パトリオティズムについてはまだ十分な議論がなされていない。とりあえず、姜『愛国の作法』、浜林『ナショナリズムと民主主義』、ヴィローリ『パトリオティズムとナショナリズム』を参照。

ところで、このパトリオティズムとも関連して、この地域の荒廃を促すネオリベラリズム（新自由主義）に対してネオナショナリストの側から、強い嫌悪感が表明されている。「今の政府が推進しているネオリベラリズム（新自由主義）が、郷土を荒廃させながら浸透していることは誰の目にも明らかではないか」。「政府の経済政策によって、企業から地域から家族までことごとく崩壊しているからこそ、人々は砂粒の個人に分解されてしまって、孤独な貧困に喘ぐ階層を生み出してしまっている」（小林よしのり「天籟」）。そして、ナショナリスト・小林よしのりは「故郷（パトリ）なき『美しい国』を愛せますか？」という。

小林の主張は、ネオリベラリズムを批判しつつ、「砂粒の個人」をパトリ（郷土）につなぎとめ、やがてナショナリズムへ向かう道を拓くものと思われる。小林は保守主義派ではなく、反米愛国のナショナリストであるが、しかし、そこにはネオリベラリズムによる郷土の荒廃を憂いつつ、しかし開発主義型保守ではもはや再生できないことを感じつつある保守層の心底と共通するものがあるように思われる。

「第三の潮流」が、開発主義国家の利益政治と新自由主義改革の双方を明確に否定し、新しい福祉国家戦略を打ち出し、また「郷土」に根ざした地域運動が進展するならば、「第二の潮流」のいくらかの勢力と連携が生まれ、「第一の潮流」に向かう流れをくい止めることができるかもしれない。

3　時代転換期における「結社形成的」市民と「新しい労働運動」

受動的市民から新自由主義市民への転身が進みつつも、グローバル企業と「国民的競争国家」によって引きおこされている「階層社会」化と地域の荒廃は、新しい運動主体の登場をもたらすに違いない。そこで、検討しなければならないのは、一九九〇年代半ばぐらいからみられる社会運動におけるまったく新しい傾向である。それは、社会集団と個人の関わりという脈絡のなかで生まれてきている。

一九九五年の阪神淡路大震災の救援に際したボランティア活動が注目されたことは広く知られている。ボランティアは、「社会解体」現象の深まりのなかで新たな連帯のあり方を模索する上で欠かせないテーマになっている。ボランティア活動のなかにみられる、自己や課題に対するアイデンティティー（自己同一性）と、ボランティズム（自由志願）にもとづく参加という行動様式を、社会労働運動が組み込むことは非常に大切であるが、正確な理解が必要とされる。

ボランティア活動が学校で「義務」になるというパラドックスは興味深い。自発的な参加という行動が学校でトレーニングされるのは、大人になってから官製的なボランティアに参加する予行演習ということなのだろう。さらに注目しなければならないのは新自由主義的な社会統合との関わりである。企業社会や開発主義による集団主義的統合が弛緩した後、一元的な価値への拘束から解放された個人が、自由に行動する可能性は広がる。しかし、これを対抗的な社会形成の主体に成長する方向にいかない道筋もまた用意されているとみるべきだろう。

すなわち、中野敏男がいうように「現状とは別様なあり方を求めて行動しようとする諸個人を、抑制するのではなく、むしろそれを『自発性』として承認した上で、その行動の方向を現状の社会システムに適合的なように水路づけるという方策」(『大塚久雄と丸山眞男』二七八頁)であり、ボランティア動員型社会統合といえるだろう。* 新自由主義型社会は、競争社会から逸脱した者への直接的な抑圧政策とともに、このような社会統合を必要としているように思われる。

＊「ボランティア動員型社会統合」は、中野が批判し規定する「ボランティア動員型市民社会論」という用語によっている。

しかし、ボランティアと社会労働運動とが切断されず、ボランティア活動の担い手が社会運動へ参加するという水路もまた開かれているとみなければならない。重要な点は、これまでの企業主義的・開発主義的な社会統合が弛緩し、「個別化」した社会状況を新しい舞台として、ボランティア動員型社会統合と、社会労働運動側の新たな主体形成とが対抗しているという新たな構図を理解することである。

市民社会の舞台の上で新しい社会統合と運動側とが対抗関係にあるという点で、考えるべきは自発的結社である。丸山眞男は自発的結社と開国の関係で日本社会を考察している。グローバリゼーションがもたらす新たな「開国」という歴史のダイナミズムのなかで、主体形成を考えるために参考になるだろう。丸山は、「日本は象徴的にいえば三たび『開国』のチャンスをもった。室町から戦国にかけてがその第一であり、幕末維新がその第二であり、今次の敗戦が第三である」とした(「開国」)。

この開国論を労働組合論と結びつけて考えると以下のようになる。第一の開国期は、ヨーロッパ中世においては領主と民衆との闘争が展開し、都市では領主を追い払い、市民の自治を実現させた自由都市が生まれた。この自立した社会的空間、すなわち中世市民社会のなかで働く者たちが結成したのがギルドである。営業や労働条件について細目を規定した規約を構成員である親方が自律的に守り、職業の権利を守った。すなわち権力に対して自立的な空間が存在したからこそ、みずからの自律的な掟をつくることができたのである。

日本では、この第一の開国期に生まれた堺や博多などの自由都市の萌芽が戦国大名によって圧殺され、その後の幕藩体制のなかでも民衆の自立的な空間は形成されなかった。ヨーロッパ的中世がヨーロッパ的近代を、日本的中世が日本的近代をもたらす、それぞれ異なった土壌となったといえるだろう。労働組合の遠祖といえるギルドは資本主義の確立とともに職業別労働組合に改鋳された。

第二の開国期、「閉じた社会」が崩壊し、「開いた社会」の諸契機が種々の形で自生的に芽を」だし、「自主的結社の発想もまた芽をふきはじめていた」が、第二の開国時、その諸要素を「天皇制国家という一つの閉じた社会の集合的なエネルギーに切りかえて行った」。労働組合は、労働組合の結成を促進するために労働組合期生会（一八九七年）がつくられたが、弾圧によって崩壊し、以後、労働運動の「冬の時代」をむかえた。そして大正デモクラシーのなか一九二一年、川崎・三菱造船所の産業別労働協約を求める運動も結局は弾圧によって挫折した。

「第三の開国」にあたっても丸山は「結社形成的」市民の形成を期待したが、しかし、結局のところ丸山が危惧したように再び「閉ざされた社会」が姿を現してしまった。「閉ざされた社会」とは今日からすると労働社会における企業主義的な従業員集団と地域社会における開発主義的な住民集団ということができる。「結社形成的」市民は浮かび上がらず、台頭してきたのは受動的市民だった。

しかし、再び時代は回転した。グローバリゼーションと新自由主義改革は、冨田宏治がいうように「これまでの『企業社会』という『閉じた社会』の非流動性を打ち壊そうとしており、その意味では、外に対してと同時に内においても『開かれた社会』がもたらされつつあること、すなわち『第四の開国』の時代が始まりつつある」のである（冨田『丸山真男』二三三頁）。

4 労働組合の組織文化の革新

労働運動の再生をはかるとは、この「第四の開国」期においてのことである。「閉ざされた社会」の解体とともに台頭してきている、自発的な意志による自主的な行動の大きなうねりを、労働運動側が受けとめることができるかどうか。労働運動の再生はここにかかっているといっても過言ではない。だからこそ、このような可能性を現実にものにするために労働運動側は、自発的結社のそもそもに立ち返って決定的な転換をなす必要があろう。そのためには、変化を受けとめることができる共鳴板、すなわち労働組合の組織文化の革新が必要なように思われる。組織文化とは、ここでは、運動スタイルや組織における人々の関係性、あるいは倫理観やマナーのようなものも含めたものを意味している。

◆「指令動員・中央集権型」運動から自発的行動へ

つぎの数字は組合運動ではなく、政治運動の数字である。二〇〇三年二月一五日、パリ二五万人、ベルリン五〇万人、ロンドン一〇〇万人、ローマ三〇〇万人、スペイン四〇〇万人。いうまでもなくイラク反戦の集会参加者である。日本とは二桁以上も違う。反戦集会の数ではあり、政治意識の違いもあるだろうが、日本の労働組合の運動スタイルを念頭におくと、考えさせられるものがある。

そもそも労働組合が政治集会に組合員を動員することの是非はある。しかし、これまで日本の労働運動は、労働組合と政党との癒着関係のもとで、「指令動員・中央集権型」運動を戦後一貫して行ってきた。政治運動に限らず、組合運動でもそのスタイルは一般的だった。指令する人・動員される人の関係が成り立っていた。その戦後的な決算が必要なのである。なぜならば、若者や女性の自発性にもとづく行動意欲や感性は、これまでの「指令動員・中央集権型」運動とは相容れない。遠くへだてられているからである。また既存の労働組合の活性化のためにも運動スタイルや組織文化に注目しなければならない。

この点に関して、反グローバリゼーションの運動やボランティア活動から、社会労働運動が取り入れるべき運動や組織のあり方について考えたい。まず第一は、情報の共有とコミュニケーションについてである。これらの能力を、インターネットは飛躍的に高めた。理論の啓蒙や指令による動員によって人は動かない時代になっている。人々は、情報を共有し、相互のコミュニケーションを通じ、自発性が高まることによって始めて主体的に行動に参加するのである。

第二は、ピラミッド型組織とフラットなネットワーク型組織についてである。インターネットの発展は、たんにコミュニケーション技術の側面ではなく、運動団体のあり方の本質的なことがらに関わっている。情報保有の逆ピラミッド的な不均衡によって、組織構造のピラミッド型は成り立っていた。つまり、組織の下部の人々は、情報という判断材料が共有されていないので、情報が集中する上部に判断をゆだねていたのである。しかし、インターネットの発展は、上部と下部が瞬時に情報を共有することを可能にした。それは判断は上部、行動は下部という構造を変えていくだろうし、ピラミッド型組織の改革を不可避にしていくだろう。

第三は、自発的結社についてである。NPO（非営利組織）やNGO（非政府組織）は、限定された課題にもとづく自発的結社である。現に反グローバリゼーションの国際運動で大きな役割を演じているのはこのような自発的結社とそのメンバー達である。個人の自発的な意志にもとづいて組織をつくり、また自分の意志で参加し、行動するという一見当たり前のようなことが、日本では空洞化してしまい、政党と社会労働団体との支配・癒着の関係のもと、個人の自発性よりも団体主義が上回っていた。

ボランティアの広がりやNPOの発展により、目的を明確にした無数の自発的な結社が生まれ、お互いにネットワークを形成し、連携するという大きな枠の広がりをうながしている。「何かをしたい」という個々人の自発性が運動の側の目的と結びつくのは、このような自発的結社を媒介にしてのことである。

さて、このように自発性にもとづいた水平的なネットワーク型の連帯を強調したとしても、もちろん、付け加えなければならないことは、ハードな組織構造そのものは依然として重要であるし、意味をもっているということである。とくに、労働組合の改革で検討してきたように、これまでの企業別労働組合に代わる労働市場規制型の労働組合は、ストライキをも辞さない強固な結束が求められるし、また、国家に対して制度改革を要求する強い闘争力が必要である。労働者が企業ごとに分断され、大きな連帯を経験したことのない日本では、強い結束力をもった組織は実はこれまで以上に求められているのである。

◆自発的行動を労働運動へ

ボランティア活動のなかにみられる、自己や課題に対するアイデンティティーと、ボランタリズムにもとづく参加という行動様式を、労働運動が組み込むことは非常に大切である。それは、現在の労働運動の衰退は、もはや労働組合の構成メンバーだけではとうてい食い止めることができないからである。労働運動再生のためには労働組合を超えた「義勇兵」や「義援金」が求められている。

先に述べた指令動員型運動の改善は、労働組合の活性化とともに、自発的行動を受け入れるいわば体制づくりとしての意味をもっている。指令動員では義勇兵は集まらない。個人加盟ユニオンの支援のために組合員の「二重加盟」を大々的にすすめるには、自発性の喚起とともに自発的行動を受け入れる「柔らかな組織」が求められているのである。

しかし、それにしても労働運動に自発的に参加しようという奇特な人たちがいるのだろうか。時代の転換と労働運動再生の意味を考えるならば、大きな可能性が開かれているとみることができる。支援しようとしている対象は企業別労働組合ではない。企業別組合がこれまで行ってきた賃上げの成果は企業内にしかとどまらない。それはそれで、あるA社の従業員の利益かもしれないが、B社、C社、まして有期雇用の労働者には関係がないことである。

しかし、個人紛争を引き受けている個人加盟ユニオンの場合にはどうだろうか。中高年に対する不当なリストラや、女性に対する差別やセクシュアル・ハラスメント、パートに対する理不尽な雇い止め、若者に強いる使い捨てのような過酷な労働、外国人労働者に対する差別と不正な処遇、これらは個人の紛争であるが、個人の利害を超えた「社会的正義」や「フェアネス（公正）」に関わる問題である。

個人加盟ユニオンが対応している課題に、社会的な普遍性と正義があるからこそ、ボランティアで協力する人々がいるのである。ボランティアの参加として東京東部労組が運営している「労働相談センター」は注目される。労働相談センターは一九八八年設立されたが、九六年にインターネットにホームページを開設してから、メールによる相談が急増した。二〇〇四年に東京都の認証を受け、「NPO法人労働相談センター」となった。〇五年の相談件数は五六四六件、その九五％ほどがインターネットで相談センターの存在を知り、問い合わせをしてきている。グーグルやヤフーで「労働相談」を検索すると相談センターが第一位を占めているという。多くの相談に対応しているのが、労働相談ボランティアである。〇五年の登録メンバーは四一名であり、〇七年には七〇名ほどに増加している。

労働相談センターの事例は、労働運動ボランティアの典型的な例であるが、その他にも外国人労働者を組織している個人加盟ユニオンでは、通訳や翻訳などに携わる多くのボランティアがユニオンを支えている。ニューズレターの作成にはこれらのボランティアのスキルが欠かせない。さらに、資金の提供という面をみると、例えば、首都圏青年ユニオンには「支える会」がある。支える会がユニオンのオルグ費用のために、大学の教員や高校教師に基金を呼びかけ、その基金によって新たに専従スタッフをかかえることができた。

また二〇〇六年に、若者の「働くこと」に関する問題を、若者自身がともに考え、社会問題化し、行動を起こしていくことをめざして「NPO法人 POSSE」（ポッセ）が結成された。同年九月二日、東京下北沢で、働く若者や学生一六〇人が参加してシンポジウム「フリーター・ニート論を超えて」が開かれた。

このように時代転換のなかで、自発的な意志にもとづいて何らかの行動をしようとする人々、とりわけ若者は確実に増えてきている。労働組合がみずからの組織文化を改革することができるならば、時代の転換を敏感に感じる人々のエネルギーを、労働運動再生につなげることができるだろう。

時代は逆に流れているかのようである。今日の二一世紀は、国家の保護もユニオンによる規制もない一九世紀の労働社会に、逆戻りしているかのような錯覚さえ引き起こさせる。しかし、日本の企業別組合は、民間大企業労働者と公務員を中心にした組合であり、労働者の世界では少数派でしかなかった。日本労働運動はその領域で地盤沈下しているだけのことでもある。労働者の多数派はそもそも労働運動のらち外に放置されたままだった。労働運動の再生とはここに新しく労働組合を打ち立てることなのである。

さらに視野を広くもてば、グローバリゼーションの流れは、社会労働運動が「新しい価値」を獲得するならば、少数派から多数派へと、流れを変えていくことができることを教えている。これまで自明のようになっていた大量生産方式は、大量資源消費・大量生産・大量消費・大量廃棄であり文明ではなく野蛮になってしまった。また働く世界で、パートタイマーなど有期雇用労働者は、従来は正規労働者に比べれば周辺の少数派だったが、今や多数派である。また、反グローバリズム運動の中でみられるように、運動の担い手に、団体による上からの動員ではなく自主的で積極的な民衆が台頭してきている。このように文明と野蛮の逆転、中枢と辺境の逆転、動員型と自発的参加型の逆転が生じているのである。この現実を踏まえるならば、新しい社会労働運動は、決して遠くない将来に多数派の流れを作り出していくことができるだろう。

第Ⅲ部　戦後労働運動史の断面——企業別労働組合の形成——

第8章　戦後の高揚と企業別労働組合への水路（一九四五〜六〇年）

歴史のなかで日本の労働運動をみれば、それぞれ輝く瞬間をもっていた。しかし、戦後をくぐってみるならば、その歴史は、戦後の一瞬の高揚とそれ以降の長い下降線でとらえることができる。長い下降線だから、石が坂道を転がるように、自然現象のように錯覚しかねない。しかし、民衆と社会集団が織りなす原因と結果のある社会現象である。それでは何故、戦後労働運動は一路、後退の道をたどってしまったのだろうか。それを解明するためには、時期を分け、それぞれの特徴を検討しなければならない。

戦後労働運動は五つに区切ることができる。一九四五年から一九五〇年までは戦後労働運動の「第一期」であり、戦後直後の運動の高揚と左派労働運動の瓦解で特徴づけられる。一九五〇年から六〇年までの「第二期」は総評の結成から民間大企業争議の終息までである。結局は、民間大企業の争議は労働側の敗北に終わる。六〇年の三池争議は五〇年代民間争議の敗北の歴史の最後に位置づけられる。一九六〇年代から七五年の時期は戦後労働運動「第三期」である。春闘や官公労などの労働運動の発展、ベトナム反戦・七〇年安保など政治運動の高揚が運動の表層を彩ったが、深層では、五〇年代における民間大企業争議の敗北の流れを引き継ぎ、この時期、あらかたの民間大企業労組のユニオン・リーダーが労使協調的な潮流に代わっていく。労働運動のベクトルが上下逆に向く「跛行的展開期」と表現することができる。一九七五年から九〇年は戦後労働運動「第四期」であり、国鉄の分割民営化で象徴されるように官公労部門の労働組合が後退し、そして、これまでの民間労組の結集が、ついには総評を解散に追い込み、民間主導の労働戦線統一を実現する。このそれぞれの時期において労働運動側は敗北したとみることができる。すなわち戦後労働運動は四回の敗北をへながら下り階段を下りていくのであった。

一九九〇年からは、今日まで続く戦後労働運動「第五期」である。九〇年代からのグローバリゼーションと新自由主義改革によって労働市場の構造変化が急速に進み、日本型雇用と年功賃金も解体過程に入る。この時期は、戦後労働社会の大転換と労働運動の決定的後退期と特徴づけることができる。

このような戦後労働の歴史を顧みるには、総括の視点・基準が重要である。それは、第Ⅱ部で検討してきたように「ユニオニズム」である。

一　戦後労働運動の高揚と後退

第一期は、産別会議を中心に左派主導の労働運動が展開され、そして急速に衰退していく時期である。一九四六年八月一日に日本労働組合総同盟（総同盟、八五万人）、八月一九日に全日本産業別労働組合会議（産別会議、一六三万人）が結成された。両組織のうち、左派のナショナル・センターの産別会議が全体の組合運動をリードした。

◆燎原の火

一九四六年一〇月には、東芝、新聞放送、炭鉱、金属機械、鉄鋼、電力などの民間の産業・企業が、産別会議の指導のもとで産業別統一闘争を展開した。「産別一〇月闘争」と呼ばれるこの闘争のなかで、電気産業における日本電気産業労働組合協議会（電産）の要求によって電産型賃金が実現した。この賃金体系は、年齢に応じて増額される本人給と、扶養家族数に応じて支払われる家族給とを生活保障給とし、これに能力給と勤続給を加えて基本給とした。電産型賃金は、産業別最低生賃金を確立する点で、また賃金決定における経営者の恣意的な決定を排した点で積極的な面があったが、賃金は年齢および家族の人数によるものであるとする戦時国家が規範とした年功賃金を戦後労働運動が実現させた形となり、その後の年功賃金の確立という上で負の出発点となった。この年功賃金があるべき賃金体系として普及し、定着していったのである。

さて、この一〇月闘争によって、民間企業の労働者はかなりの賃金引き上げを実現した。その結果、官公庁の労働者の賃金水準は、民間労働者より下回るようになり、一〇月闘争の高揚は、官公庁労働者に引き継がれることになった。四六年一一月二六日、官公庁労働者の労働組合は、全官公庁労働者共同闘争委員会（全官公庁共闘）を結成し、一二月二日、「越年資金の支給」や「最低賃金制の確立」など労働者の生活と権利に関わる一〇項目の共同要求を提出した。一二月一〇日、政府は「赤字補填金として一時金支給を考慮中」など一定の見解を示したが、官公庁共闘は納得せず、運動は年末から翌年にかけてさらに高揚することになる。

産別会議は四七年の年頭に当たってつぎのような檄を発した。「『確信をもってわれわれは革命の年として一九四七年の幕をひきあげる。……用意はよいか、前進だ、民主主義革命の年一九四七年』。民主主義革命の年になるかどうかともかく、敗戦第三年目は異常な昂まりのうちに明けた」のである（大河内・松尾『日本労働組合物語 戦後Ⅰ』一八五頁）。

一方、吉田首相は元旦にラジオをつうじて「年頭の辞」をおくり、そこで組合指導者を「不逞の輩」と決めつけた。新聞報道はこれを批判し、労働運動の側は激しく反発した。要求をめぐる交渉は、共闘・政府・中央労働委員会のやり取りをへながらも妥結せず、全官公庁共闘は、四七年一月一五日、ゼネスト突入の日を二月一日とするゼネスト突入宣言を発した。一五日には、全官公庁共闘を支援するために、全官公庁共闘、産別会議、総同盟などが参加して全国労働組合共同闘争委員会（全闘）もつくられた。

そのなかで、産別会議と総同盟、中立組合の共同闘争の経験を基礎に、全国労働組合連絡協議会（全労連）が一〇月に誕生した。全労連は、当時の組織労働者の八四％、四四六万人を結集し、労働戦線の統一を目的に掲げた。労働組合の組織率も飛躍的に高まり、一九四八年には五六％という数字を示す。文字通り遼原の火のように、事態は推移していった。

◆国民の窮乏と経営の混乱

さて、このようなわずか五年間に大きな高揚をみせた背景には、経営者側が混乱し、労務管理が乱れていたという戦後の混乱期における特殊な条件があったことをみなければならない。政治的な高揚と労働組合運動の前進のなかで、経営者側は、戦争に協力した戦犯的な犯罪性を糾弾されながら、呆然自失、無為無策の状態だった。

このような経営側の条件とともに、労働者側が組合運動における権利を獲得したことが急速な前進を保障した要因でもある。敗戦と戦後改革によって、戦前における政治的枠組は瓦解し、これにとってかわった新憲法は、戦前の法体系を根本的に否定し、労働組合運動に関しても生存権（二五条）、労働権（二七条）、団結権（二八条）を承認した。戦後の労働組合運動は、民主的な憲法と労働基本権という、戦前とはまったく異なる新しい条件を獲得した。つまり、労働者の労働諸条件にかかわる問題は国家や経営者によって一方的に決定されるのではなく、労働者が労働組合を組織し、労働争議を背景にした団体交渉をおこなうことによって、経営者との対等な関係で自主的に決められる、という産業民主主義が保障されたのである。それは、労働組合が法認された条件のもとで、労働組合と経営者との力関係こそがすべてを決するという日本における新しい時代が到来したことを意味した。この産業民主主義と、議会制民主主義を条件にしてどのような運動を展開していくのか、そのことが戦後の初発に問われていたのである。

二　戦後労働運動の分裂と後退

1　戦後直後における労働運動の瓦解

だが、労働運動の舞台はただちに転換することになる。まず最初は、産別会議の内部から混乱が生じた。一九四七年の二・一ストとその後の運動方針をめぐって産別会議のなかで議論がおこり、共産党によるフラクション（組合執行部内共産党員グループ）を通じた強引な指導に不満をもつ者が産別会議および加盟単産幹部のなかで増えていった。やがて組織内部にグループを形成し、四八年二月、産別会議の民主化と労働戦線の統一を目的として産別民主化同盟（民同）を結成した。この動きに呼応して、産別会議に参加していた単産はあいついで脱退した。産別会議は短期間のうちに少数派に転落してしまったのであった。

このような組合運動内部の分裂につづいて、アメリカ占領軍や日本政府、企業による弾圧政策がこの時期の労働運動を後退に追い込んだ。冷戦体制の確立にともなって、アメリカ政府の対日占領政策は日本の非軍事的・平和的再建から日本を「反共の防波堤」、「アジアの工場」にする政策へと大きく転換し、そのために左派の戦闘的な労働運動を抑圧する必要を強く感じた。一九四九年夏に起きた下山・三鷹・松川の三大謀略事件は、反労働組合的、反共産主義的な雰囲気をいっきにつくりあげた。この世論を背景に政府・企業は組合の活動家をふくめて大量の人員整理を可能にしたのであった。それにつづいて、一九五〇年の朝鮮戦争を契機にした、アメリカ占領軍による共産党幹部二四人の公職追放、さらに民間産業による組合活動家の解雇、官公庁での行政整理による事実上のレッドパージ、これらによって戦闘的な組合活動家は職場を追われた。レッドパージのさなか、五〇年七月一一、一二日の両日、日本労働組合総評議会（総評）の結成大会が開かれた。正式参加は一七組合、三七七万五〇〇〇人、オブザーバーは一七組合、六三万五〇〇〇人だった。総評は民同派が主導権をにぎった大企業労組の産業別連合体を中心に、総同盟の一定部分を結集してつくられた。

2　戦後労働運動における政治主義的偏向

◆戦後労使関係のアクター

戦後直後の左派労働運が急速に後退した要因は一体どこにあったのだろうか。様々な説があり得る。例えば、アメリカ占領軍は、二・一ゼネストの禁止からレッドパージまで一貫して左派労働運動に対して弾圧の姿勢でのぞんだ。政府や経営者もそれに呼応して運動を抑圧する政策をとった。そして、運動の混乱に乗じ、また経営者からの支援を受けて、労働運動を分裂させる組合潮流が台頭し、それが多数派となり、左派労働運動は果敢にたたかったにもかかわらず、孤立をよぎなくされた。先に叙述した運動の経過からすると、このような「弾圧・分裂・裏切り」史観ともいうべき見方に説得力があるようにもみえる。

しかし、つぎの数字は、もう少し思考を深める必要があることをおしえている。産別会議の加盟単産と組合員数の推移である。一九四六年五月(結成大会)は二一単産一六三万人であり、四七年七月(第二回大会）は一八単産一一九万一〇〇〇人とやや減ったものの、四七年一一月には二〇単産一三〇万三〇〇〇人に増加している。すなわちアメリカ占領軍による二・一ゼネスト中止の指令以降も産別会議の組織人員はむしろ伸びていることがわかる。

その後、四八年一一月は一五単産一二〇万一〇〇〇人、四九年六月は一五単産一〇二万八〇〇〇人と下降気味で、そして、四九年一一月（第四回大会）には一二単産七七万人に減少し、五〇年六月（レッドパージ前）に八単産三二万人一〇〇〇人、五一年一二月に五単産四万一〇〇〇人と一気に下落した。つまり、五〇年のレッドパージ以前の時期に、産別会議はすでに瓦解しつつあったのである。これはどのように説明されるべきなのだろうか。

そのためには、労使関係のアクター、すなわち政府・経営者団体・労働組合ごとの検討が必要であるが、戦後直後にはさらにアメリカ占領軍が加わる。そして、政府も経営者も基本的には占領政策の枠内でしか行動できなかったので、結局はアメリカ占領軍と労働運動との対抗関係ということになる。産別会議は、一九四六年の結成時の一六三万人から、その五年後の五一年の四万人へと激減している。一六三万人から五万人、まさしくこれは「謎」とみてよいだろう。そこでこの社会現象を解明するには、占領政策と左派労働運動との二つのテーマについて検討することにしよう。

◆アメリカ対日占領政策とその転換

まず、アメリカ占領軍の対日政策についてみておこう。すでに知られているようにGHQの内部には、確かに、青年将校時代、シカゴの労働争議を騎兵隊で蹴散らして頭角を現したマッカーサー元帥を始め、G2（情報局）を中心にした右派が存在したが、一方では、GS（民政局）を中心にしたC

ＩＯ（産業別労働組合会議）に親近感をもつニューディール左派も力をもち、両者の対立と調整のもとで占領政策は進められていた。ＡＦＬとならぶアメリカのナショナル・センターであったＣＩＯは、一九四五年の時点で、アメリカ共産党が三八組合中一六組合の全国本部を掌握し、「明白に反共派の組合は一一組合で、残り一一組合は容共派であり、共産党が一定の影響力をもっていた」（戸塚秀夫「アメリカ資本主義と労資関係」）。したがって、占領軍が始めから全体として左派労働組合に敵対的であり、弾圧政策を指向していたと考えることはできないだろう。

四七年の二・一ゼネストの中止指令にしても、その意図は、労働運動そのものの弾圧というよりも、政権交代は選挙によって行うべきであるという主張であった。二月六日には、マッカーサーは吉田首相に、できる限り早い時期に総選挙を実施することを指示した。そして、四月二五日、議会制民主主義にもとづいて日本国憲法下での最初の総選挙が実施されたのである。

しかしやがて、民主化を重視したＧＨＱの対日占領政策も転換することになる。米ソの対立が深刻化し、東西冷戦が始まったのである。四六年三月のイギリス首相チャーチルによる「鉄のカーテン演説」、四七年三月のトルーマン・ドクトリンというように対立が明確になっていく。だが、「冷戦の開始が直ちに対日占領政策の決定的転換に結びついたわけではなかった。冷戦の主戦場はあくまでヨーロッパだった」からである（吉田裕「戦後改革と逆コース」）。

朝鮮半島では、一九四八年九月九日、三八度線をはさんで頻繁に武力衝突が起こるようになる。四九年には、中国の内戦において毛沢東の共産党が優勢になり、一〇月一日、中華人民共和国が成立する。このようにヨーロッパの冷戦からアジアの熱戦への可能性が高まったことが、アメリカの対日政策を大きく転換させる契機になり、その転換は、四八年一〇月七日の「アメリカの対日政策に関する勧告についての国家安全保障の報告」で表明された。しかし、ここでも、政策の転換が労働運動の後退に直接的につながってはいない。むしろ、占領政策の転換にもかかわらず、共産党は、四九年一月の総選挙で四七年の五議席から三五議席へと躍進した。

占領政策の転換が、共産党系の労働運動に決定的な打撃となったのは、四九年七月、GHQの示唆により政府が、行政整理の名のもとに官公庁の共産党員を解雇することを閣議決定した以降のことである。このレッドパージは民間企業にも波及した。そして、五〇年六月六日、アメリカ占領軍は日本共産党中央委員二四人全員の公職追放を指令、『アカハタ』編集委員など一七名を追放した。

さて、このようにアメリカ占領軍の対日政策は、冷戦の開始とアジアの緊張激化にともなって大きく変化した。したがって、労働運動とりわけ共産党系の労働運動に対して強圧的姿勢でのぞんだのは、二・一ゼネスト中止指令から一貫してというよりも、とくに四九年・五〇年の時期からであるとみることができる。つまり、それ以前に共産党系労働運動は瓦解しつつあったのである。それはなぜなのか。それが以下のテーマである。

◆赤色労働組合主義

戦後直後の左派労働運動が瓦解していった大きな要因として労働運動に多大な影響力をもっていた共産党の労働組合政策が明らかにされなければならない。当時の共産党には労働運動をめぐっていくつかの潮流が存在した。「このうち日本共産党の労働組合の組織方針のおいて公式的、主流的位置を占めたのは、袴田らの赤色労働組合主義であり、他の路線は現実の運動の転換のなかで妥協ないしは調整されていった」とされている（吉田健二「産別会議の成立過程（3）」）。

この赤色労働組合主義とは、岩波小辞典『労働運動 第二版』によると、「労働組合の基本的目標を革命的階級闘争への労働者の組織化・訓練・動員による社会主義革命におくもの」であり、「第一次大戦後の左翼労働組合の指導理念」であるとされている。この理念にもとづいて「労働組合の思想団体化と共産党への完全な従属と日常的経済闘争の革命的政治闘争への従属が正当化され、かかる立場を否定する労働組合とその幹部の排撃と反幹部闘争による組織破壊の戦術がとられ、労働者大衆から孤立する結果を生み、やがて人民戦線戦術運動のなかで共産主義の立場からも否定されるにいたった」とされる。

注意しなければならないのは、赤色労働組合主義は第一次大戦後のもので、否定されたにもかかわらず、日本ではなぜ「戦後もこの思想は完全に消滅したわけではなく、様々な形での共産党の組合支配や組合の党への従属事例がみられた」（岩波小辞典『労働運動』）のかということである。赤色労働組合主義から、反ファシズム統一戦線のもとでの労働組合の統一戦略への大転換がなされたのは、一九三五年であった。*

＊ 一九三五年のコミンテルン第七回大会で人民戦線戦術が採用されたことによる。「一九三五年、フランスで労働戦線が統一した。それは二つの重要決定にもとづいてなされたものだ。すなわち一つは組合の政党からの独立であり、二つはフラクション活動の禁止であった」（細谷『日本労働運動史 細谷松太著作集 I』三五八頁）。

しかし、その時、日本では労働運動はほとんど壊滅状態であり、少数の者は、獄中にいて、その戦略的大転換は届かなかったのである。だから、戦後労働運動の多くを担うことになった共産党系の活動家にとって、歴史は、再び一九二〇年代から回り始めたのである。ここに日本の戦後労働運動の大きな混乱を生み出す歴史的背景があった。*

* 「プロフィンテルンがロゾフスキーを批判して統一戦線方式に変えて、それが日本に来ていたのですが、受け皿の方が壊滅状態で、残っていたものが入れようとしたけれど、やられてしまったということです」。「戦後労働組合に関係した人の頭はロゾフスキーの頭であったと思います」（吉田資治「産別会議の結成と組織・指導」）。

それでは、労働組合の「共産党への完全な従属と日常的経済闘争の革命的政治闘争への従属」がいかにして可能だったのだろうか。可能にする鍵が労働組合の内部に形成する共産党員の集団・フラクションであった。共産党が第五回大会（四六年二月）で決定した規約に注目しよう。「第三章　上級党機関」のなかに「第二六条　中央委員会は大衆的諸組織の活動を、その内部の党フラクションを通じて指導する」*とある。主語・共産党「中央委員会」が、目的語・「大衆諸団体」を「指導する」。

* 一九四六年二月に開かれた共産党第五回大会のフラクションの規定は、四七年一二月の第六回大会における規約改正で、「中央」が「指導する」という文言はなくなったが、新たに「党員グループ」の章をたてて精緻化している。いずれも法政大学大原社会問題研究所『日本労働年鑑 第二二集』に収録されている。

このようなことが政党の勝手でまかり通るのだろうか。それは、政党と組合との表だっての指導・被指導の関係はなく、組合執行部の内部に形成する共産党フラクションの裏面での活動をつうじ、組合執行部をコントロールすることによって可能になるのである。伝導ベルト論といわれているように、裏側の指導ルートをつうじて、労働組合は共産党とベルトで結ばれていたことになる。そして、このフラクションは産別会議の本部だけでなく、「大衆団体の各段階において組織されなければならない。

そしてその各段階においてフラクションの指導部を形成することが必要である」とされた。*

* 中央委員会総会及び全国オルグ宣伝者会議、「フラクションの性格と活動」（一九四六年五月）、前掲書に収録。

◆フラクション活動と産別民主化同盟の台頭

一九四九・五〇年のアメリカ占領軍による弾圧の以前に、すでに産別会議は崩壊を始めていたという事実は、このフラクション活動とそれに反発する産別民主化同盟（民同）の台頭から生じていたのである。四八年二月一四日、産別民主化同盟という産別会議内部の組織が突如として旗揚げした。出された声明では「いまや、わが産別会議は労働組合運動ゆきづまりの焦点にたった。共産党フラクにベルトをかけられた左翼主義にたいする相次ぐ脱退や批判の傾向は、もはや、おおうべくない。……われわれの運動はいわゆる反共ではない。産別会議の全組織を民主化するために闘うとともに、一切の自由な組合をして一大陣列に結集し、真の民主的統一戦線の実現へ、巨大な一歩をふみ出すものだ」と主張した。

発端は二・一ゼネストであった。戦後直後の労働運動は二・一ゼネスト中止によって衰退したと思われがちであるが、しかし、二・一ゼネスト中止をめぐる内部対立によって労働運動は瓦解したのである。

労働運動の高揚のなかで、共産党フラクションによる組合の引き回しや、政治イデオロギーへの偏向などに対する組合員の批判は高まっていた。産別会議の結成を最初に呼びかけ、議長出身単産である新聞単一（日本新聞通信放送労働組合）が産別会議に自己批判をもとめた。産別会議は、四七年五月一〇日に産別会議幹事会を開き、①組合とその運営の徹底的な民主化、②特定の政党の指導下にあるごとき印象を与えた原因の除去、③ストライキに偏重的傾向の是正など七項目の自己批判の声明を発表した。五月一四、一五日に臨時執行委員会を開催し、全員がこの自己批判の声明書を確認、一八日に改めて委員会を開き、これまでの経緯をふまえ正式に「産別自己批判及び方針」を満場一致で決定した。このように、正式機関の審議と決定をへて臨時大会の準備がなされた。

ところが、臨時大会の前日の七月九日、「共産党は徳球（共産党書記長・徳田球一――木下）の指示で、党員の代議員全員を代々木の本部に招集して、〝水曜会〟すなわちフラクション会議を開催」、「徳球の鶴の一声で、産別会議が行う自己批判は〝坊主ざんげ〟であり、ブルジョア偏向で危険であるとして、自己批判を行わないことを決めた」（水戸「産別民同がめざしたもの」）。そして臨時大会で執行委員会の自己批判は葬り去られたのである。

同様なことはその四ヶ月後の第二回定期大会（四七年一一月一七日）でも生じた。当時、共産党が打ち出した「地域人民闘争」の方針は、職場離脱や地域権力の奪取など労働組合運動に反する戦術であった。大会の方針案は、このような誤りを排して事務局で起草され、幹事会も了承された。事務局の「手で起草された運動方針案も、共産党の主張する地域人民闘争に批判的だった」、「しかし、この方針案は、共産党の勢力のつよい大会で徹底的に批判され」「『地域人民闘争』方針を全面的にとりいれ」たものに変更された（大河内・松尾『日本労働組合物語　戦後Ⅰ』二四〇〜二四一頁）。その過程では事務局員を「党本部に呼びつけて、運動方針を書き換えるように婉曲に〝指導〟した」のであった（水戸「産別民同がめざしたもの」）。

四八年二月一四日、産別民主化同盟（民同）は、産別会議のこの二つの大会をへて結成された。それ以降、「産別会議から有力な単産が皆相次いで脱退した」、「その結果、（昭和）二四年の夏ごろまでに共産党はどの単産においても主導権を失って」いくのであった（細谷「戦後民主主義と労働組合の成立」）。

歴史の詳細にはふれないが、産別会議事務局内の共産党の責任者で、民同運動の推進者の一人・水戸信人は、民主化同盟について、「左翼労働組合主義において何よりも問題なのは、労働組合の独立性を認めないということ」にあり、「産別民同の運動は一言でいえば、労働組合の自主性と独立性を要求した運動」、「労働組合の自己確立運動」だったと規定している。また、「産別会議がこの時点できちんと自己批判を行っていたならば、再生は可能だった」、「産別会議の凋落はなかった」、「産別民同の結成もなかった」。そして「産別会議と総同盟が合同し、それを高野（実）」さんが描く巨像のような〝統一労働同盟〟が誕生していたかもしれない」と述べている（前掲「産別民同がめざしたもの」）。歴史がどのように推移していったかを判断することはできないが、左派労働運動の瓦解とは異なった道があったかもしれないということだけは確かだろう。

七年後の一九五五年七月、総評第六回大会で吉田資治・産別会議議長はつぎのような挨拶を行った。「産別会議の分裂」に関して、「産別ではこれらの批判者を分裂主義者としてレッテルをはり、〝裏切者〟としてこれらの人達を除名したのであります。しかしながら、ここで冷静に自己批判してみますならば、分裂主義者は民主化同盟ではなくて、われわれの側にあったのです。敵と見方の力関係を正しく評価しないで、過大な行動のおしつけが分裂させる重大な原因であったのです」（『総評第六回議事録』）。

その後、さらに共産党は、占領下での平和革命は不可能であるとする路線転換（五〇年一月）や、内部分裂による熾烈な派閥闘争、そして、第五回全国協議会（五一年一〇月）での「軍事闘争」方針の採用などによって混乱を極め、労働運動における共産党の信頼と影響力は急速に低下した。一方、GHQは、五〇年六月六日に共産党中央委員二四人の公職追放、二五日の朝鮮戦争勃発のつぎ二六日、共産党機関紙『アカハタ』の発行停止、*八月三〇日には産別会議が有力な構成団体であった全労連の解散などを行った。また、民間企業でも、七月の新聞・放送での七〇〇人をかわきりに、鉄鋼産業で一〇〇二人を含め一〇月以降四万人の労働者が、共産党員ないしは同調者という名目で解雇・追放された。また、公務員も一一月、一一七七人がパージされた。**

＊『アカハタ』は開戦の翌日、「南朝鮮カイライ国防軍は……侵犯してきた」との朝鮮『建設通信』の記事を掲げ、「今回の侵略は李承晩の最後のあがき」と解説し、これに対してマッカーサーは「事実を歪曲」したとして発行を三〇日間停止するように吉田首相に指令した（松尾・大河内『日本労働組合物語 戦後I』四〇三頁）。今日では「朝鮮戦争は北側が長期かつ周到な準備のすえに謀略的に南側に武力攻撃をくわえたもの」であり、また「マッカーサーの極東米軍によって一年前からことごとくつかまれていて、かれらの大謀略に完全に利用された」という見方（萩原『朝鮮戦争』一〇〜一一頁）が有力である。そうであるとすると、一方では、スターリンと毛沢東の合意を背景とした北の南への侵攻を支える後方撹乱基地としての日本、他方では朝鮮戦争を予測したマッカーサーによる後方基地としての日本、この両者による日本の二重の位置づけが存在したことになる。米軍情報部の影のちらつく国鉄に関わる下山・三鷹・松川の奇怪な事件（一九四九年）も「戦闘勃発のさいの大動脈の確保」として、また、日本共産党と労働組合の弾圧（五〇年）も「強力な反戦勢力となりうる」団体への事前抑圧としてみることができる（前掲『朝鮮戦争』二九三〜二九四頁）。また、スターリンと毛沢東による日本共産党に対する平和革命否定の唐突な押しつけも朝鮮戦争との関連で理解することができる。

＊＊　これらのレッドパージの人数は『社会・労働運動大年表Ⅱ』による。

このような産別会議の分裂や極左的方針、そして、それに乗じた占領軍の弾圧や政府・経営者によるレッドパージ、これらによって戦後直後の左派労働運動のなかで主流を占めた共産党系労働運動は衰退し、以後、再び主流の座に戻ることはなかったのであった。

3　戦後労働運動への刻印

さて、重要なことは、政治潮流の浮沈ではない。戦後直後における左派労働運動の衰退から何を考えなければならないのか、という長いスパンに関わることである。労働運動の高揚期に、なすべくしてなし得なかったこと、なし得なかったが故に日本の労働運動が刻印されたもの、これらを明らかにしなければならない。

◆政治主義的偏向

まず、第一は、政党と労働組合との関係で、戦後労働運動の初発から政治主義的偏向を抱え込むこととなったということである。産別民同の中心人物であった細谷松太・水戸信人らは四九年一二月に新産別（全国産業別労働組合連合）を結成するが、しかし、この新産別にしても社会党に対する支持を機関決定するのである。渡辺徹は「細谷松太論」のなかで、「政治的見解のさまざま異なる組合員を統合し、統一と団結を固めるためには、組合運営は党派にかたよらず、超党派に運営されなければならない」として「組合員の政党支持自由、組合と特定政党支持を機関決定してはならないということは、組合の超党派的運営を保障するための一つの条件」という理解が細谷に欠けていたと批判している。

つまり、労働者の統一のためには組合の①「超党派的運営の原則」が必要であり、そのためには、②「組合の特定政党支持」の否定と、③「組合員の政党支持自由」の確立が条件であると渡辺は主張しているのである。戦後労働運動の高揚期に、この三つの原則を、運動の主流はもちろん、批判的潮流もまた確立し得なかったのである。それはまた、戦後労働運動の全期間をつうじて、日本のほとんどすべてといってよいほどの労働組合でも実現し得なかったことであった。

「総評・社会党ブロック」はその最たるものというべきだろう。清水慎三は、「フラクション方式による共産党の組合支配排除から出発し」、「ブロック」という方式が確立したという。ブロックという言葉によって「政党・組合双方とも独立した組織であり、その機関であるが、相互の機関決定を結びつけることによって、同一目的に組合員と組合費を政治動員している実態をこう表現した」と述べている。そして、「社会党・総評ブロックの功罪」として、「戦後労組の基礎単位である企業別労働組合は閉鎖性の強い性格を体質としているが、機関決定という民主的手続きによって、これを政治活動の場に引き出し、労組の政治的機能を発揮させる道を切り開いた点」を「功」として挙げている。一方、「社会党が選挙資金と人材（議員候補）を総評とその加盟有力単産に頼りすぎ」、「オンブ、ダッコ、オシッコと外から批判されるようになり、国政選挙・地方選挙の集票力の低下を招いた」こと、さらに「社会党の党名、党籍が組合派閥と一体化し、組合内昇進のお守り札となった」ということを、「罪」として指摘している（清水「戦後労働運動を語る③」）。

「企業別労働組合」を「機関決定」によって「政治活動の場」や選挙運動に引き出し、「選挙資金」も調達することができた。しかしながら、この「ブロック」は、「企業別労働組合」の土台のうえに社会党がのっているという構造である。

これから検討していくように「戦後労組の基礎単位である企業別労働組合」の歴史は経営者に対する自立性を喪失していく過程でもあった。親亀がこけたら子亀もこける。この関係がやがて総評の解散と社会党の衰退を必然化したものといえよう。かくして、産別会議・共産党、総評・社会党という戦後の左派労働運動を担った組合潮流は、戦後初期から政治主義的偏向を内包していたが故に、ついには、労働運動の舞台における主役の座を降りざるをえなかったのである。

◆企業別労働組合主義の確立

第二に、戦後左派労働運動の混乱と衰退のなかから企業別労働組合主義が台頭し、確立してしまったということである。戦後の高揚期は、企業を超えた労働者の連帯が一般的でそして確実に存在していた戦後で唯一の時期であった。この労働者の意識を基盤にして労働組合の運動と組織をどのような方向に改革していくのか、ユニオン・リーダーの役割が決定的に問われていたのである。しかも、産別会議の規約はアメリカのCIO（産業別労働組合会議）のものをモデルにしてつくられ、さらに占領初期にはアメリカのCIOの役員も日本に派遣されてきた。企業別組合を定着させることなく、産業別労働組合へと改革する可能性が確かに存在していたとみてよいだろう。

しかし、戦後の高揚期、「これをステップとして産業別組合に結集してゆくことに挫折」したのである。「その原因は」、「主体的には労働組合運動の指導そのものの問題であった」（高橋洸『増補 日本的労資関係の研究』九一頁)。すなわち「産業別単一化にとって欠くことのできない産業別統一労働条件の要求と闘争は、ゼネスト方式に対する占領軍の弾圧という条件のもとで、二者択一的に地域闘争・職場闘争という方向にきりかえられていった」ところにポイントがあった。

具体的には、一〇月闘争から二・一ゼネストにいたる過程で企業を超えた産業別最低賃金の要求など産業別統一闘争が始まっていた。この産業別の運動を組合組織の改革に結びつけ、CIO加盟の産別組織の方向に革新していく可能性はなくはなかった。しかし、産業別統一闘争を発展させることを軽視し、「権力奪取=人民管理による産業復興という革命的任務を負わ」せた地域人民闘争に転換したことにより、「産業別単一化の組織と政策はあゆみを停止した」のである。*

＊ 高橋の「世界労連日本視察団の予備報告が指摘した賃金制度に対する批判は、無視されたまま賃金政策にとり入れられることなく放置され、産業別最低賃金としての内容をもっていた電産型賃金の意義よりも、日本型賃金制度の欠陥を一面において継受していたその体系のみが理想化されてとりあつかわれた」という指摘も重要である(『増補 日本的労資関係の研究』九一頁)。

産業別労働組合主義の意識を欠いた左派労働運動の凋落とともに、入れ替わる形で民主化同盟が台頭してきた。その民同のなかでもユニオニズムの芽を内包していた新産別は少数派となり、やがて総評に向かう民間大企業の企業別組合主義の潮流が多数派となる。かくして、敗戦からの五、六年、企業別労働組合を改革し、産業別労働組合への道を歩む可能性をもった時期は終わりを告げ、戦後労働運動は日本的労使関係という泥沼のなかでの苦戦を強いられることになったのである。

◆経営権の確立

第三に、左派労働運動の挫折は、日本的労使関係の形成の不可欠な条件をつくってしまったということである。経営者側は、占領政策の転換に励まされ、企業整備やレッドパージによる活動家解雇の荒療治をも用いて、やがて労務管理の混乱から立ち直った。経営者は、戦後の高揚のなかで、経営のあり方や雇用や人事をめぐって強まった組合側の規制をはねかえし、それらの分野は団体交渉の事項ではなく、経営側の権限であるとする経営権の回復を実現した。この企業内における労使関係の変化は決定的であった。「四〇年代末までには、ほとんどの企業経営権は完全に経営者側に取り戻された。これは『断絶』といってよいほどの大きな変化である」(二村「戦後社会の起点における労働組合運動」)。

重要なことは、この不動のものとなった経営権を大前提にして戦後の日本的労使関係が形成されたことである。個々の労働者の昇進、昇給、配転などが経営側の権限となることが年功賃金や終身雇用制、内部昇進制などの条件である。その点では、一九五〇年は労働組合運動にとっても日本的労使関係にとっても戦後の大画期ということができる。

三　企業別労働組合としての出発

◆従業員一括加盟

ところで戦後の労働組合は、労働者を工員、職員、職制の区別なく従業員全員を加盟させ、企業ごと、事業所（工場）ごとにつくられたところに大きな特徴があった。欧米の労働組合の個人加盟組織と異なる企業別労働組合として戦後日本の労働組合は出発したのであった。全国組合に一人ひとりの労働者を説得して個人加盟させるという方法よりも、企業ごとに労働組合を結成する方が、一挙に労働者を組織するのには有効な形態であった。たしかにそれは企業別組合の問題点をはらんでの出発でもあったが、労働運動の高揚期にはその欠陥は露呈することなく運動は前進したのであった。

しかし後退期には、従業員一括加盟という企業別組合の特質は、マイナスに作用した。企業別組合の場合は、組合員は産業別全国組織に個人ではなく、企業単位、団体で加盟する。企業単位で加盟しているので、その単組で産別会議に反対する潮流が相対的に多数になれば、企業別組合の団体ごとに脱退することになる。また単産のなかでそのような組合が相対的に多数になれば、単産は丸ごと産別会議を抜けていく。

日本の労働組合が、欧米のように各自の意志にもとづいて全国組合に個人加盟するという形態であったならば、あるいはこの時期そのような個人加盟組織に組み替えていく努力がなされていたとするならば、労働者個人は、分裂・脱退があったとしても対抗的な産業別全国組織を選択し、その組合員として、これまでの全国組織に踏みとどまることもできただろう。戦後の企業別組合の団体主義は、発足時一六三万人の産別会議が五年後の五一年には四万人に急減するという、雪崩現象のような崩壊をもたらしたのである。

◆工職混合組合

このように個人加盟組織ではなく、団体主義であるところに企業別組合の特質の第一があるとするならば、第二は、工職混合組合である。* 企業別組合は、従業員は一括して加盟するために職員と工員とが同じ組合に加入している。欧米ではブルーカラーとホワイトカラーとの処遇はまったく異なるので、組合も別である。欧米のこのような工職の格差はもちろん前近代的なものではないが、日本の場合には、現場労働者は、この格差を封建的な身分差別ととらえ、その撤廃を戦後労働運動の民主化要求の中心にすえた。

＊ なぜ日本でブルーカラーとホワイトカラーとの均等待遇が実現してしまったのか。両者の区別を非近代的で封建的な身分差別と捉えてしまった当時の労働運動指導者の理論的な誤りもある。しかし、欧米の場合にはブルーカラーが先にみずからだけで階級を形成したという歴史的な経緯がある。間接的労務管理の時代に確立した職業別労働組合（クラフト・ユニオン）は職人的労働者、すなわち今日のブルーカラーだった。直接的労務管理の時代に入り管理職もホワイトカラーも出現した。日本では職業別労働組合が未確立であったために、ブルーカラーが先に労働組合を確立し階級を形成するという伝統が欠如していた。第11章で検討する「伝統欠如」の要因も考慮されなければならないだろう。

経営者側は戦後の労働運動の高揚に押され要求を受け入れた。また同時に、労務管理上の思惑、すなわち「職工だけの組合では、今まで抑圧されていた反動で何をするかわからない…そんな危機感がありましてね。係長クラスの職員が組合の指導者になって組合を一本化してもらいたいという願望が、ありました。事実、その通りに事が運んだ」と当時の王子製紙勤労部の田中慎一郎が語るような意図とが重なって工職混合組合が実現したのである（ＮＨＫ取材班『日本解剖・経済大国の源泉1』一七七～一七八頁）。

さて、このような企業別労働組合のもつ工職混合組合としての特質は、二つの点で戦後労働運動に大きな影響を与えることになる。一つは、ブルーカラーがホワイトカラーと同じような処遇を受けることになったことである。このように「日本のブルーカラーは、他の国のブルーカラーに比べ独特の性格をもっているが」それは「直接的には混合組合による運動の『成果』によるところが大きい」。そして重要なのは、日本のブルーカラーがホワイトカラーと同じような内部昇進制に包み込まれることによって「長年、日本の労働運動の主動因として作用し続けた現場労働者の憤激が解消した、とは言えないまでも運動への潜勢力をいちじるしく弱めた」ことである（二村一夫「戦後社会の起点における労働組合運動」）。工職の均等待遇は、現場労働者が企業をこえて横に連帯する方向ではなく、企業内での昇給や昇進に生活の向上を見いだす従業員化への道を拓いたのである。

二つは、工職混合組合は末端職制も組合員として加わっていることである。この末端職制や職員も加わっていることは運動の高揚期には従業員が打って一丸となって力を発揮することにもなるが、運動の後退期とくに争議ではこの職制をつうじて組合分裂のくさびが打ち込まれることになる。企業別労働組合は、経営側の手が、職制を通じて労働組合の中に伸びることが可能な組織形態なのである。このような工職混合組合として、末端職制を構成要員にした企業別組合の問題性は、五〇年代争議の敗北と六〇年代・七〇年代前半の組合分裂に巨大な規模で表面化することになる。戦後日本の労働組合は、このような企業別労働組合という原罪を背負い込んでの出発だった。

四　総評結成と労働運動の前進

戦後世界の労働運動は世界労働組合連盟（世界労連）にまとまっていたが、マーシャル・プランをめぐって意見が対立、アメリカやイギリスなどが脱退し、それらが中心になって一九四九年一二月国際自由労働組合連盟（国際自由労連）を結成した。連合軍総司令部（ＧＨＱ）は、この国際自由労連加盟を前提にして日本の労働戦線をまとめようと総評結成の方針を決めた。このようなＧＨＱの後押しのもとで総評はつくられたのだが、一九五一年の第二回大会で、国際自由労連への一括加盟を否決し、平和四原則（全面講和、中立堅持、軍事基地反対、再軍備反対）の政治方針を決定した。これが総評の「ニワトリからアヒルへ」の転換と呼ばれるものである。

総評結成の推進力になった民同派はこの転換を機に左右に分裂することになる。五二年の労闘（労働法規改悪反対闘争委員会）スト、電産ストをきっかけに、全繊同盟、海員組合、日放労（日本放送労働組合）、全映演（全国映画演劇労働組合）の四単産は総評を脱退する。そして五四年四月に、日放労をのぞいた三単産と、総評結成に合流しなかった総同盟（再建派）とが全労（全日本労働組合会議、八四万人）を結成する。その後、全労は同盟会議（全日本労働総同盟組合会議）と名称を変えながらも労働運動内の右派的な潮流の中核を担っていくことになる。

ところで総評の第二回大会は、民同左派を代表する高野実を事務局長に選出した。当時、社会党はサンフランシスコ講和条約、安保条約をめぐって左右に分裂し、また共産党も「五〇年問題」で分裂と混乱に陥っていた。このような革新政党の指導力の弱まりのなかで、政党にかわって政治課題を担うという政治主義的な傾向を強くもつことになった。高野指導部は、大企業の争議を、地域の労働者、農民、商店など町ぐるみの闘争として展開し、同時に国民的政治課題も町ぐるみの地域共闘を重視してたたかった。こうした闘争形態は「ぐるみ闘争」と呼ばれた。

やがて、民同左派で構成されていた総評指導部のなかで、このような運動路線について意見の対立が生まれた。太田総評副議長は、労働者の要求、とくに賃上げ要求にもとづいて、企業別組合という現実をふまえた産業別統一闘争を、全国闘争として展開すること、また労働組合の運動を政治闘争に解消してはならないことを主張した。太田副議長のこの主張は、五四年に民間八単産による賃上げ共闘、いわゆる「八単産共闘」として具体化された。これが春闘の始まりであった。意見の対立は、総評指導部の交代につながり、五五年総評大会で事務局長が全国金属の高野実から国労の岩井章に代わり、太田＝岩井ラインが成立した。

こうして政治闘争を重視する路線から産業別の賃金闘争を強調する路線に転換したのであるが、しかし、太田＝岩井ラインに代わっても、総評の政治闘争への取り組みに変化はなかった。むしろ五〇年代を通じて総評は一貫して政治闘争を中心にすえてたたかってきたといえる。全面講和をもとめ安保条約に反対する運動、内灘や砂川の米軍基地撤去運動、原水爆禁止運動、警察官職務執行法（警職法）改正反対運動、そしてこれらの運動は六〇年安保条約反対闘争につながり、政治運動の大きな高揚をむかえるのであった。

五　日本的労使関係の形成と五〇年代争議

1　日本的労使関係の形成

◆定期昇給制度と人事考課制度

戦後の年功賃金は、一九四六年の一〇月闘争のなかで電産協（日本電気産業労働組合協議会）の賃金要求によって実現した電産型賃金体系によってその原型がつくられた。電産型賃金は生活保障給の側面を強くもっていたが、やがて戦後の年功賃金は、定期昇給制度と人事考課制度が組み込まれることによって、労働者個々の賃金を経営者が決定できるという点で労務管理の上での強力な手段になった。

五四年の段階で「定期昇給制度というものを一つの制度として確立することによって、労使関係の紛争というものはかなり削減され労使関係の安定の大きな紐帯になる」（「座談会　当面する課題――定期昇給制」『経営者』一九五四年四月）と強調されているが、定期昇給制度が労使関係の安定につながるのは、定期昇給が「自動的ないし機械的方法による昇給」ではなく、「人事考課制度の確立がなされなければならない」、すなわち「定期昇給即人事考課制度と規定することができる」という意味においてである（関東経営者協会賃金委員会「定期昇給制度に対する一考察」）。

ただこの時期にみておかなければならないことは、人事考課制度がつくられたからといって、労働者の賃金が経営者の意のままに決められていたのではないということである。職場には年功的秩序が形成されていて、そこでは企業の側も年齢・勤続を重視しないわけにはいかないという事情があったのである。

またそれとならんで重要なのは、職長・組長の役付工は、自分の統制下にある労働者の賃金査定の権限を直接的にはもっていなかったことである。まだ、課長・係長の職制に、考課について具申し、またはその諮問に応じるという権限にとどまっていた。人事考課制度が絶大な威力を発揮するようになるのは一九六〇年代以降のことである。

◆会社組織と組合組織との融合関係

ところで企業別労働組合の組織機構は、企業内において会社の機構と組合組織とがオーバーラップしながら存在しているところに特徴があった。大河内・氏原・藤田編『労働組合の構造と機能』が詳細に調査・分析しているように、労働組合には支部・班という末端組織があり、会社には係・組・伍という労働組織があり、そして「年功的秩序の基盤の上に立ち、末端職場における管理機構と組合組織との強力的融合」（一四六頁）が存在していたのであった。一九五七年の調査時点では、この「旧型の管理政策」は「ゆるがされている」が「瓦解する」までにいたっていないという微妙な時期であった。

この会社機構と組合組織との組織的融合関係のなかで、その中軸をになったのが末端職制だった。末端職制は労務管理機構の最終段階に位置するとともに、職場のユニオン・リーダーでもあった。このように末端職制は、両方の役割を演じていたのであるが、同時にこの時期の特質として、末端職制は年功的熟練をもった基幹的労働者でもあったことが重要な点である。

まだ技術革新が本格化する前であり、年功的熟練といわれる経験やカンやコツが必要とされる熟練が生産工程にとって不可欠だった。たとえば、鉄鋼業では溶鉱炉の火を見て大体何度であるとか、窒素の含有量がおおよそどのくらいだとか、わかるような熟練労働者が生産過程で重要な位置をしめ、その熟練は企業における経験をへて養成されていた。

そして、この年功的な熟練労働者を中心にして労働集団が編成されていた。その集団は企業に対しても、相対的な意味ではあるが一定の自律性を有していたのである。この自律的作業集団のなかで年功的に昇給し、昇進するという仕組み、すなわち年功的職場秩序が形成されていた。経営機構と組合組織との融合関係は、この年功的職場秩序の上に、末端職制を中心にしてつくられていた。五〇年代の労働運動は、この危うい基盤の上に展開されることになったのである。

2　民間大企業の争議の敗北

一九五〇年代は民間大企業の争議が頻発した。電機産業では一九四九年に東芝争議があり、五〇年には日立製作所の争議があり、組合側がいずれも敗北する。自動車産業では五三年の日産争議が大きな転機になり、産業別組織・全国自動車が解体する。鉄鋼産業では五七年の統一賃金闘争の敗北によって、左派が後退し、鉄の一発回答が今日までつづくことになる。電力産業は五二年の電産争議によって、産業別組織・電産が崩壊する。

これら五〇年代争議のなかから、今日の連合をつくった立て役者が登場してくる。鉄鋼労連では稳健派だった八幡製鉄労組の宮田義二が、五九年に鉄鋼労連の書記次長、六〇年に書記長に就任する。東芝争議で堀川町工場で分裂組合をつくった中心人物の竪山利文が、五七年に電機労連の書記長になる。全自動車日産分会に分裂をもちこんだ塩路一郎は長期にわたって日産労組に君臨し、自動車総連会長として労働戦線統一に取り組むことになる。

一九五〇年代の大争議にことごとく労働者側は敗北し、その最後の象徴的なできごとが三池争議であった。一九六〇年の三池争議は五〇年代争議の最後に位置するのである。三池争議に介入した財界のメンバーだった櫻田武日経連代表常任理事は、争議の敗北をみとどけて「戦後民間の労働運動は終った」といった。たしかにその後、民間大企業の大きな争議は姿を消した。

これらの争議の多くは、末端職制の暗黙の了解、支持によって始まり、争議が長期化するにつれて職制層の離反によって争議が終息するか、あるいは組合分裂による労働者同士の争いによって第一組合側が敗北し、争議も終わるというパターンをとった。その背景にあるのは、昇進・昇給によって個人の生活をよくしたいという意識と企業経営の安定が個人の利益につながるとする企業意識だった。このような日本的労使関係の復活に規定されながら争議は困難なたたかいを余儀なくされた。

それと同時に、三池争議を除いて、民間大企業争議のほとんどは、賃上げ闘争だったにもかかわらず、賃上げ闘争が労働組合の崩壊につながる。または労使協調的なユニオン・リーダーが組合指導権を握ってしまう。その要因のなかには、千葉利雄が指摘するように五〇年代総評の「闘争至上主義」的な傾向があったと思われる。「ごくありふれた賃上げ闘争のような経済的な要求闘争が、団交制のもとでのバーゲーニングとして常識的な方向にいかずに、ひどく闘争至上主義的な階級闘争理論で激烈化させていくようなタイプの闘争になった」、「そのリアクションとしての右派、組合主義勢力の抬頭をまねき、右旋回していく事態に」なった側面もみておかなければならない(千葉「戦後労働運動を語る⑤」)。

それは、五〇年代の労働運動のリーダーシップをにぎった「総評・社会党ブロック」の一方の側の政党である社会党が、結局はヨーロッパ型の社会民主主義の潮流ではなかったことと深く関連しているように思われる。ともあれ、五〇年代に「昔、陸軍、今、総評」といわれた勢いは六〇年安保闘争の前にすでに陰りをみせていたのであった。

第9章　企業主義的統合と労働運動の跛行的展開（一九六〇～七五年）

一　日本的労使関係の確立と労働運動の路線選択

1　企業主義的統合

高度経済成長は、一九五五年からの神武景気から始まっていたが、六〇年に登場した池田内閣の所得倍増計画は、経済成長が、国の繁栄と国民の豊かさをもたらすという意識と目標を国民に与えることになった。歴史上類例がない長く続く日本の経済成長とともに企業の経営発展も大きく進んだ。経済成長と企業の発展のなかで労働運動の舞台もまた新しく設定され直されたのである。

これ以降、この時期における日本的労使関係の確立が労働者の企業への統合基盤を提供することになったこと、そして、その基盤のうえで職場レベルでの新しい労務管理政策が展開され、それによって日本独特の強固な企業主義的統合が成立したという筋道で検討を進めることにする。

欧米諸国からの導入技術にもとづく技術革新が五〇年代後半から大々的に開始され、製造業は大きな発展をとげた。一九六〇年代前半で、製造業就業者が農業就業者を上回り、産業別にみると最大の比重を占めるに至った。企業はこの経営の発展に対応して労働力の採用政策を転換した。五〇年代の生産の急成長を支えたのは臨時工の大量採用であり、新規採用の圧倒的多数は臨時工として採用され、ごく一部が本工に登用されたのだった。六〇年代に入ると企業は、雇用量の増加を臨時工で対応していた政策から、一転して、新規学卒者の採用に踏み切った。採用する労働力の質も、高校進学率の急速な高まりを背景にして、中卒者から技術革新の知的レベルに対応できる高卒者に変化していった。

これは日本型雇用の確立にとって重要な意味をもっていた。現場のブルーカラーを高卒者から採用することは下級ホワイトカラーとの均等待遇を必然化するとともに定期一括採用方式を確立する画期となったのである。「何故ならば、企業が高卒者については新規学卒者を学校からの紹介を介して四月一日付で一括採用する慣行を確立」していたからである。まさしく、「ブルーカラー労働者の定期採用方式の形成」こそが「〈日本型雇用システム〉の確立に画竜点睛をなした」（菅山真次「日本型雇用の形成」）という評価は正当であろう。

このように新規学卒者を毎年定期的に採用するという定期一括採用方式が民間企業で広く普及したことは、日本型雇用の「入り口」が確立したことを意味する。そして、定年制という「出口」と「入り口」を結ぶ、日本独特の内部昇進制もまたこの時期に確立する。

定期的な採用は、終身雇用制がある限り、定期的な昇進が秩序づけられなければならない。その昇進の階段をステップアップするために資格制度が必要であり、それが職能資格制度であった。職能資格制度は、能力評価にもとづいて労働者を職能等級の資格に格付けする処遇する仕組みであり、労働者はその資格の序列にもとづいて昇進していく。職能資格制度は六〇年代後半から採用され始め、一九六九年の日経連『能力主義管理』を契機に普及し、七〇年代初頭にかけて本格的に確立した。

職能資格制度は、賃金面では、職能等級に賃金を結びつける能力給として存在した。しかし、職能資格制度は、能力主義による個人評価という個別管理に偏るのではなく、年功制と能力主義を結合したところに特徴があった。経営側は、同期入社者を集団として把握し、男性正規従業員に限っては、定期昇給制度にもとづく昇給も、内部昇進制による昇進もほぼ同じようなスピードで行った。その意味では、集団的で年功的な処遇であったが、経営側は、企業依存の安定感を集団として与えつつ、同時に、強い企業意識を調達することができたのである。人事考課制度はその同期入社者の集団内における格差付けとして内部の労働者間競争の刺激として機能した。

この定期昇給制度について、熊沢誠はこの時期の労働運動が始まる頃に、「〈いまは給料は安い、だがやがて昇給する、会社にいるかぎりなんとか生活は成り立つのだ〉――この事実適応の認識はほとんど絶望的なばかりに労働運動を制約する。賃金支払い総額の低さと労働者の生活安定感は、上昇可能性を媒介にして奇妙に野合してきた」(「年功賃金論と同一労働同一賃金」)と表現した。

日本型雇用と年功賃金は、これ以降の日本の労働社会に、企業依存の生活構造と競争システムをビルトインすることとなった。労働運動にとってこれらは足下がすくわれる湿地帯のような状況となった。

2　経営側の路線選択

さて、日本的労使関係という企業主義的統合の基盤が形成されたことは、労働運動にとっては新しい舞台が設定されたことを意味する。その新しい舞台の上で労使が、路線・政策上の如何なる選択肢を選ぶのか、一九六〇年代初頭、客観的にはそのことが迫られていたのである。

まず経営側であるが、この時期、賃金・雇用・労働組合のシステムとして日本的労使関係を積極的に選び取った。一九六〇年に登場した池田内閣は「寛容と忍耐」を説いて、「低姿勢」の政治スタンスをとったが、経営者の方も、五〇年代の民間大企業の一連の争議をへて、明確な路線選択を行ったと思われる。一九五〇年代は民間大企業の争議が頻発した。これらの争議の多くは、末端職制の暗黙の了解、支持によって始まり、争議が長期化するにつれて職制層の離反によって争議が終息するか、あるいは組合分裂による労働者同士の争いによって第一組合側が敗北し、争議も終わるというパターンをとった。

大枠で五〇年代争議を規定したのは、形成されつつあった日本的労使関係、とくに年功賃金にもとづく昇給制度や、内部昇進制による昇進制度が一般組合員の企業意識と忠誠心をつくりだしていたことにある。昇進・昇給によって個人の生活をよくしたいという意識と企業経営の安定が個人の利益につながるとする企業意識は、争議が長期化するなかで一般組合員が第二組合に一挙に乗り替える原動力となった。

さらにすでに検討したように、企業別労働組合の工職混合組合という特質は、ブルーカラーとホワイトカラーともに末端職制も組合員として加わっていることである。企業別労働組合は、経営側の手が、職制を通じて直接に労働組合の中に伸びることが可能な組織形態だったのである。

日経連は、一九六三年の第一六回総会で「日本的労務管理の提唱」を提唱し、日本的なものを擁護する姿勢を示した。重要なのは、経営側の時代認識である。総会文書は「戦後一八年を通じて労使は双方共に尊い体験を経て今日に至った。労使の階級対立感、政治闘争偏重主義、組合に対する偏見等がいかに労使関係ならびに社会秩序の混乱を数多く招いてきたかを身をもって経験した」と述べている。民間大企業における五〇年代争議を終結させた経営側の安堵感が感じられる。「日本的労務管理を育てよう」と題した「労働情勢報告」のなかで、日本的労使関係の三本柱について次のように評価している。明言はしていないが、争議を終息できた要因として評価しているとみることができる。

企業別組合について、「わが国の企業別組合というものは日本という土壌の中に育った長年の歴史的伝統をもっている組織である。この組織は実に欧米でも心あるものはうらやましがっているほどの組織である。したがって、この企業別組合がもっているところの長所、良さ、これはどうしても保存してゆかなければならないと信じる」。終身雇用制について、「終身雇用制の考え方は、長年にわたって会社の中に存在して、その間に、えも言われないところの金銭や、経済によって割り切れない一つの社風とか、会社の味とかいうものがそこに流れている」。年功賃金について、「最近職務給の導入ということがしきりに叫ばれている……。が、わが国にはすでに終身雇用制というものがあり、これに伴うところの年功序列給という賃金体系がある。これは欠点もあろうが、これまた日本の土壌の中で育って来たものであって、一つの長所、良さを持っているものである」(『資料 戦後二十年史 4 労働』四六一～四六二頁)。

3 労働側の路線選択

それでは、一方の労働側の路線選択はどのようだったのであろうか。民間大企業における五〇年代争議の敗北を背景にして、一九五〇年代後半から六〇年代初頭にかけて労働運動をめぐってさまざまな議論が展開された。労働運動の改革をめぐる議論を熊沢誠は簡潔にまとめて、「組織づくりや職場闘争がこちらの岸に、単産強化論や横断賃率論がかなたの岸に吹きよせられ、それぞれの鼓吹者が対立するという不幸な状況は、正しく大単産に賃金政策を彩った生活給理論と年齢別賃金モデルに起因する」(「労働組合の経済理論」) と述べている。

企業別組合を克服するための議論は、「組織づくりや職場闘争」という企業別組合の末端を強化しなければならないとする主張と、単産本部に権限や財政を集中し、本部を強化すべきであり、また企業横断的な賃金闘争を展開すべきであるとする主張とに分かれた。熊沢がみるように、本来は対立すべきものではなく、中長期的には統合されるものであった。しかし、年功賃金に固執する単産の賃金政策はこの対立を深め、新しい賃金論の展開を閉ざしてしまった。

この時期、五〇年代争議の敗北を教訓にして労働運動における組織論と賃金論を結合させながら、新しい路線が提示されていた。とりわけ、同一労働同一賃金論と、職種別賃金が企業を超えて貫徹されるべきであるとする横断賃率論は、労働運動の戦略として重要であった。それは、日本的労使関係を基盤とする労働者の企業主義的統合に対する真っ向からの対抗戦略たり得ていたからである。同一労働同一賃金論は、五〇年代をつうじて開きが目立ってきた企業規模間賃金格差を是正しなければならないという問題意識からその原則が重要視され、横断賃率論は、その克服としてヨーロッパ型の職種別賃金を構想していた。

なかでも同一労働同一賃金原則や横断賃率論は、賃金の決定基準を「年功」から「仕事」へ転換することを不可欠にしていた。日本労働運動はこの時点において賃金の決定基準を選択する分岐点に客観的には立たされていたことになる。しかし、結果的には、労働運動の主流は属人的な要素で決定される年功賃金を選択した。それは、当時、経営側が提唱していた職務給に反対することと、仕事基準に転換することの重要性とを区別して考えることができなかったことによるものと思われる。それは当時、総評の調査部長であった小島健司の「私たちの賃金は、年令とか勤続年数とか能力とか、人間としての労働者がもっている条件によってきまっている。職務給は、労働者の人間的な性質ではなくて、企業経営を構成している『職務』について賃金をきめる」（総評調査部『職務給反対闘争の指針』二九〜三〇頁）という表現に表れている。職務給に反対しているが、年功賃金を支持しているわけではない。しかし結局は、職務給に反対する目的のために現状擁護の選択を行ったとみることができる。労働運動の改革の必要性と方途をめぐる議論は「かなたの岸に吹きよせられ」たのである。

この時期の労働運動の初発において、横断賃率論＋単産強化論＋職場闘争論という選択肢も客観的には存在したことが確認される。まさしく歴史における選択の岐路であった。そして労働側は、明確に意識されたものではなく、たぶんに現状追認的であったとしても、異なる選択を行ったのである。しかし、大幅賃上げ時代に入ることによって年功賃金の弊害は露呈することなく、またその選択の是非は労働界ではまったく問題にもされずにきたのであった。

二　労働運動の表層を彩る流れ

この時期の労働運動は、構造的には「跛行的展開」として把握することができる。「跛行的」とは、労働運動の表舞台において運動の高揚を彩る流れと、その深層でやがて運動の舞台を暗転させる動因となる流れとが別々に進行していたことを表している。そして、この二つの流れが交差する時点が一九七五年であった。

1　春闘の本格的展開

◆春闘とは

一九五五年の春期賃上げ共闘会議（八単産共闘）から出発した春闘は、鉄鋼労連のようにそれまで秋に賃上げ闘争を行っていた単産も参加し、また全労も別個に春期賃上げ闘争を組織したため、一九六〇年以降、全組織労働者の賃金運動となった。春闘は、賃金要求額と交渉時期、ストライキ時期、妥結の時期と妥結額など前もって行動の統一化をはかるスケジュール闘争であった。このスケジュールに産業別の企業別組合を勢揃いさせ、企業別の団体交渉を集中させ、賃金の引き上げを実現させた。

一九六四年の春闘では太田総評議長と池田首相とのトップ会談が開かれ、「公共企業体と民間企業との賃金格差は、公労委が賃金問題を処理するに当たって、当然考慮すべき法律的業務である」ことが確認された。この池田・太田会談を契機にして公共企業体における賃金の民間準拠の原則が確立し、官公部門の賃金決定ルートがしかれた。これ以降、春闘相場は民間単産が主導し、これに私鉄・公労協が続き、この相場が夏季の人事院勧告に反映して国家公務員賃金が決まり、さらに秋季に自治労・日教組などの地方公務員の賃金が決まるという一年サイクルの賃金運動が定着することになった。

◆国民春闘への高揚

春闘は一九七〇年代にはいると企業内の賃上げだけでなく、インフレ阻止や社会福祉、社会保障の改善などの国の制度を改革する要求もとりあげられるようになり、七三年には年金ストもおこなわれた。公務員の春闘も七〇年代には民間の春闘に合流して七三年には半日ストを実施した。そして七四年の春闘は名称も「国民春闘」となり、国労、動労、私鉄をふくめ戦後最大の交通ゼネストが決行された。組合運動もこれまでの自分たちの賃上げ一本やりから国民の生活向上のために政策・制度闘争をとりくむようになってきた。新しい運動が台頭しつつあるかにみえた時期だった。

七二年、七三年、七四年と、春闘が国民春闘へと発展し、さらに消費者運動、住民運動などがそれに合流して、反大企業運動のうねりは頂点にたっした。国民春闘や住民運動の反大企業の運動が結合し、そのうねりの高まりのなかで、日本の労働運動は大企業本位の政治をも転換させるかにみえた。

◆春闘方式の欠陥

さて、それ以降の展開は後に検討するとして、春闘方式そのものは大きな欠陥をはらんだ賃金運動だった。春闘は、年功賃金を前提にして、企業における賃金原資（ベース）を何パーセント増大させるかというベースアップ闘争であった。春闘で実現したベースのアップ分を個々の労働者に配分する次元では、それはほとんど経営側のフリーハンドにゆだねられた。この配分の次元において、「大幅賃上げ」そのものが、年功的な配分と査定による賃金差別を可能にした。したがって、「大幅賃上げ」がこの時期の労働運動の高揚によって実現したことは確かであったとしても、春闘方式が、企業内における企業主義的統合の基盤を掘り崩すことにはまったくならなかったのである。

さらに春闘方式の欠陥は、企業内賃上げであったがために、賃金の何らの社会的基準をつくり出すことができなかった点にもみられる。企業を超えた賃金の社会的基準は、企業規模や性別、雇用形態などを超えて賃金平等を実現する土台である。春闘はベースアップ分のパーセントをそろえる統一要求であった。企業の規模や良好さによってそもそもベースに大小があり、そのベースを前提にしてアップしたとしても、企業規模間賃金格差は縮小しない。まして労働組合のない中小零細企業では、賃金の引き上げは、労働力不足を背景にして波及していったのである。

このような民間大企業と中小零細企業の賃金格差は、労働者の生涯所得の大きな格差となり、労働者とその子弟を大企業に志向させる基礎となった。良好な生涯所得が保障される大企業への就職は、高い水準の学歴・学校歴によってなし得る。これが日本的な学歴競争社会を生み出す要因ともなった。

結局のところ、華々しく展開された春闘ではあったが、高木郁朗が「労働組合を貧しきものにしてきたものは、戦後労働組合の四〇年ちかくにわたる歴史において、ついに企業別組合を包囲する社会的基準を形成しえなかったことにある」（高木郁朗「労働組合史における企業別組合」）と八二年に述べたように、賃金の社会的基準を構築できなかった春闘のなかに労働運動を後退させる要因が胚胎されていたといってよいだろう。

2　官公部門における運動の高揚

この時期における労働運動の高揚は、官公部門の運動にもみられる。官公部門の労働組合は五〇年代と比べると大きな立ち直りをみせた。国労、全逓、全電通など三公社五現業の労働組合でつくる公労協は、一九五六年の春闘から参加し、やがて中核組合としての役割を担った。さらに六〇年につくられた公務員共闘による賃金闘争の発展は、公務員労働者を労働組合運動に幅広く参加させることになった。

また、国労と動労は、一九六七年に出された国鉄第三次長期計画の五万人削減案に対して、職場からの抵抗体制を確立し、六七年末から六八年三月にかけて順法闘争やストライキをくり返した。そのなかで六八年四月、当局との間で「現場協議に関する協定」を締結し、職場に団体交渉制度を確立することになった。さらに、六九年から七一年まで、国鉄当局による生産性向上運動＝マル生運動にたいして、組織をあげて反撃に立ち上がり、大きな成果をおさめた。官公部門労組は、国民春闘や政治闘争を含め、この時期の労働運動の中心的な担い手だった。

このような官公労の労働運動も労働者の連帯という視点からみれば弱点を抱えていた。日本の労働運動の構造でもあるが、民間大企業部門と官公労部門、中小零細企業部門、この三つの分野の労働運動はそれぞれ別個に存在していた。労働組合の組織率や労働条件にも大きな差があった。国鉄における下請け企業の未組織労働者を、国労が積極的に組織しようとしてこなかったことに典型的に示されているように労働者の連帯は、官公部門の正規従業員に限られていた。公務員の賃金は中小零細企業労働者より高い。公務員のゆとりある働き方は民間大企業労働者にはない。公務員の賃金や労働時間は、日本の労働者の標準であるべきであるにもかかわらず、「労働者の統一」という視点からの連帯した行動が展開されなかった。このことが労働者の亀裂を生み出す要因として経営側に利用された、とみなければならない。こうして三部門における労働者の連帯の欠如は、労働運動の破局的な後退をもたらすように作用したのであった。

3　政治運動の発展と革新自治体の誕生

◆国民的政治課題

この時期、労働組合は国民的政治課題に積極的に取り組んできた。一九六〇年の日米安全保障条約の改定に反対する闘争では、六月四日に大規模なストライキが決行された。総評系五七単産三六〇万人、中立労連一九単産一〇〇万人と空前の政治ストとなった。

◆ベトナム反戦

また、六二年に始まった米軍による北ベトナムに対する爆撃はやがて首都ハノイにまで及び、ベトナム戦争がエスカレートするなかで、日本でのベトナム反戦運動も高揚した。総評は六六年夏の定期大会で、一〇月中旬にベトナム反戦ストを行うことを提起した。一〇月二一日、日本労働運動史上、初の反戦ストが実施された。運動に参加した労働者は、総評・中立労連など九一単産約五二〇万人、そのうちストライキを実施した組合は、官民合計四八単産二一〇万六〇〇〇人であった。官公部門では、日教組が半日スト、自治労・都市交・全水道が一時間スト、国家公務員各組合は時間外職場集会で参加した。この政治運動への労働組合の参加は、沖縄返還、七〇年安保、そして七二年沖縄協定とつづき、激しくたたかわれた。

ところで、「六〇年安保」以降、「政治の時代」から「経済の時代」へと歴史は大きく曲がり始めた。自民党も財界も、国民の目を経済成長と国民の生活向上に向けさせた。池田内閣の所得倍増計画は勤労者に生活向上をもたらすものと期待されたが、所得倍増計画の推進と春闘の本格化とは時期的に符節を合わせたものとなった。この時期の総評を中心とした春闘によって組織労働者については生活向上が実現した。

しかし、未組織労働者や他の勤労者の生活水準の向上については、春闘という企業内の大幅賃上げという路線では達成することはできない。社会政策・社会保障の充実によって国民全体の生活向上をはかるという福祉国家戦略をとる以外にはなかった。しかしこの時期の労働運動は、「経済の時代」に対応して、この戦略を路線として選択することはなかった。

◆革新自治体

ところで、六〇年代後半以降、次々と誕生した革新自治体は、高度成長と地域開発がもたらした深刻な公害問題や、都市問題、とくに貧困な福祉・教育などに対する住民運動に支えられて実現した。その画期になったのは一九六七年の美濃部革新都政の実現であった。やがて日本の人口の四割以上が革新自治体に住むという状況が生み出されたが、しかし、一九七五年の労働運動の転換をはさみながら革新自治体は退潮していくことになった。

革新自治体を支えた住民運動と、政策・制度闘争を本格化し得なかった労働運動、この二つの分離した状況は、七〇年春闘で一五大生活要求が掲げられ、制度要求が春闘の柱の一つに据えれたことによって克服される可能性をもった。七三年春闘には年金ストが実施され、七四年春闘は国民春闘として発展した。

しかしながら、七五年以降、国民春闘路線も閉ざされてしまった。「経済の時代」に対応して労働運動を福祉国家実現の方向で再構築するには至らなかったのである。日本の労働組合が、政策・制度闘争を運動の中心的な軸にすえ、日本の福祉国家的発展を求める方向をとり、それと革新自治体を生み出した住民運動とが連携するという構図が、革新自治体誕生期の早期に明確になっていたならば、「七五年の暗転」はあったとしても、異なった展開をしたと推測することができる。

三　深層から浮上する流れ

1　新しい職場秩序と企業内労使関係の変容

◆三池争議

エネルギー源の重油への転換によって一九五九年、石炭大手一八社は炭価引き下げのため一一万人の合理化に踏み切った。三井鉱山は希望退職を募ったが、全六山のうち予定人員に満たない三池労組にたいして、五九年一二月、組合幹部・活動家三〇〇人をふくむ、一二七八人の指名解雇を通告した。六〇年一月、三池労組は、会社側のロックアウトに対抗して無期限ストに突入した。三月には争議反対派が第二組合を結成し、就労を強行しようとしたため第一組合と第二組合との激突の場面をふくんで争議は展開した。第二組合員がピケを突破して入坑し、生産を再開したため、三池労組側はホッパー(貯炭槽)を占拠し、石炭の搬出を阻んだ。一時期、ホッパー周辺に二万人のピケ隊と一万人の警察隊とが対峙した。結局、争議は中労委の斡旋により、会社側は指名解雇は撤回し、当該者は自発的に退職するという条件で解決し、最強の職場闘争を展開しているといわれた三池労組の敗北に終わった。

「総労働と総資本の対決」といわれたこの三池争議は、六〇年安保闘争とともに大きな時代を画する争議のようにみえる。しかし、それは労働運動の高揚を示す画期ではなく、五〇年代の民間大企業における一連の争議で、労働側が敗北したその連続であり、その最後を締める争議だった。以後、民間大企業における大争議は姿を消した。この五〇年代の敗北に引きつづいて、さらに六〇年代以降、企業内の労使関係は大きな変貌をとげるのであった。

◆労働過程の変化と新しい労務管理機構

ところで、日本型雇用・年功賃金・企業別組合という日本的労使関係のシステムそのものは労働運動との関わりからみれば、労働者の企業主義的統合の基盤となるものの、労働運動を後退させる直接的な要因とはいえない。日本的労使関係によってもたらさせる労働者の企業意識を前提にしながらも、労働過程の変化を基盤にした新しい労務管理機構の確立と、職場秩序・職場集団の再編、これらが企業内労使関係を根本的に変化させる動因となった。

一九五〇年代における職場秩序とユニオン・リーダーとの関係はすでに検討してきたが、六〇年代にその構造が根本的に変化するのであった。年功的熟練にもとづく自律的作業集団を基盤にした労働組合の職場組織は、危ういものではあれ、企業に対して一定の自立性を保持しえていた。しかし、その年功的職場秩序がオートメーションを中心とする技術革新によって解体させられ、また五〇年代争議の敗北によって、職場闘争を展開していた組合の職場組織も破壊された。

こうした荒廃のうえに経営側は、作業長制度を柱にする労務管理機構を確立した。作業長は、五〇年代民間大企業の職場秩序の中心にいた熟練労働者＝役付工に替わって、技術革新のもとで変化した労働過程を統括する機構の中核となる職制であった。鉄鋼産業では五八年の八幡製鉄戸畑製作所への導入を契機に、その後一〇年ほどで大手各社に普及した。作業長は、生産管理の権限とともに、配下の労働者の勤務や成績査定の権限、賞罰をはじめとする労務管理の権限を付与された。作業長制度は、これまで職長どまりだったブルーカラーの昇進を、工場長にまで延ばし、企業忠誠心と労働者間競争を生み出す仕組みとなった。

◆職場集団の再組織化

このように技術革新による労働過程の変化と、五〇年代争議における労働側の敗北を前提にして、新しい労務管理制度が導入され、年功的な職場秩序は変容した。それは同時に、生産性向上運動と結びついた職場集団の再組織化をともなっていた。一九五五年、アメリカの対外活動局資金と政府の財政投融資資金の導入をえて、政府・経営者・労働組合の三者からなる日本生産性向上本部が発足した。生産性向上運動の推進機関としての啓発と情報提供、管理技術などの海外視察などの事業を目的とした。労働組合は、総評は参加を拒否し、全労会議は参加を決定するというように分かれたが、生産性向上運動は、経営サイドから各職場に導入され、広がっていった。

生産性向上運動は職場では品質管理運動（ＱＣ活動）として展開した。日本のＱＣ活動は、アメリカと異なって、品質管理専門スタッフではなく、全員参加型でなされた。すべての労働者をその活動に参加させ、自分のアイディアが会社の生産性向上につながるという仕組みと意識をつくりあげた。また日本では、組長、工長、班長がリーダーになったり、または作業員の互選でリーダーが選ばれ、職場が単位となり、職場ごとの小集団活動として展開されるという特徴をもっていた。それは年功的熟練を基盤にしたかつての職場集団を再組織化することを意味した。

一九六〇年代初頭から始まったQC活動やZD運動などの小集団活動の波は、六〇年代半ばに最初のピークを迎え、そして、八〇年代の半ばでは「企業の六〇%と数百万人の労働者を巻き込む一大社会運動になっていた」。「こうして経営者は、かつて職場に息づいていた労働者間の連帯を新しい種類の連帯感によって置き換えることで、すべての男子正社員を会社人間に仕立て上げ、高度経済成長までの企業文化を変質させた」(ゴードン「職場の争奪」)のであった。

◆企業内労使関係の変化

企業内労使関係の変化は、民間大企業労組のユニオン・リーダーの交替をもたらし、日本の労働運動の後退を決定づけた。それでは企業内労使関係の変化と、その後の安定的な労使関係の確立は、どのようになされたのであろうか。ここでは二つの柱からみていくことにしよう。

まず一つの柱は、経営側による労働者の企業意識の調達を確実なものにした日本型雇用と年功賃金の確立である。日本の年功賃金が、ヨーロッパの職種別賃金と異なって、社会的基準が存在しない企業内賃金であるために、企業の安定と発展が、労働者の賃金に直結するという構造をもっている。労働者の企業意識にとってこの意味は大きかった。

日本の年功賃金では、企業の賃金原資の配分として個々の賃金は決まるが、その賃金原資は、企業の安定と成長に左右される。企業の成長のために生産性の向上をめざして労働者が努力し、会社が発展すれば、それは賃金原資の増大として自分の賃金にも反映される。日本の企業意識は、企業の発展と労働者の賃金が直結しているという物質的な基盤を持っており、そのために極めてファナティック(熱狂的)なものであった。

また終身雇用制も、労使の暗黙の合意として定年まで雇用されるシステムであるが、全員ではないとしても企業忠誠心の存在を前提にして、安定的な雇用が保障されることとなった。そして、この正規従業員の雇用の安定は、臨時工・社外工、パートタイマーなどの雇用調整が可能な労働力と対になって実現していたのである。ともあれ、このようにして、労働者の企業との一体感が六〇年代以降、民間大企業を覆っていくのである。

◆労使関係管理の確立

あと一つの柱は労働者を厳しく統制する経営側による労使関係管理の展開である。まず、賃金・人事制度を労働者の統制システムとして活用することであった。先にみた職能資格制度は、労使関係との関係では、年功賃金の決定要素のなかの能力評価を大きくし、その能力評価を行う人事考課制度を通じて経営側が個々の労働者の賃金に差をつけることを可能にしたことが特徴的である。人事考課制度における能力評価は、職務遂行能力を測るものとされていたが、情意考課や潜在能力評価において多くの労働運動の活動家は多大な賃金差別を受けた。労働運動の活動家は、同期入社者の集団的な処遇から外れて、昇給・昇進の面で見せしめ的な扱いをされた。「企業にとって、会社にために尽くす労働者を手厚く処遇し、うるさい第一組合のメンバーを抑え込むうえでも、この賃金体系は効果を発揮した」（前出「職場の争奪」）のである。

次は、経営側が、職場における職場集団の再編の基盤のうえに活動家集団を組織化していったことである。企業忠誠心の強い従業員によってインフォーマル組織が職場につくられた。* インフォーマル組織とは、労働組合組織でもなく、また企業の労務管理組織でもない、いわば企業忠誠心あつき従業員の活動家集団とみることができる。この時期の労働運動における産別組織からの企業別組合の分裂脱退や、ユニオン・リーダーの交代を裏舞台で推進した組織であった。このような活動家集団が登場してくるのは一九五〇年代後半以降、旧日本鋼管の川崎製鉄所には五七年に「民主化グループ」ができ、時を同じくして八幡製鉄、富士製鉄、住友金属、神戸製鋼など鉄鋼大手企業に、さらに六〇年代以降は、松下電器や東芝など電機産業、日産、トヨタの自動車産業、さらに金属産業、食品企業へと多くの産業にインフォーマル組織は広がっていった。

＊ インフォーマル組織については青木慧『日本式経営の現場』、山本潔「『フォーマル組織』に関する一考察〔一〕〔二〕」を参照。

協調的労働組合にくみしない労働運動の活動家に対する暴力的な抑圧や「職場の村八分」というダーティな行為は、会社が直接に手を下すというよりも、インフォーマル組織にリードされながら、職場ぐるみでなされたのである。このように民間大企業の職場は、「職制機構」を軸にして、「労働組合の職場組織」と「小集団活動組織」「インフォーマル組織」、これら同軸上の三つの円として形成されたのであった。

さて、このような企業依存の生活構造と企業意識を生み出す賃金・人事制度と、労働者統制の労使関係管理の確立によって、企業内労使関係は変化し、それを基盤にして企業内労組におけるユニオン・リーダーの交替がなされたのであった。新しい職場秩序・職場集団の形成は、五〇年代までの末端職制の二面性の存続基盤を解体させた。また企業別労働組合のもっている会社機構と組合機構の組織的融合関係という構造は新しい性格に変質した。すなわち日本型雇用における内部昇進制は、組合の役職をも昇進ポストとして組み込んだのである。組合の役職につくことが、会社から疎んじられることではなく、むしろ、企業内部で昇進していく一つのルートになり、出世の踏台になってしまった。こうして企業の勤労課や労務課から送り込まれた役員で民間大企業の多くの労働組合は占められていくのである。

民間大企業の組合組織が企業の労務管理機構と一体化し、労働組合の役職が内部昇進制にとりこまれてしまった時、戦後の企業別労働組合は、労使協調の労働組合に完全に変質してしまったとみることができるだろう。

2 民間大企業労組の労使協調的体質への転換

◆深層における危機の醸成

この時期の労働運動は、表層においては春闘の大幅賃上げや、官公労の運動、国民的政治課題における運動の発展など、その後生じる労働運動の暗転を予想させる兆しを見ることは難しい。しかし、表層における高揚の奥深いところに危機が進行していたのである。

民間大企業労組のあり方は、五〇年代における民間大企業争議の敗北によってすべて決まったというわけではない。それは経営者側が管制高地を占めたことを意味する。その高見に立って、六〇年からの一五年間にわたって、すべての産業でほぼ完全に大企業労組のユニオン・リーダーは労使協調の潮流に変化していく。

民間大企業労組における大きな変動は、争議による労使間の緊張という過程をへず組合役員選挙によるユニオン・リーダーの交替という形で、いっそう大規模に進んだ。個別企業におけるユニオン・リーダーの交替が、左派系単産からのその単組の脱退問題を生じさせ、その是非をめぐって組合が分裂し、あるいは組合全体が脱退していく。このような争議をへない「平時」の組合分裂・脱退問題が六〇年代には数多く生じた。戦後労働運動における静かなる地殻変動ともいうべき変化であった。

一九五〇年前後から六〇年ごろまでの個別企業における組合分裂と産業別組織の改変は、鉄鋼、自動車、電機、電力という基幹的産業分野でなされた。六〇年代からの組合分裂の特徴は、各々の産業を対象にしたライバルの単産が存在するなかで、企業の合併・吸収にともなって企業連がつくられ、それによって単産を脱退していくというケースが多かった。

造船産業では、一九六五年の三菱造船、六九年の日本鋼管、七〇年の石川島播磨、七一年の住友重機というように、全造船機械の大手組合で分裂・脱退の攻撃がかけられる。同じように合化労連では、一九六〇年の宇部窒素労組から六五年の東洋高圧、六七年の信越化学、積水化学、六八年には鐘淵化学、住友化学などと、総合化学のすべての大手組合の組合体質の変化がなされた。紙パルプ産業でも、五八年における王子製紙争議で第二組合がつくられた後、六六年の紀州製紙、六七年の日本パルプ、北日本製紙、六九年の本州製紙、三菱製紙、七〇年の北越製紙、国策パルプなどと分裂や脱退があいついだ。

全国金属は、総評内の民間単産のなかで最左派の位置をつねに占めていたが、これもまた大きな組織的変動にみまわれ、とくに六〇年代半ばから七〇年代前半にかけて拠点支部と呼ばれた大企業労組の多くで分裂・脱退が生じた。一九六五年のプリンス自工から六九年には河合楽器で、七〇年には日本信号で、それぞれ第二組合がつくられ、さらに大手支部における脱退・分裂が七〇年代前半に、日特金属（七一年）、北辰電機（七二年）、住友重機（七二年）、光洋精工（七四年）で典型的におこなわれた。

民間大企業労組における組合分裂、単産からの脱退、あるいは協調的組合への変質がすすむが、これらは七〇年代前半でほぼ決着がつく。政治運動や官公労の運動、そして春闘という表層の運動ではなく、実は、民間大企業職場の深層における労働者の企業社会的統合、そして大企業労組の転成こそが、日本の労働組合を構造的に規定していく動きだったのである。

◆労働運動側の企業別労働組合主義

今日でも、民間大企業のなかにも産業別全国組織の第一組合や、企業別の少数派労組が存在している企業もある。しかしながら、それらは圧倒的にごく少数の組合員数であることは否めない。このことは必然だったのだろうか。すでに検討したような新しい職場秩序のなかで、従業員が自己の生活の安定を望むとするならば、企業主義的統合から労働者の多数が一挙に離脱することはやはり困難であっただろう。しかし、問題は主体の側が少数であることを自己認識することであったと思われる。

藤田若雄は、少数であることを前提にして企業意識から身を離した集団を形成することを提唱していた。企業は「従業員集団を企業あっての従業員という方法でしっかりつかんでいるのであり、これに反する従業員は、体内に侵入してきた異質物として」「排泄」する。したがって「企業の中の……主体の罪を問い詰める立場に立つものが、運動のエネルギーを街頭に蒸発させてしまうのではなくて、企業の枠を超えた活動家集団として産業別組合（従業員組合）の中に、産業別の活動家クラブをつくることも可能である」（『日本の労働組合』四九頁）と述べた。一九七二年に書かれたものであるが、まさしく労働運動の表層における高揚のなかで、「街頭」という政治運動の領域ではなく、企業のなかで、企業主義的統合から自立した集団の、企業横断的な連帯を築いていくことを提起したのである。

また、民間大企業に残った少数派の第一組合を、産業別の個人加盟ユニオンに再編していく道がとられたならば、産業内の多くの企業に少数でもあれユニオンを確立し、団体交渉を求めていくこともできただろう。しかし、そのような方向はとられなかった。民間大企業の「中枢」に足場を残しつつ、中小零細企業労働者や非正規労働者の広大な「周辺」に新しい労働組合を築くという問題意識は、この時期の多くのユニオン・リーダーに欠落していたといえる。

3　一九七五年の暗転

◆七五年春闘の敗北

一九七五年前後の時期は日本の労働組合運動の大きな転換点をなした。七三年の「狂乱物価」や石油ショックで反大企業の運動が頂点にたっしていたころ、財界は深刻な危機意識をつのらせていた。当時の日経連櫻田代表常任理事は、七三年七月「今や自由日本は、その存亡をかけた試練に立つ」と危機感を表明、七四年一月の年頭あいさつでは「われわれこそ国の安定帯になるのだ」と決意をあらわにする。財界の反転攻勢、巻き返しがはじまったのである。

七四春闘がこれから高揚にむかおうとする一九七四年三月、日経連は最高首脳をあつめて「大幅賃上げの行方研究委員会」を設置し、財界、政府の賃上げ自粛キャンペーンがくりかえされた。だが、決定的な問題は労働組合の内部からそれに呼応する動きがでてきたことである。組合の協力なしには賃金自粛体制は確立することはなかった。鉄鋼労連からはじまり、同盟、IMF・JCと会社派幹部が主流をしめる単産、全国組織がつぎつぎに賃上げ自粛路線を打ち出した。すでに七五春闘をたたかうまえに財界と政府それに協調的労働組合、この三者による賃上げ自粛体制ができあがっていたのである。

七五春闘にあたって春闘共闘は賃上げ率三〇%の要求をだし、日経連は一五%をガイドラインとした。四月九日、JC加盟の鉄鋼労連、造船重機労連の二単産に一五%の回答があったが、これは崩すことのない「一発回答」であり、ただちに妥結となった。この低額回答をやぶるために五月七日から九日まで、春闘共闘は私鉄、国労、動労などの交通ゼネストを決行した。だがこのような大規模なストによっても財界のガイドラインを破ることはできなかった。七五年の賃上げ率は日経連のガイドライン一五%をも下回る一三%に抑え込まれた。このようにして「賃上げ自粛体制」への協調的組合の協力を不可欠の前提にして政府・財界は七五春闘を押え込みこむことができた。これが今もなおつづいている春闘連敗の第一年目であった。

◆スト権ストの敗北

春闘敗北についで重要なのはスト権ストの敗北である。国労や全逓、全電通などでつくっていた公労協は、ストライキ権の回復を要求して、七五年一一月二六日から一二月三日まで八日間にわたる史上空前のスト権ストに突入した。国労や動労のストライキで国電は一九二時間、八日間にわたって完全にストップした。しかし、私鉄やトラックは動き、生鮮食料品は市場に入り、企業の経済活動もあまりとどこおることはなく、国民にとって交通混乱の影響の方が大きかった。民間の労働組合の支援も弱く、民間の連帯ストも組織されなかった。政府・自民党は長期のストライキにたいして強硬な姿勢をつらぬき、スト権ストはなんらの成果をえることなく終息しなければならなかった。

スト権ストは、六〇年代から発展してきた官公労の運動の頂点に位置していた。その攻勢的に進んでいた官公労の運動が守勢にたたされる転換点になったのがこのスト権ストだったのである。「親方日の丸」論などの官公労攻撃も始まった。民間大企業の労働者に企業意識が強まり、中小零細企業の労働者は不況にあえいでいた中にあって、組合攻撃は国民の一定の支持をうける基盤があった。公務員攻撃はこの七五年前後を起点にして、それ以後ますます強く、そしてすべての官公部門労組へと拡大していくのであったのである。

日本の労働組合運動における高揚から停滞への決定的な転換局面は一九七五年である。それでは七五年に労働組合運動の舞台を暗転させた原因は何だったのだろうか。一九七五年以後に政府や経営者側の攻撃が強まったから運動は後退したのだろうか。そうではなく、むしろ七五年以前に何かあったと見なければならないだろう。

すなわち、一九六〇年代からの経済発展の「平時」につくりあげた労働者の企業主義的統合の仕組みを経済的危機の「戦時」に作動させたら瞬時に威力を発揮したとみるべきなのではないだろうか。そうでなければ、あまりにも激しい落差、すなわち七四年まで登りつめた国民春闘と、七五年の敗北という断絶した状況を説明することができない。経済的危機のもとで財界がいくら危機意識をもったからといってもすぐに組合運動の抑圧体制ができあがるものではない。問題の核心は民間大企業の労使関係にあった。七五年以降の時代ではなく、七五年までのところで主体の側の危機が深層で醸成されていたのである。

経団連の大槻文平会長は一九七九年の年頭挨拶でこうのべている。オイル・ショック後の経済混乱をいち早く克服できたのは、労使が協力して、減量経営や生産性向上、あるいは賃金抑制にとりくんだ結果であり、「その背景にあるものは日本的労使慣行であり、なかでも労使一体感や運命共同体的な考えにある企業別組合の存在をあげることができる。私は、この企業別組合を健全に育成していくことが最も大切だと考える」。これは七三年のオイル・ショックとその後の経済危機をのりきり、日本の労働組合運動の「七五年転換」をなしえた手の内を明かした発言とみることができるだろう。

第10章　労働運動の後退と労働社会の構造転換（一九七五年〜）

一　公務員攻撃と国鉄分割民営化

一九七五年ごろから、政府・財界、そしてマスコミなどからの公務員攻撃のキャンペーンがなされた。その攻撃の矛先は地方公務員だけでなく、臨調行革、教育臨調、国鉄の分割・民営化とつづくなかで全官公労働者にひろがっていった。一九五〇年代の争議をおさえこみ、六〇年代から七五年にかけて民間大企業の労働組合の体質変化を完了させ、経営側は、残る官公部門の労働組合への対策を強めてきたのである。それは民間大企業の労使関係を官公分野にもひろげ、労働運動の力をおさえてしまうためであり、これが一九七五年以後の政府・財界の戦略目標となった。マスコミの批判キャンペーンもそれとつながっていた。地方公務員の「ヤミ手当」や退職金問題、国労の「ポカ休」や「時間内入浴」などの批判がくりかえされた。

一九八一年に第二次臨時行政調査会が組織され、八四年臨時教育審議会の設置、八五年地方行革大綱の決定とつづき、ついに八七年国鉄分割・民営化となった。これらはそれぞれ社会保障・社会福祉の削減や教育問題、国鉄赤字問題など独自の課題をかかえてはいるが、同時に官公部門の労働組合対策がそのなかに込められていた。マル生反対闘争やスト権ストをたたかった国労も、分割・民営化反対の運動のなかで分裂・脱退が生じ、多数派から少数派に転落した。

さらにみておかなければならないのは、公務員攻撃とともに、国民春闘路線も終息してしまったということである。七〇年の春闘時に一五大生活要求をまとめ、最低賃金制や年金制度などの課題を掲げ、ストライキを構えて闘ってきた総評が、七五年以降、国民春闘路線が不鮮明になった。

むしろ政策制度闘争のリーダーシップは労働戦線統一の母体となった政策推進労組会議（七六年）に移ってしまった。民間大企業労組が、政策推進労組会議に結集し、政策要求という形の「あのようなジャンプをやれたかやれなかったかで」、その後の「運動の様相は、全面的に変った」とも考えられる。つまり、「あの局面であくまでも企業内にとじこもったままで、馬耳東風でいたら、おそらく組合主義グループの民間主導による労線統一が、これだけパワフルに発展するということは、期待しようがなかった」。「逆に、総評が一五要求を実践的な形で運動化していたら、変わったかもしれません」ということはありえることだっただろう（千葉「戦後労働運動を語る⑤」）。政策制度闘争の旗は、労使協調的組合潮流に奪われ、さらにその旗の下に民間主導の労働戦線統一の運動が推進されることになるのである。

二　労働戦線統一による総評の解散と連合・全労連の結成

◆ＩＭＦ・ＪＣ

民間大企業労組の結集した力は、一九七五年の労働運動の転換のみならず、その後、労働戦線再編をすすめ、総評を解体するまでにいたった。労働戦線再編の源流は、五〇年代争議の敗北によるユニオン・リーダーの交替にもとめることができるが、直接的な起点は一九六四年のＩＭＦ・ＪＣ（全日本金属産業労働組合協議会）の結成とみることができる。協調的な組合運動が、一企業の範囲から出て、産業別の、そして一国のナショナルな運動へと展開していくようになった始まりだからである（木下「産業別全国組織の分裂・再編と民間『連合』への道のり」）。

◆第二次労働戦線統一

一九六四年のＩＭＦ・ＪＣの結成は、さらに六〇年代末から七〇年代初頭にかけて「第一次労働戦線統一運動」につながり、再編問題として表面化した。その火つけ役は全逓の宝樹文彦委員長だった。彼は、労働戦線を統一して共産党をのぞいて社会党と民社党で政権をとろうと主張した。だがこの時期は日本の労働組合運動が国民春闘へと高揚するうねりのなかにあった。一九七二年の総選挙で共産党が躍進し社会党が伸び、それに対して民社党が後退する結果も反映して戦線統一運動はいったん挫折することになる。まだこの時期は、衰えてはいても総評は年金ストやスト権ストをうつだけの力あり、総評と同盟はことごとく対立していた。

ところが、「第二次労働戦線統一運動」は、七五年における日本の労働組合運動の転換局面をあいだにはさみ、一九七八年ごろから活発になり、民間主導で強引に進められた。労働戦線統一は、総評や同盟の全国組織同士の話し合いですすめるのではなく、民間大企業労組が主導し、民間先行の戦線統一をまず実現する。そして、その運動をつうじて、官公労を巻き込んで全的統一をなすという筋道をとった。八一年、民間の六単産の委員長があつまって「民間先行による労働戦線統一の基本構想」をまとめ、八二年に全日本民間労働組合協議会（全民労協）が発足した。八七年に、全民労協が全日本民間労働組合連合会（全民労連）に変わり、連合体に移行した。

◆「選別統一」と「全的統一」との対立

しかし、この過程はスムースに進行したわけではなかった。八一年の労働戦線再編の決定的な山場には、左派系の潮流を統一から排除したいとする「選別統一」と、すべてを統一する「全的統一」との二つの対立した意見と潮流が存在した。排除したい対象は共産党系の統一労組懇（統一戦線促進労働組合懇談会、七四年結成）であった。「全的統一」の総評指導部は、「基本構想」に対して、「選別方式反対」を含む「五項目補強見解」をまとめ、統一労組懇加盟の建設一般全日自労に打診をはかった。一方、「選別統一」の潮流は、「統一労組懇がとても乗り越えられないようなハードルをしかけておいて、『彼らが勝手には入ってこないのだ』という形をとるのか、これは論争である。いや、論争とまでいかない共同謀議である」（統一推進会議での橋本電力労連会長の発言）」という発言からもわかるように、排除する名目を探していたのである（木下「産業別全国組織の分裂・再編と民間『連合』

への道のり」)。

統一労組懇の潮流はそもそも当初から労働戦線統一の動きとは別に「階級的民主的ナショナル・センター」の独自結成という姿勢が強かった。「基本構想」にもとづく統一準備会への不参加を強硬に主張した。そのなかにあって、中西五洲・建設一般全日自労委員長は、一九八一年七月の統一労組懇年次大会で、「統一労組懇を孤立させる作戦がとられてきました。だから私は、単純に準備会不参加という方針をのべませんでした」。「『私たちは労働戦線統一に反対しない。むしろ積極的にそれを推進したいと考えている』。「私は、準備会に入らないわけではない。入る意志はある。あるけど『基本構想』には反対ですよ。そういう労働組合をふくめて労働戦線統一をすすめるのが、本当の労働戦線統一ではないですか』」と発言した(中西『日本の労働組合運動をどう建てなおすか』一六八〜一七〇頁)。

当時、槙枝元文・総評議長は、総評からは「民労協に行くときめていた鉄鋼、日通、合化、全鉱の四団体に左といわれる単産を一緒に出して、それも同時に認めたら、本当に選別なしと実証させることになると考え」たのであった。槙枝のねらいは、民間労組だけで先行し、さらに選別しながら戦線統一の運動を進めるのではなく、全的統一を進めるための「なだれ込み」戦術だった。

結局、中西五洲も了解し、「全日自労を加えて五団体が先ず発足時に届けることにした」。しかし、この構想は、中西五洲の前言撤回で挫折することになってしまった*。左派的傾向の単産は、取り残された形で、民間大企業労組を先頭に全民労協がつくられたのだった。

＊　槙枝元文は「もし全日自労だけが断られたら、『選別排除』だから労戦統一の発足はストップさせる決意をして

いた。これは大義名分がある」と考えたが、「ところが翌日になると、中西さんが横槍が入ってダメになったというんだ。多分本部に相談にいって待ったがかかったんだね」と述べている（「戦後労働運動を語る④」）。ここでの本部とは共産党本部のことである。

◆連合に向かわない勢力

一方、連合に向かわない勢力として、統一労組懇と、太田薫・市川誠・岩井章の総評三顧問を中心にした総評主流左派、および準中立などの勢力が存在していた。総評には、この統一労組懇そして全労連につながる潮流が総評反主流派として形成されていた。総評主流派と反主流派という対抗の中で、総評主流派は、連合結成をめぐって積極的に進める推進派と、反対ないし消極的姿勢を示す主流左派とに分岐した。総評三顧問は、総評主流左派の潮流を代表していた（木下「対抗的ナショナル・センターの形成にともなう産業別全国組織の分裂と再編」）。

このような新しい構図の中で多様な選択肢が存在したことは確かである。岩井章が「総評から抜けるやつは抜けても仕方がないという、腹をくくる」ならば「頑張る道はあった」、「やせおとろえた形になるかもしれませんが、将来を展望してみた場合に、少しやせてもその道をとるべきだったと思う」（「総評解体に反対し、左派・良心派の結集をめざして」）と述べている。

八二年になって、両者の連携の動きはあったものの、結局は「総評労働運動の階級的再生」を主張する総評主流左派と、「階級的ナショナル・センターの結成」をめざす統一労組懇との間には、総評の評価や、総評を足がかりにして労働運動の再生をはかるのか、などをめぐって大きな隔たりがあった。こうして、「総評から抜けるやつは仕方がない」にしても、総評を基盤にしつつ「やせおとろえた形」

とはいえ、左派が大結集する道も閉ざされたのであった。

◆総評解散と連合結成

結局は、八九年一一月、総評が解散し、全民労連に旧総評系および旧同盟系の官公労が合流する形で日本労働組合総連合会（連合）が結成された。七四加盟単産、七九八万人であった。連合の結成と同じくして、八九年一一月、統一労組懇を基盤にして全国労働組合総連合（全労連）が結成され、一二月には全国労働組合連絡協議会（全労協、五五組織・約五〇万人）が発足した。全労協はナショナル・センターではなく、連絡協議会とされた。

連合に対抗するナショナル・センターを結成する動きは、結局は、総評の分裂や再建という方向ではなく、総評解散、全労連結成という形で決着をみた。全労連結成時の加盟単産二五、組合員一四〇万人という勢力は、全労連の結成を推進した統一労組懇の勢力、すなわち二三単産・二部会、公称一八〇万人を下回っていた。連合に対抗する勢力の結集という構想からするならば、最も少ない勢力でナショナル・センターがつくられたことになる。

民間大企業に牽引されて連合が日本労働運動の主流の座につき、対抗的なナショナル・センターが最も少ない勢力で成立したことは、戦後労働運動の歴史のステージにおける第四の敗北といえるだろう。

三　労働組合の社会的役割の低下

八九年の連合・全労協・全労連の結成以降も、その三者鼎立の関係はほとんど変わることない勢力配置と対立のもとにあったのである。ただ、みておかなければならないことは、民間大企業労組に牽引された連合が労働運動の主流の位置にたったが、この連合を生み出した経済的社会的基盤は、連合結成後ただちに九〇年代に入ると動揺をきたすことになったことである。* それはグローバリゼーションによる労働社会の地殻変動であった。六〇年代から八〇年代までの労働運動は、以後、変容をよぎなくされることになる。

＊ 連合に対する評価は、かつてあった「連合は労働組合ではない」といった暴論はともかく、一元的な見方は正確ではない。基本的は、民間大企業労組と公務員労組、中小企業労組という戦後労働運動の三つの分野の複合体として捉える必要がある。そのなかで労使協調的な民間大企業労組が量的にも比率が高く、その潮流に牽引されていることは確かであるが、この分野でもグローバル化による経営不安や、成果主義人事制度による選抜的昇進などによって企業意識が薄らいでいることが予想される。また、連合は、ナショナル・センターとしての社会的役割を客観的には担っているために、政策提言者として社会的発言をしなければならないし、労働組合に対する世論の批判にも応えなければならない位置にある。これら複合体という組織性格や社会的役割の一定の発揮という連合の特質から、二〇〇五年の第九回大会における会長選挙で、全国ユニオン（個人加盟ユニオン）の代表が有力な対立候補となったとみられる。

労働組合の社会的役割という点では、次に、総評解散と、連合・全労連の結成に関わって、地域労働運動が後退してきているという状況をみなければならない。総評時代には、総評非加盟の全国単産の組合であれ、まったくの地域の無所属組織であれ、総評の県評や地区労に所属することができた。だから、どこの地域にも役場や学校、駅、郵便局、電報局があったので、そこに労働組合があり、それらを中心にして、無所属組合も参加する地区労という地域共闘組織が存在していた。地区労は、社会党の選挙マシーンになるという問題はあったとしても、争議支援と組織化の中心になっていた。そこが、大きな変化をきたしたのであった。

一九八九年の連合結成時の組織方針は、地方組織は加盟単産の傘下組合によって構成されるということであった。つまり、連合に加盟していない無所属の組合は連合の地方・地域組織には入れないということであった。一方、全労連は無所属組合も地方組織に加盟できた。しかし、連合、全労連の両者ともに、自らの地方組織・地域組織を確立するために総評時代の県評と地区労を解体する点では共通の方針をとった。地域における労働組合の連帯の場が失われたことは、労働運動の地域からの退場を意味していた。

四　労働運動新生の予兆

1　賃金のジェンダー平等を求める運動

九〇年代、日本の年功賃金が議論の俎上に上る契機になったのは、賃金のジェンダー平等を求める女性運動であった。この時期に女性の賃金差別をめぐる裁判が相次いで引き起こされたが、その背景に年功賃金があった。年功賃金のもとでは男性と同じように勤続を重ねたとしても、賃金は男性のようには上昇していかない。女性が長く働けば働くほど男性との賃金格差はひらく一方である。家族手当や住宅手当を加えると、格差はさらに大きくなる。勤続の伸びとともに格差が広がるという構造のもとで働く女性の不満も増大していった。

ところで、女性の賃金差別是正をめぐる運動が、日本の賃金制度そのものに大きな影響を与えたのは、差別是正の方法がこれまでと全く異なった原則にもとづいていたからであった。それが、同一価値労働同一賃金原則にてらして是正を求めるペイ・エクイティの手法だった（木下「日本の男女賃金差別と同一価値労働同一賃金原則」）。

欧米のペイ・エクイティ運動のなかで掲げられていた同一価値労働同一賃金原則が、日本で一般的に知られるようになったのは一九九〇年代に入ってからである。同一価値労働同一賃金原則は、仕事を賃金決定の基準とする仕事給の世界において同じ価値労働に対して同じ賃金を支払う原則であり、それは年功賃金の世界では実現不可能である。年功賃金と真っ向から対立する概念であった。

それまでの労働運動では、賃金は生計費にもとづいて支払われるべきであり、したがって年齢・勤続とともに賃金が上昇するのは当然で、またその生計費は男女で異なるので、賃金が男女で格差はあるのは致し方がないとする生活給思想が支配していた。そのような労働運動の世界の中で、長らく賃金差別に呻吟してきた女性たちにとって同一価値労働同一賃金原則は一筋の光明となったのは確かであった。

賃金差別を裁判に訴える女性たちの行動が重要な契機になり、女性労働者の運動は九〇年代、飛躍的に前進し、＊そのなかで、同一価値労働同一賃金原則の研究や実現をスローガンとする運動団体がつくられていった。

＊ 女性労働者の運動の「九〇飛躍」については、〈対談〉越堂静子／柚木康子「女性労働運動の『90年代飛躍』、そして未来」『ポリティーク 三号』（旬報社、二〇〇二年一月）を参照されたい。

九〇年代の賃金差別裁判をつうじて働く女性たちが、同一価値労働同一賃金原則が差別是正の国際基準であることを知った意味は大きかった。とりわけ、同一価値労働同一賃金原則は、仕事を基準にして賃金が決定されるシステムのもとでしか実現しないことを理解したことは、客観的には労働側から年功賃金への疑問を提示し、賃金体系のオルタナティブを提起する出発点になったとみることができる。やがて、この動きは、後にみるように労働運動における賃金政策の転換を促すことになっていくのであった。

2　労働組合の新生の流れ

連合・全労連・全労協という固定された枠組みは崩れることなく推移した。また組織率の低下など労働組合の社会的役割も大きく揺らいだ。しかしながら、戦後労働運動の新たな再生を準備する深層の流れが九〇年代半ば以降つくられつつあった。それは個人加盟ユニオンの新しい潮流であった。九〇年代以降、新しい個人加盟ユニオンが結成され、それが既存の個人加盟組織の活性化も促し、全体として一つの新しい組合潮流として形成されつつある確かな傾向が生まれた。

まず、総評を地域で支えた地区労が、総評解散と連合・全労連結成によって存続が危うくなった時に、一つの生き残り策としてコミュニティ・ユニオンの結成が各地でなされた。コミュニティ・ユニオンは、地域を基盤にした個人加盟組織であり、誰でも入れるユニオンとして個人の相談活動や組織化に力を入れた。さらに、九四年の東京管理職ユニオンや九五年の女性ユニオン東京の結成は、新しいユニオン像を社会的に広く知らせる契機になった。それまでにも個人加盟組織は活動してきたが、「管理職なのに労働組合」というパラドックスがリストラ解雇の時代のなかで興味をひき、また、女性だけのユニオンという新鮮さも注目をあびた。

ある週刊誌は、特集「大盛況！『個人で入る労働組合』の実力を探る」を企画し、多くの個人加盟ユニオンを紹介しながら、「会社の労組に頼れず個人加盟の『リベンジ型労組』に駆け込む人が急増中」と表現した（『SPA』二〇〇〇年二月二日号）。リストラによる解雇者やパートタイマー、派遣労働者など会社の企業別組合を頼りにすることのできない多くの労働者の拠り所になったのであった。

3　労働運動における路線選択問題の浮上

一九六〇年前後、日本的労使関係の形成を前提にして、労働運動の路線の選択をめぐる分岐が存在したことはすでに指摘した。九〇年代以降、この路線選択の問題が再び浮上してきた。二〇〇二年五月、日経連・労使関係特別委員会がまとめた提言「多立型賃金体系の構築へ――成果主義時代の賃金システムのあり方」は、労働者の職務を「定型的職務」と「非定型的職務」に二大分割した。

「定型的職務」は「定められた手順・方法や判断により製品やサービスなどの成果物をアウトプットする職務」とされ、一般技能職・一般事務職・販売職が範囲とされている。「定型的職務」の賃金は、職務給、習熟給を加味する職務給である。

「非定型的職務」は、「研究・開発の業務や管理・営業など、いわゆるスタッフの職務」とされ、「企画調査職・研究開発職・営業職・管理職」育成期間の「職能給」と、その後の「役割給・成果給」が例示されている。ここで注目すべきは、九五年の日経連「報告」で「企画、営業、研究開発等」の「専門部門」が管理職などとともに「非定型的職務」として組み込まれたことである。明らかに軌道修正がみられる。

この「非定型的職務」は二つに分けられ、一つは「育成期間中として」「職務内容が能力段階に対応してその時々で変わる、企画、調査、各種の折衝・調整などを行う職務群」であり、この職務は職能給が基本となる。あと一つは「役割設定型・非定型的職務従事群」と呼ばれ、「標準化された職位が設定されており、その職務を遂行する能力を配置する監督、管理、研究開発」などである。役割給・成果給という日本型成果主義賃金はこの領域で提唱されている。

日経連の「多立的型賃金体系の構築」は、経営側は「定型的職務」という範囲ではあるが、ここに来て再び職務給を提唱した。定型的職務に従事している労働者は、正規・非正規を問わず、労働者数は膨大であることはいうまでもない。一九六〇年ごろの前回における路線選択時で労働側は、経営側の職務給の導入に対して現状擁護として年功賃金を護持したが、今回はどのようであろうか。

連合は、二〇〇二年の春季生活闘争の方針のなかで「パート労働者、派遣労働者等非典型労働者の処遇改善に向け、同一価値労働同一賃金を基本に、職場における典型労働者との均等待遇の実現をめざす」として同一価値労働同一賃金を打ち出した。

そして、〇二年に連合の委嘱で発足した連合外部評価委員会は、〇三年九月に最終報告をまとめ、「働く側の視点に立った『公正な賃金論』」を提起した。* そこでは、「同一価値労働・同一賃金原則」を軸に「年功賃金から職務型・職種型賃金への移行を働く者の視点に立って実現させることが重要である」として、仕事給への転換を提唱した。さらに職務評価の際には「ジェンダー中立的な評価項目を立て」ることに留意すべきだとした。この最終報告を連合は受け入れた。先にみたように同一価値労働同一賃金の認識が広がってほぼ一〇年、賃金差別是正の運動のなかで女性たちが主張してきた同一価値労働同一賃金の原則が日本の有力なナショナル・センターで受容されたとみることができる。さらに、労働組合についても外部評価委員会「報告」は「企業別組合主義から脱却し、すべての働く者が、結集できる新組織戦略を」提起している。

* 外部評価委員会の中間報告については、拙稿「連合評価委員会中間報告に寄せて／論評と提案」(『賃金と社会保障』二〇〇三年八月合併号、旬報社)のコメントを参照。

グローバリゼーションによる労働市場の構造的変化に対して労働運動の側が、企業別組合の克服や、仕事基準の同一価値労働同一賃金原則を打ち出した意味は大きい。一九六〇年代以降の労働運動は年功賃金と企業別組合を前提にした運動であった。それから四〇年以上経ち、労働運動は新しい路線を選択しつつあるようにみえる。この方向が、多くの労働組合や働く者に受け入れられるならば、戦後労働運動の再出発となり、労働運動新生の可能性が開かれるだろう。

第11章　企業別労働組合をめぐる論争をふりかえる

これまで検討してきたように、戦後労働運動が一路、後退の道筋をたどってしまったのはなぜなのだろうか。労働運動の時期ごとにそれぞれ運動方針や争議戦術、そして組合政策や組織政策などに誤りがあったのだろう。だが、ここでは戦後労働運動に一貫して流れた思想、とりわけ企業別労働組合論を取り上げたい。労働組合組織論こそが労働組合改革の意識性が、すなわち思想が最も問われる分野だからである。

一　企業別労働組合論の提起と批判

1　大河内一男「企業別労働組合論」

労働運動の高揚と後退のなかで、企業別組合のもつ特殊日本的性格を追究するという実践的姿勢のもとで、多くの研究者の鋭い主張が提示され、以後、企業別労働組合論争が展開された。論争の初発をきった大河内一男は、労働運動の最高揚のなかにおいて、日本の労働組合に潜んでいる欠陥を見抜いた点で特筆される存在であった。大河内は、一九四七年、東京大学社会科学研究所が行った労働組合調査で明らかになった企業別組合の実態にもとづいて企業別組合論を展開した。この調査で、戦後出発した日本の労働組合は、個別企業単位に組織されている「企業内組合」であり、そしてまた、従業員が一括加盟する工員・職員一本の「工職混合組合」であるという性格が浮き彫りにされた。

そして、戦後労働運動が高揚局面から急落した一九五一年、大河内は「企業別組合の圧倒的比重という日本的事実は」、「深く日本資本主義とその賃銀労働の特殊型、謂わばその日本型とでも称すべきものによって規定され、生み出されたものであり、また、それは、日本の労働組合の一切の組織および活動を、他の資本主義諸国家に比較して、特殊日本型のものに改鋳せずんばやまないもの」（大河内「労働組合における日本型について」）だと断じた。

それではその特殊日本的労働組合の「型」を規定する要因は何だったのだろうか。それが有名な賃金労働における「出稼型」であった。大河内は論文「賃労働における封建的なるもの」のなかで、明治期から第二次大戦までの戦前における労働者と農村との結びつきに注目した。具体的には、①繊維産業などの「出稼女工」、②農村から炭鉱や土木などへの出稼ぎや工場地帯で働く農家の次三男、③「近郊農村からの通勤工」、これらを「広い意味における出稼型労働」とした（大河内「賃労働における封建的なるもの」）。

そして、大河内の主張は、この出稼型労働が、企業を超えた横断的な労働市場の分断をもたらし、それが企業別労働組合の成立要因となるという筋になっている。労働力は「出稼的性格」だから「工場地帯における定着性が低い」。「労働者の募集や調達は」「絶えず個別企業がそれぞれ特有な仕方で」「『募集人』による募集」や「『縁故』募集」による。だから、「経営と労働との関係は、常に個別的・分散的であり、社会的に集団的な、とりわけ職種や職業を基礎とした横断的な労働市場は容易に形成せられない」。「このような条件下でつくられる組合が『企業別』組織であるのは不思議ではない」（大河内「労働組合における日本型について」）。これが企業別労働組合成立の出稼型論であった。

民間企業の大争議の敗北に象徴されるこの時期の労働運動後退を、企業別組合にその原因を求める当時の傾向に対して、大河内は、運動の「『後退』の原因の説明として、それがいわゆる企業別組合＝企業内組合のうちにひそんでいる点の指摘が一の流行になった」が、しかし、「好ましくないと烙印しただけではどうにもならない」、「企業別組合は、日本の労働組合運動にとって宿命的と言いうるほどの規定性をもっている」と述べた。これが企業別組合「宿命」論である。企業別組合に対して「無意味に放たれた攻撃の矢は虚しく地上に落ち重なった」と表現した。

2　末広厳太郎によるクラフト・ユニオンの伝統欠如の指摘

大河内に続いて、日本の労働組合が特殊日本的性格をもっていると厳しく指摘したのは、中央労働委員会の初代会長で一九五〇年までその任を務めた末広厳太郎だった。末広は、大河内が資本主義の型を強調したのとは対照的に労働者の社会的意識や伝統を指摘した。「明治維新このかた強力に持続せしめられた絶対主義的政治のもとに、習慣づけられた日本人一般の自治能力の不足は、凡そこの当面の問題を考えるについて、見逃すことのできない最も重要な因子である」として、「自由の原理の上に、他人との協力によって自律的社会秩序を作る能力をもっていない」と指摘した（末広『日本労働組合運動史』四頁）。

末広はこの「自律的社会秩序」の形成能力が欠けている根拠を明示的には述べていないが、クラフト・ユニオンの伝統の欠如を念頭においているものと思われる。著書『日本労働組合運動史』のなかの「組織形態の一般的特色」の節で「クラフト・ユニオンの伝統がない」という項目を立て、「だから職種を同じくする熟練労働者がその雇われている職場を超越して、職種毎に団結する思想は、戦後も殆ど一般化しなかった」と述べ、「職場別に組織された単位組合が連合して、容易に、産業別組織を作り上げてゆくのが実情である」が、その容易に産業別組織ができたことは、日本の労働組合の「反って脆弱性の根源があるとも考えられる」と鋭く指摘した。また、ブルーカラーとホワイトカラーとが一緒の労働組合に属している日本の企業別組合の異常性について、「工場の職工と事務所の職員とが一になって組合を作ろうとするのは勿論、アメリカならば問題なく組合に入ってはならない高級従業員までが一般従業員とともに一つの組合を組織しようとする」と的確に述べている（前掲『日本労働組合運動史』一八〇〜一八一頁、一八四頁）。

3　大友福男の「企業別組合論」批判

さて、大河内一男の出稼型論にもとづく企業別労働組合の生成論に対して批判を加えたのは大友福夫だった。大友は論文「組織」において大河内「出稼型論」を「日本資本主義の構造が変わらない限り、宿命的なものとして日本型労働が存続すること」になるとし、また「企業別組合論」の「何よりもこの考え方の弱いところは、それでは〝企業別従業員組合〟から脱却するには、どうすればよいのかという行動の指針なり手がかりが全く見出せないこと」になると批判した。大河内「宿命論」への批判は正当であったが、それでは大友はどのような企業別組合克服の「手がかり」を提示したのだろうか。

大友は企業別組合の企業内的性格をあるがままに受けとめる。「企業内従業員組合」は「労働組合の組織的基礎としての自主的な工場委員会ともいうべきもの」であり、それを「やがて結成されるべき労働組合（産業別単一労働組合）の基礎組織として編成」させていくという方向を示した。どのようにしてか。「反共を旗印とする、企業別組合存続を結果において固持するための組織活動によってたえず妨害され」たが、「組合機関に対する大衆の批判と大衆自身の下からの闘争組織の形成」によって労働組合への発展をはかるとした。この「下からの闘争組織」とは「大衆自身の中に自然発生的に、あるいは革命的労働者の指導によってつくられた闘争―ストライキ―委員会あるいは職場委員会」とされた。

この「労働組合の組織的基礎」と「工場委員会」との混同については藤田若雄*が批判したが、企業別労働組合を、企業内的組織ないしは企業内労働者のイニシアティブによって克服するという主張は大友の後も続いた。大友の主張で看過することができないのは、「組織の形態は、その時期における歴史的条件のもとで、一定の目標、要求を実現するための手段であり、闘争の方法にしたがうものである」とした点である。この指摘には、労働運動における企業別組合がもたらす負の役割を凝視する視点はみられない。左派的な労働運動潮流は、戦後一貫して組織形態に対する問題意識が浅薄であったが、大友の論文は、問題関心の希薄化の戦後出発点として位置づけることができるだろう。

＊ 藤田若雄は『「企業別組合論』とその『批判』について」のなかで「西欧の組合が職業別組合から産業別組合へ発展し、その過程で企業内組織を重視する傾向を打ち出したことを逆にわが国にあてはめ、工場委員会を以て出発し産業別組織を結成できると考えている」とその混同を批判した。ヨーロッパでは産業別横断的組合と企業内労働者組織とは別次元の組織であるが、その混同は労働運動の左派的潮流のなかに存在し続けた。

これまで取り上げた大河内一男と、大友福夫、末広厳太郎の三氏の主張は、労働市場要因を重視する潮流、企業別組合内の力関係を重視する潮流、労働者の社会意識や伝統を強調する潮流、このような研究ないしは運動潮流に引き継がれていくことになる。

二　労働組合をめぐる諸議論

1　企業別組合論の展開と批判

◆大河内理論の転回

出稼型論で企業別組合の成立の決定要因を説明してきた大河内「企業別組合論」は、その後、急転回することになった。二村一夫は、大河内の理論は出稼型論に「代わって資本の労務政策が基本的な要因としてあらたに登場します。賃労働の特質から資本の政策へと、決定要因を一八〇度転換させたといってよいと思います。出稼型論と区別するために、これを『新大河内理論』と呼ぶ」としている(二村「企業別組合の歴史的背景」)。

この「新大河内理論」の枠組みは次のようであった。①明治から大正末にかけて「一般男子の賃労働者は、労働市場を移動することを特徴としていた」、「そこでは横断的な労働市場が、職種ないし職業ごとに存在していた」、②第一次大戦後における「新しい生産設備の導入は、旧い熟練技能者や『流れ職人』的な労働者の存在を急速に不用なものにしていった」、「これに代わって、年齢の若い、いわゆる新規学卒者が、計画的に雇用されはじめることになった」。③この「新型の若年労働者」は「企業の技能養成を通して、計画的に特定の技能」を身につけたが、「労働者の技能が個別企業の外部においてではなくその内で、しかも個別企業の必要と特殊条件の下において、また多分に企業忠誠心や『うちの会社』意識を中心とする精神訓練と結びついた技能養成がなされた」、④その技能養成は、「賃労働者から横断的な移動の可能性を封じ、技能的に労働者を個別企業ないし個別企業に癒着」させた、⑤この「本工システム」における「新しい型の賃労働者として常用工を支える労働条件」が「職種別横断的賃率にかわる年功的賃銀」であった。何故ならば、「賃銀は移動することなしに、むしろ移動しないことの代償として、上昇ないし昇給するものでなければならなかった」からである（大河内「日本的労使関係とその系譜」）。

このようにして、企業内技能養成システムの確立による労働市場の企業別縦断が説明され、この企業別労働市場の封鎖によって企業別労働組合の成立が見事に証明されたかのようであった。二村一夫は、「この新大河内理論の登場以降、企業別組合の生成根拠論はあまり議論されなくなります」。「企業別組合論も生成根拠論よりは年功的労使関係論や内部労働市場論に焦点をあてるように」なったのは、「新大河内理論の大枠」が「多くの人びとによって受け容れられたからだと思われます」と述べている（二村「「企業別組合の歴史的背景」）。このようにして「新大河内理論」は通説化していったのであった。

◆「企業内縦断」の克服論

このような大河内一男を頂点とする研究グループを、岸本英太郎は「東大社研グループとわたしたちが称している研究集団」とし、「研究成果に深い敬意を懐きつつも、その批判の必要を痛感し」、一貫した体系的な批判を展開した。岸本は、東大社研グループは「その理論的欠陥の故に、現代日本の総評系労働組合を体質的に支持する保守主義に陥っており、日本の労働組合運動の発展を展望する視角を欠いている」(岸本英太郎編『労働組合の機能と組織』「はしがき」)と断じた。この指摘は、いわゆる東大社研グループが新大河内理論の「定説化」以降、労働組合の機能論の研究へ傾斜したことに関連している。

「東大社研グループ」の高梨昌は、この組合機能論の研究について「わが国の労働組合が企業別という特有な組織とそれを通して果たされる社会的機能とが、いかなる関連をもっているかが明らかにされなければならない」というのが研究上の問題意識だったとし、その後、「労働組合の機能の回復をはかりうる組織と政策は何かを、職場レベルの実証研究」することや、また、春闘は「産業別統一闘争の強化・発展のためのたくみな戦術」であり、「組合研究では産業別レベルの団体交渉問題」が必要であったと、当時の研究動向を整理している(高梨「労働組合の組織問題」)。この研究動向を岸本英太郎は「総評系労働組合を体質的に支持する保守主義」と批判したのである。

岸本英太郎グループも、企業別組合の組織形態を前提にしつつ、どのような組合機能の展開によってその「企業別縦断的排他性」を克服するのか、という問題意識からするならば、組合の機能論を重視していたのである。そのために組合政策の中心軸に据えたのが同一労働同一賃金原則と横断賃率論であった。熊沢誠は「企業別組合の排他性が本工従業員のメリットとなっている以上、たとえば企業の枠を越えて同一労働同一賃金を獲得しようとする政策は、いかに綿密であれ、企業別組合にとって少なくとも『外的』で」、「大企業本工にとって、一つの危険な飛翔である。だが前進はなされねばならない」と述べた（熊沢「労働組合機能の展開と組合組織」）。ここでは、高梨昌の述べた企業別組合を前提にした組合機能と、企業別組合を克服するための組合機能、この二つが対立していたのである。

熊沢は、労働組合の組織論としては、藤田若雄が主張していた、企業別組合の末端を強化する「組織づくり運動」を評価しつつ、単産本部の強化をはかるべきだとする「単産強化論」を強調した。全体のイメージとして、熊沢は「組織づくり運動・『横断賃率論』対ベースアップ闘争論・賃金の年齢別規制」という構図を描き、前者を「年功賃金・職務給・企業別組合に挑戦する政策」とした。

しかしながら、熊沢が一九六〇年以降の「総評内外には新しい賃金政策や合理化政策を求める単産が台頭」したと期待した動向も、結局は、この構図のなかで組合政策を展開する主体とはなれなかった。以後、学会のレベルでは企業別労働組合論は研究対象とはなりえず、企業別組合論も風化した。労働運動レベルでも年功賃金を前提にした大幅賃上げの春闘路線が定着し、同一労働同一賃金原則も横断賃率論も忘れ去られたかのようになった。

2　労働運動側の「企業別組合」肯定論

◆経営側の「企業別組合」賛美論

第9章でみたように日経連は一九六三年の第一六回総会で、「日本的労務管理を育てよう」と題する労働情勢報告のなかで「わが国の企業別組合というものは日本という土壌の中に育った長年の歴史的伝統をもっている組織である。この組織は実に欧米でも心あるものはうらやましがっているほどの組織である。したがって、この企業別組合がもっているところの長所、良さ、これはどうしても保存してゆかなければならないと信じる」と企業別組合を積極的に擁護する姿勢を示した。

この時期に、経営者団体がこれほど手放しで日本的労使関係を賛美したことは注目される。これにはわけがある。この定時総会で採択された文書「今後の労使関係と経営者の見解」で、「戦後一八年を通じて労使は双方に尊い体験を経て今日に至った。労使の階級的対立感、政治闘争偏重主義、組合に対する偏見等がいかに労使関係ならびに社会秩序の混乱を数多く招いたかを身をもって経験してきた」、「長期的展望に立って新しい労使関係の建設に努力せねばならない」と述べている。すなわち戦後労働運動「第一期」における民間大企業の大争議で労働側を敗北に追いやった体験、経営側がこの「尊い体験」をつうじて出した結論が日本的労使関係、なかんずく企業別労働組合の擁護だったのである。

◆企業別組合の「積極面」への着目

今日からするならば、経営者側がこれほどまでに賞賛し誉めそやすものに対して、労働側は、怪しいものとみて疑ってかかる姿勢が必要だっただろう。そのような感覚があれば、冷静な分析や対応も考えられたに違いない。しかし、驚くべきことに、左派的組合潮流の研究者から企業別労働組合の「積極的側面」と「消極的側面」という形でそれを肯定する見解が示された（戸木田「日本における『企業別組合』の評価と展望」）。

戸木田嘉久は、大河内一夫が「労働組合の日本型について」のなかで「全員加入の企業別組織」で工員・職員の「混合組合」の組織形態であったことが、「却って組合はよく活発に動き得たのだし、また、企業別の全員組織であることがよく経営側に圧力を加え得た」し、「かなり有利な地歩を、経営の内部に、最初から占めることができた」と述べている部分を、企業別組合の「積極的側面」として評価した。戸木田も企業別組合が「産業別統一闘争」や「未組織労働者の組織化」の面や「企業意識が専攻し企業に癒着しやすい」という「消極的側面」をもつことも指摘しているが、力点は「積極的側面」におかれていた。

戸木田は二つに分けた上で、これまで「積極的側面を生かすことが」「目的意識化されてきたとはいえない」として「積極的側面」に着目した。「『企業別組合』の消極的側面と積極的側面とはいわば表裏の関係であり、そこにおける階級的・民主的という潮流の力量いかんが、……あるばあいにはその積極的側面を前面におしだすことになる」。「したがって、『企業別組合』……の弱点の克服というとき、階級的・民主的潮流のそれへの意欲は、この組織の積極的側面を現実化するというはっきりした目標と結合され」なければならないと述べた。そして、「大河内教授が提示されている『企業別組合』の積極的側面……は、経済民主主義と企業の民主的規制における労働組合の役割が問われてきている今日、ますます重要な意味をもってくる」としているが、戸木田のいう積極的側面なるものは、企業内的発想から一歩も抜け出ていない領域での評価であることがわかる。

ここにおいては、本来の労働組合のもつ企業横断的な組合機能が、企業別組合では決定的に欠落しているという根本的欠陥は語られていない。戸木田の見解は、この欠陥に対する凝視の眼を曇らせる役割を果たしたと言わなければならない。戸木田は「次の結論が引き出される」として言う。「『二〇年を一年に圧縮した』ような緊迫した情勢のもとで、強大『企業別組合』の主導権を階級的・民主的潮流が握ることになれば、独占資本の管制高地は、たちまち労働者階級の巨大な城塞に転化することになる、と」。日本の左派的な労働運動にとってこのような「展望」しか提示されなかったことはまことに不幸なことであった。

さらに、驚くべきことには、左派的労働運動に強い影響力をもつ日本共産党からも「一企業一組合」という見地から企業別労働組合を肯定する態度が示されたのである。当時、書記長の宮本顕治は、「ナショナル・センターの選択の問題は、個々の労働組合自体の自主的な選択に　かかわるわけであって、これは労働組合運動の公理であります」。「労働組合というのは、私どもはある職場、ここでは一組合であるべきである、そしてそれがかりに反動的な、右翼幹部が指導権をもっていても、そのなかで忍耐強く組織の統一を守って、そういったところでの指導方針が気にくわないという形で分裂すべきではないと考えております」（宮本「革新エネルギーと革新勢力の新しい構築の展望」）と述べた。

ナショナル・センターの選択は労働組合の「自主的な選択」であるが、労働組合の選択は「一企業一組合」の名の下に労働者の「自主的選択」ではないとする驚くべき見解である。これも戸木田と同じように、「階級的民主的潮流」がやがていつの日か、企業別組合の組合権力を握るであろうから、左派の勢力はそれまで企業別組合のもとに収まっているべきだということである。さらに、この「一企業一組合論」は、一企業複数組合を当然視する「個人加盟ユニオン論」を否定する理論となる。この主張は、戦後労働運動の後退局面のなかで、致命的な誤りであったとみるべきだろう。

一つの企業になかでは一つの組合が存在していることが望ましい。世界の労働運動の理想は「一企業一組合」である。それは企業別組合で実現している。その組合員が他の組合を選択したり、作ったりするべきではない。これは今日もなお先進的な労働者のなかに、企業別組合にいつづけるべきだという呪縛となっている。戸木田も「企業別組合、……それは組織形態上は資本と賃労働に対峙する直接的な場を基礎にした、『一企業・一組合』の組織原則にかなった組織ということになる」と述べている*（戸木田「日本における『企業別組合』の評価と展望」）。

＊　なお、戸木田の企業別組合肯定論は、労働組合論だけでなく、当時の学会動向とも通底しているように思われる。企業別組合ではなく、それとも関連して、日本的労使関係の軸となる年功制の理解において、「年功制＝独占段階説」という研究傾向が一九六〇年代、宇野理論の影響のもとに台頭してきた。野村正實は、「段階論的発想」からきたその傾向は、「日本の特殊性はあくまでも付加的なものとして論じられたのであり、強調されたのは独占段階における他の先進国との共通性であった」と批判している（『日本の労働研究』六五頁）。
また、遠藤公嗣も賃金論に引きつけて、小池和男を批判し、「年功制＝独占段階説」は「非宇野理論の多数はマルクス経済学者の支持もまたえやすかった」。それは、小池理論が賃金の「上がり方」を重視し、「その理由は生活給思想（家族賃金観）にあるという主張だった」（『賃金の決め方』一二～一三頁）からであるとしている。

このような見解に対して中林賢二郎は批判を加えた。「一企業一組合」というスローガンは、一九世紀のヨーロッパにおいて職業別組合から産業別組合へ移行する時期に「一つの工場のなかにさまざまな職業別組合が組織をもっていた」なかで「産業別労働組合をつくろうとした場合に、一工場一組合のスローガンが掲げられたのであって、一工場のなかに一つの企業別組合をつくるという意味ではなく、一工場の労働者を一つの産業別組合の地域組織に結集する意味であった」と説明している。「産業別労働組合は、産業別団結と地域別団結の二つの組織原理を基礎にして、組織されている」のであり、企業内団結だけの企業別組合とまったく無縁である（中林『現代労働組合組織論』二〇二～二〇三頁）。

ともあれ、戦後労働運動の「第二期」・「第三期」の後退期、労働組合戦略の再構築が求められていた時期に、左派的な労働運動は「『企業別組合』の主導権を階級的・民主的潮流が握る」まで、「忍耐強く組織の統一を」守り続けることといった「展望」しかもち得なかったのである。しかし、このように言うことは、戦後労働組合の決定的な後退局面に至った今日からする後知恵ではない。日本的労使関係なかんずく企業別労働組合に対して問題意識を持ち主張し、行動した人々がいた。

3　企業別労働組合への批判と対応

藤田若雄は、戦後労働運動「第二期」の表層の高揚のなかで、少数であることを前提にして企業意識から身を離した集団を形成することを提唱していたことは先にみたとおりである。「運動のエネルギーを街頭に蒸発させてしまうものではなくて、企業の枠を超えた活動家集団として産業別組合（従業員組合）の中に、産業別の活動家クラブをつくることも可能である」（藤田『日本の労働組合』三二～四〇頁）と述べたが、藤田がこのように言うのは「労働組合とは何か。労働者の誓約団体である」という「誓約団体として近代的労働組合」（藤田『増補版　労働組合運動の転換』二六三、二九四頁）の原点から、日本の企業別組合を批判的に把握していたからである。労働組合は、中世から近代への移行期に生まれた個人の自発的結社の一つ「同職クラブ」を基礎において形成された。ここに従業員一括加盟の企業別組合と、個人加盟ユニオンとの対抗関係の重要性があった。藤田は新左翼系労働運動にこの産業別活動家集団の役割を期待した感があったが、それは実現しなかった。

全造船の調査部長を務めたことがある小川善作は、労働運動「第二期」に続発した労働組合の分裂・脱退問題を、全造船と造船総連との関係で体験した。一九七〇年、石川島播磨分会で全造船からの脱退問題が起きた。「脱退賛成七五〇〇、反対二九〇〇という結果で全造船脱退が決まった」。全造船は、脱退に反対してきた「全造船を守る会」の組合員に対して、「分会組織の維持指令」を出したが、分会に残ったのは三〇名ほどであった。「左派と言われた人たちが、この脱退をあるがままに承認して、全造船と袂を分かっていくという経過」をとった。これこそが、企業別組合の主導権を階級的民主的潮流なるものがいつの日か握るだろうという「展望」のもとでの悲劇的な典型事例であった。小川全作はその後、「いずれ職場の多数派になるといっても、それは百年河清をまつに等しい」(小川善作「造船産業における少数派運動」)と語った。

三　企業別組合成立の「伝統欠如」説と主体的要因

1　クラフト・ユニオンの伝統欠如

企業別労働組合と「日本的なるもの」へ関心が学問の領域でも運動分野でも希薄化して久しいなか、新たな角度から問題提起がなされた。二村一夫は、末広厳太郎のクラフト・ユニオンの伝統がないという指摘をきわめて重要だとして、いくつかの論点を提起した。クラフト・ユニオンの「伝統欠如説」とでも呼ぶことができるだろう。* 二村が押し出した論点の第一は日本的な労働市場が企業別労働組合の形成を規定したという説に対する批判である。大河内一男の「賃労働の特質から資本の政策へと、決定要因を一八〇度転換させた」「新大河内理論」にしても、その「理論の構造そのものは、ほとんど変わっていません。因果関係が長い連鎖をなし、しかもその関係が常に一方通行である」。「その意味では、出稼型論も新大河内理論もまったく違いない。その核心をなしているのは、企業別組合の成立の根拠を、労働市場の企業別分断にもとめる点」であるとした（二村「企業別組合の歴史的背景」）。

＊ 中林賢二郎も法政大学社会学部大学院研究集会（一九七二年六月二六日）における報告「労働組合論（主として組織論）の課題」のなかで企業別組合論の三つの理論系譜を紹介した。①「労働力の質によって規定される理論の系譜」。「出稼型」、「今は労働力の質もしくは労働市場」（東大社研）。『定説』化されている」。②階級闘争論。「それに対して、大河内氏のいう条件から直ちに企業別になったわけではなく、その間に階級闘争があったとする」。③「その発展としての〝伝統〟との関連性を求める理論」。「クラフト・ユニオンの弱さ」があった。その「伝統の弱さからして横断的な組織をつくり、守りにくかった」。「ギルド組織」についての「ウエッブの研究」を紹介しつつ、「近代的組合と違うと言うことを言っても不足であって、二つの連続性が問題」であると指摘した（中林と筆者の記述による）。

この労働市場の構造が労働組合の組織形態を一方通行的に規定するという、定説になったような理論に対してそれは根拠がないとして三点を示した。①「戦後労働組合の生成期に、日本の労働市場が分断・封鎖されていたとは考えにくいこと」。戦中・戦後の「一九四〇年代の労働市場は封鎖的でなく、きわめて流動的であった」。②企業別分断の根拠となる「終身雇用慣行」も「一九五〇年代の合理化反対闘争を経た後の高度成長期のこと」、「『年功賃金』も敗戦直後は」「労働者の移動を促進する力を弱めて」いたこと。③「労働市場のあり方が労働組合の組織形態を決定するという主張では」、「日本の労働市場はほぼ一貫して学歴別、性別に分断されてきた」のに「学歴別・性別組合」ではなく「工員も職員も同一の組織に属する混合組合になった事実を説明できない」こと（二村「戦後社会の起点における労働組合運動」）。それでは労働市場が規定するのでなければ、企業別労働組合が生成した要因はいったい何なのだろうか。

第二の論点として二村は、クラフト・ユニオンの伝統を企業別労働組合の成立の根拠としたことである。二村は「同一の経営者に対するさしせまった要求をもったとき、労働者が日常的に顔を合わせ、相互に知り合っている職場を単位にして組織されるのは、しごく当然のこと」で、むしろ欧米のように「日ごろ顔をあわせている同じ職場の者より、同一職業の者であればたとえ日常の接触がなくても企業の枠をこえて団結することを当然とする伝統がいかにして生まれたかということ」の方が「より説明を要する」と問題を提起し、それは、クラフト・ユニオンの伝統、ひいては中世のクラフト・ギルドの伝統によるものであるとした。そして「企業の枠を超えて連帯感を強固にもつ『同職社会』を基盤にした『労働社会』が歴史的に形成されなかったことが、日本の労働組合が職能別や産業別組合を選ぼうとしなかった原因である」（二村「戦後社会の起点における労働組合運動」）と結論づけた。

第三の論点として、第二の論点と重なるが、「従来の『企業別組合成立論』は、『生成の根拠』と『存続の根拠』とを区別せずに論じている」として「生成」要因と「存続」要因との区別を主張した。これは重要なテーマである。クラフト・ユニオンの伝統が欠如しているからだとすると、そこには宿命論のニュアンスがつきまとう。二村は「この歴史的な特質によってのみ、日本の労使関係、労働運動が宿命的に規定されてきたなどと考えているのではない」。「オリジンで全てが決定されていたと考えているのではない。なによりも、問題を歴史的に把握する必要があること」と強調した。

そして二村は、クラフト・ユニオンの伝統欠如を「生成の根拠」として捉え、それとは別に「存続の根拠」はあるとした。「労働組合の組織形態は、労働市場の構造だけで決まるものではなく、当事者の主体的な選択の余地がある」し、また「いったん成立した労働市場の性格が、組合や組合員の行動を制約すること」(二村「戦後社会の起点における労働組合運動」)もあるとした。この企業別組合の存続要因の複合性が重要である。

2　社会システムと主体的要因

ところでクラフト・ユニオンの伝統欠如説の「伝統」をどのようにとらえるべきなのだろうか。二つの点が考えられる。一つは今日に至る労働者のメンタリティー(心性)である。末広厳太郎は、「雇われている職場を超越して、職種毎に団結する思想は、戦後も殆ど一般化しなかった」と述べ、「新聞関係の組合」の例をとり「記者は記者として、すべての社を通じてクラフト的に団結し、印刷工は印刷工として、他の一般印刷工とともにクラフト的に、団結する方が遙かに強い組合を作り得るにもかかわらず、彼らは一般にこのことに気付いていない」(末広『日本労働組合運動史』一八二頁)と指摘した。

クラフト・ユニオンの伝統の欠如は、日本の労働者のメンタリティーのなかに職種別の連帯感を築き上げることを困難にした。それは労働者の団結にとって負の遺産となって、戦後労働運動の土台をぬかるんだ、危ういものにしてしまった。職種別連帯基軸というのは団結の細分化ではない。太い綱をよる強い糸だったのである。

あと一つは、クラフト・ユニオンの伝統欠如の問題は現在のシステムへの継承性の有無・強弱として捉えるべきだろうという点である。例えば、中世のクラフト・ギルドの徒弟制度から出発して、近代的労働組合のもとで、親方的な組合員が頂点に立つ徒弟制度を確立することができた。それが、今日のヨーロッパにおける企業外技能養成システムに継承されているのである。また、クラフト・ユニオンにおける職業ごとの賃金率の設定は、今日における仕事基準の同一労働同一賃金原則という社会システムの土台になった。クラフト・ユニオンは同一職業の親方的熟練労働者だけを組合員とする閉鎖的で排他的な組織であったが、やがてその閉鎖性を打破して、今日の企業横断的な産業別労働組合・一般労働組合へと発展した。

このように社会システムは、古いシステムを土台に、それを改鋳しつつ新しいシステムとして構築することができる。社会システムの継承性の可能性は労働運動にとって受け継ぐべき遺産の大きさを規定しているといってよいだろう。

だがここで、社会システムの構築と主体の側の営為という問題を考えたい。企業別労働組合の「存続の根拠」は唯一規定性ではなく、複合的な要因であった。その複合的要因のなかには主体的要因が含まれている。社会システムは、経済的必然的に生み出されるものではなく、主体の側によるシステムの構想と形成の営為によって構築されるものである。

高橋洸は、一九二〇年代アメリカにおいて企業が、会社組合という形で労働者を企業内に分断することに、労働運動側が対抗した例を紹介しながら、「欧米の労働市場が横断的であるとすれば、それは自動的にそうなったと考えるべきではなく、労働組合運動が資本の労働市場分断政策に対抗しつつ、形成してきたという積極的な側面からこれをとらえる必要がある」(高橋洸『増補 日本的労資関係の研究』五七頁)と述べた。システム構築に対する主体の努力は、クラフト・ユニオンでもそうであった。職業別の全国的労働市場は自然で形成されたのではなかった。労働力の需給バランスを重視するクラフト・ユニオンは遍歴制度をつくり、熟練労働者を全国に移動させた。また各地域に組合の職業紹介所をつくり、熟練労働力の過剰な地域から少ないところへと移動手当を支給し、移らせた。また、移民手当を支給して、オーストラリアなどに移住させた。このように社会システムは主体の努力によって構築されるものである。

確かに、クラフト・ユニオンの伝統の欠如は、新たなシステム構築のための社会的土壌が貧困であることを示している。しかし、それは不可能ではない。企業別組合の変革可能性は、社会システムの構築と、そのための企業別組合克服の主体論にまで高めることによって現実のものになるだろう。やせた土壌でも経験豊かな農夫ならば実をむすばせることもできるかもしれない。風が微風であっても、腕の良い操縦士ならばグライダーを離陸させることができるだろう。戦後労働運動の決定的ともいえる後退局面のなかで、労働運動の担い手にこの認識が共有されることを願いたい。

【参考文献】

青木慧（一九八七）『日本式経営の現場』講談社文庫

朝日新聞特別報道チーム（二〇〇七）『偽装請負——格差社会の労働現場』朝日新書

雨宮処凜（二〇〇七）『生きさせろ——難民化する若者たち』大田出版

五十嵐仁（一九九八）『政党政治と労働組合——戦後日本の到達点と二十一世紀への課題』御茶の水書房

池田信（一九七〇）『日本機械工組合成立史論』日本評論社

石川源嗣（二〇〇六）『人のために生きよう！』同時代社

伊豫谷登志翁『グローバリゼーションとは何か』平凡社新書

岩井章（一九八八）「総評解体に反対し、左派・良心派の結集をめざして」『国際労働運動』三月号

石見尚（一九八三）「第三世代の協同組合と社会運動」『協同組合運動の新しい波』三一書房

イングルハート、R（一九七八）『静かなる革命——政治意識と行動様式の変化』東洋経済新報社

ヴィットリオ、G（一九六一）『労働者の統一』合同出版社

ウィリス、ポール（一九八五）『ハマータウンの野郎ども』筑摩書房、ちくま学芸文庫（一九九六）

ヴィローリ、マウリツィオ（二〇〇七）『パトリオティズムとナショナリズム』日本経済評論社

ウエインライト、ヒラリー／エリオット、デイヴ（一九八七）『ルーカス・プラン——「もう一つの社会」への労働者戦略』緑風出版

ウェッブ、シドニー&ベアトリス（一九二〇）『産業民主制論』法政大学大原社会問題研究所（一九六九）
ウェッブ、シドニー&ベアトリス（一九二〇）『労働組合運動の歴史 上巻』日本労働協会（一九七三）
ウォーラーステイン、イマニュエル（一九八五）『史的システムとしての資本主義』岩波現代選書
ウォーラーステイン、イマニュエル（二〇〇二）『時代の転換点に立つ』藤原書店
ウォーラーステイン、I／アリギ、G／ホプキンス、T・K（一九九二）『反システム運動』大村書店
内山節（一九八二）『戦後日本の労働過程——労働存在の現象学』三一書房
内山節（一九八九）『自然・労働・協同社会の理論』農文協
NKHスペシャル『ワーキングプア』取材班（二〇〇七）『ワーキングプア——日本を蝕む病』ポプラ社
NHK取材班（一九八七）『日本解剖・経済大国の源泉1』日本放送出版協会
エンゲルス、フリードリッヒ（一八四五）『イギリスにおける労働者階級の状態』国民文庫、大月書店（一九七二）
遠藤公嗣（二〇〇五）『賃金の決め方——賃金形態と労働研究』ミネルヴァ書房
大河内一男（一九五〇）「賃労働における封建的なるもの」『大河内一男集第三巻』労働旬報社（一九八〇）
大河内一男（一九五一）「労働組合における日本型について」同右
大河内一男（一九六三）「日本的労使関係とその系譜」同右
大河内一男・氏原正次郎・藤田若雄編（一九五九）『労働組合の構造と機能』東大出版会
大河内一男／松尾洋（一九六九）『日本労働組合物語 戦後I』筑摩書房
大河内一男／松尾洋（一九七三）『日本労働組合物語 戦後編［下］』筑摩書房

大谷拓朗（二〇〇七）『偽装雇用――立ち上がるガテン系連帯』旬報社
大友福夫（一九五二）「組織」『日本労働組合論』未来社（一九八一）
岡田知弘（二〇〇六）「小泉『構造改革』と地域経済・地方自治」『ポリティーク　一二号』旬報社
岡田与好（一九八七）『経済的自由主義』東大出版会
小川善作（一九八二）「造船産業における少数派運動」『労働法律旬報』二月二五日号。
角田邦重（一九八〇）「西ドイツにおける企業内組合活動の法理」『季刊労働法』一九八〇年秋期号、労働開発研究会
風間直樹（二〇〇七）『雇用融解――これが「日本型雇用」なのか』東洋経済新報社
姜尚中（二〇〇六）『愛国の作法』朝日新書
関東経営者協会賃金委員会（一九五四）「定期昇給制度に対する一考察」『経営者』九月号
岸本英太郎（一九六六）岸本英太郎編『労働組合の機能と組織』「はしがき」ミネルヴァ書房
木下武男（一九九〇）編集・執筆『労働問題実践シリーズ５　労働組合を創る』大月書店
木下武男（一九九〇）編集・執筆『労働問題実践シリーズ６　組合運動の新展開』大月書店
木下武男（一九九二）「産業別全国組織の分裂・再編と民間『連合』への道のり」『《連合時代》の労働運動――再編の道程と新展開』総合労働研究所
木下武男（一九九二）「対抗的ナショナル・センターの形成にともなう産業別全国組織の分裂と再編」同右
木下武男（一九九三）「企業社会と労働組合」『労働運動と企業社会』大月書店
木下武男（一九九四）『企業社会の克服と労働運動』けんり春闘

木下武男（一九九六）「労働組合運動」、渡辺治編『現代日本社会論』労働旬報社
木下武男（一九九六）「女性運動」同右
木下武男（一九九七）「日本的労使関係の現段階と年功賃金」『講座現代日本3　日本社会の再編と矛盾』大月書店
木下武男（一九九七）「日本型福祉国家戦略と社会労働運動」『講座現代日本4　日本社会の対抗と構想』大月書店
木下武男（一九九九）『日本人の賃金』平凡社新書
木下武男（二〇〇二）「日本的雇用の転換と若者の大失業」『揺らぐ〈学校から仕事へ〉』青木書店
木下武男（二〇〇三）「グローバリゼーションと現代日本社会の地殻変動」『時代転換の諸断層』日本経済評論社
木下武男（二〇〇三）「働き方・暮らし方を変える、東京を変える」『どんな東京をつくるか』萌文社
木下武男（二〇〇四）「企業主義的統合と労働運動」『日本の時代史27　高度成長と企業社会』吉川弘文館
木下武男（二〇〇四）「日本型雇用・年功賃金の解体過程」『日本の時代史28　岐路に立つ日本』吉川弘文館
木下武男（二〇〇四）「日本の男女賃金差別と同一価値労働同一賃金原則」（『ジェンダー白書2　女性と労働』明石書店
木下武男（二〇〇五）「ワーキング・プアの増大と『新しい労働運動』の提起」『ポリティーク一〇号』旬報社

木下武男（二〇〇五）「戦後労働運動の思想――企業別労働組合論をめぐって」『唯物論研究年誌』第10号、青木書店
木村正身（一九八一）「福祉国家の起源と社会政策」『福祉国家体制と社会政策』社会政策学会 研究大会叢書 第II集、御茶の水書房
熊沢誠（一九六二）「年功賃金論と同一労働同一賃金」『日本賃金論史』ミネルヴァ書房
熊沢誠（一九六六）「労働組合の経済理論」『労働組合の機能と組織』ミネルヴァ書房
熊沢誠（一九六六）「労働組合機能の展開と組合組織」同右
熊沢誠（一九九七）『能力主義と企業社会』岩波新書
熊沢誠（二〇〇六）『若者が働くとき――「使い捨てられ」も「燃えつき」もせず』ミネルヴァ書房
栗田健（一九六三）『イギリス労働組合史論』未来社
栗田健（一九九四）『労働組合論 第二版』日本労働研究機構
クレア、マイケル・T（二〇〇二）『世界資源戦争』廣済堂出版
グレイ、ジョン（一九九九）『グローバリズムという妄想』日本経済新聞社
ゴードン、アンドルー（二〇〇一）「職場の争奪」『歴史としての日本 下』みすず書房
コール、G・D・H（一九五二）『イギリス労働運動史I』岩波書店
越堂静子／柚木康子（二〇〇二）「女性労働運動の『九〇年代飛躍』、そして未来」『ポリティーク 三号』旬報社
後藤道夫（二〇〇五）「労働市場の構造転換とワーキング・プア」『ポリティーク一〇号』旬報社
後藤道夫（二〇〇六）『戦後思想ヘゲモニーの終焉と新福祉国家構想』旬報社

後藤道夫（二〇〇七）「格差拡大をやめさせ貧困をなくすために」『格差社会とたたかう――〈努力・チャンス・自立〉論批判』青木書店
小林美希（二〇〇七）『ルポ 正社員になりたい――娘・息子の悲惨な職場』影書房
小林よしのり「天籟」（二〇〇七）『わしズム 二一 特集 パトリなき「美しい国」を愛せますか？』小学館
斎藤茂男（一九八二）『妻たちの思秋期』共同通信社
斎藤純一（二〇〇三）斎藤純一編『親密圏のポリティクス』ナカニシヤ出版
サッセン、サスキア（一九九九）『グローバリゼーションの時代――国民主権のゆくえ』平凡社
佐藤和夫（二〇〇四）「親密圏を根圏として脱構築する」『唯物論研究協会年誌』第九号、青木書店
佐藤一晴（一九八五）「音楽家ユニオンの供給事業」『労働法律旬報』二月下旬号
澁谷望（二〇〇三）「排除空間の生政治」、斎藤純一編『親密圏のポリティクス』ナカニシヤ出版
清水慎三（一九九二）「戦後労働運動を語る③」『月刊 労働組合』六月号、労働大学調査研究所
ジョージ、スーザン（二〇〇二）『WTO徹底批判』作品社
白井泰四郎／花見忠／神代和欣（一九七七）『労働組合読本』東洋経済新報社
白井泰四郎（一九六八）『企業別組合』中公新書
白石栄司（二〇〇三）『高失業社会への移行――統計から見た実態』日本労働研究機構
末広厳太郎（一九五〇）『日本労働組合運動史』同刊行会
菅山真次（一九九五）「日本型雇用の形成」『日本経営史 4「日本的」経営の連続と断絶』岩波書店
杉田俊介（二〇〇五）『フリーターにとって「自由」とは何か』人文書院

総評調査部（一九六二）『職務給反対闘争の指針』労働出版社
ソルマン、ギ（一九八六）『新《自由の時代》』春秋社
高木郁朗（一九八二）「労働組合史における企業別組合」『戦後労働組合運動史論』日本評論社
高木善之（二〇〇一）『新地球村宣言』ビジネス社
高梨昌（一九七一）「労働組合の組織問題」『文献研究・日本の労働問題 増補版』総合労働研究所
高橋洸（一九七〇）『増補 日本的労資関係の研究』未来社
橘木俊詔（一九九八）『日本の経済格差』岩波新書
千葉利雄（一九九二）「戦後労働運動を語る⑤」『月刊 労働組合』九月号
千葉利雄（一九九八）『戦後賃金運動――軌跡と展望』日本労働研究機構
坪郷實（一九八九）『新しい社会運動と緑の党――福祉国家のゆらぎの中で――』九州大学出版会
デイヴィス、マイク（二〇〇一）『要塞都市ＬＡ』青土社
トゥレーヌ、Ａ（一九八二）『ポスト社会主義』新泉社
戸木田嘉久（一九七六）「日本における『企業別組合』の評価と展望」『巨大企業における労働組合 現代の労働組合運動⑦』大月書店
「特集 思想空間の変容 一九六八―一九八八」（一九八八）『思想』一一月号
戸塚秀夫（一九七七）「アメリカ資本主義と労資関係」『現代労働問題』有斐閣
冨田宏治（二〇〇一）『丸山真男――「近代主義」の射程』関西学院大学出版会
トムスン、Ｅ・Ｐ（二〇〇三）『イングランド労働者階級の形成』青弓社
豊泉周治（一九九五）「国家の政治からライフスタイルの政治へ」、後藤道夫編『日常世界を支配するも

の』〈ラディカルに哲学する４〉大月書店
中川秀直（二〇〇六）『上げ潮の時代――ＧＤＰ一〇〇〇兆円計画』講談社
中西五洲（一九八一）『日本の労働組合運動をどう建てなおすか』合同出版
中野敏男（二〇〇一）『大塚久雄と丸山眞男――動員、主体、戦争責任』青土社
中野麻美（二〇〇六）『労働ダンピング――雇用の多様化の果てに』岩波新書
中林賢二郎（一九七四）『労働組合入門』労働旬報社
中林賢二郎（一九七九）『現代労働組合組織論』労働旬報社
なすび（二〇〇六）「『反権力のリゾーム』としての『「持たざる者」の国際連帯行動』の模索」『現代思想　八月号　特集　ホームレス』青土社
西澤晃彦（二〇〇五）「貧者の領域」『現代思想　一月号　特集　フリーターとは誰か』
ネーダー、ラルフ／ウォラック、ローリ（二〇〇〇）「ガット、ＷＴＯと民主主義の崩壊」『グローバル経済が世界を破壊する』朝日新聞社
野村正實（二〇〇三）『日本の労働研究――その負の遺産』ミネルヴァ書房
萩原遼（一九九五）『朝鮮戦争取材ノート』かもがわ出版
萩原遼（一九九七）『朝鮮戦争――金日成とマッカーサーの陰謀』文春文庫
橋本健二（二〇〇六）『階級社会――現代日本の格差を問う』講談社選書メチエ
服部良子（一九九四）「家族の変容と家事労働の社会化」『労働力の女性化』有斐閣選書
浜林正夫（二〇〇六）『ナショナリズムと民主主義』大月書店
林信吾（二〇〇五）『しのびよるネオ階級社会――〝イギリス化〟する日本の格差』平凡社新書

平井玄（二〇〇五）『ミッキーマウスのプロレタリア宣言』太田出版
平澤克彦（二〇〇六）『企業共同決定制の成立史』千倉書房
ヒルシュ、ヨアヒム（一九九八）『国民的競争国家――グローバル時代の国家とオルタナティブ』ミネルヴァ書房
深井龍雄（一九八五）「わが国労働組合の組織問題」黒川俊雄編『労働組合の民主的改革』労働旬報社
藤田若雄（一九七〇）『増補版 労働組合運動の転換』日本評論社
藤田若雄（一九七二）『日本の労働組合』日本労働協会
二村一夫（一九八四）「企業別組合の歴史的背景」、大原社会問題研究所『研究資料月報』三〇五号
二村一夫（一九八七）「日本労使関係の歴史的特質」『社会政策学会年報第三一集』御茶の水書房
二村一夫（一九九四）「戦後社会の起点における労働組合運動」『シリーズ 日本近現代史 4』岩波書店
ブラウン、レスター（二〇〇二）『エコ・エコノミー』家の光協会
ブレッカー、ジェレミー／コステロ、ティム（一九九九）『世界をとりもどせ――グローバル企業を包囲する9章』インパクト出版社
ボヴェ、J／デュフール、F（二〇〇一）『地球は売り物じゃない！――ジャンクフードと闘う農民たち』紀伊國屋書店
ボー、ミシェル（二〇〇二）『大反転する世界――地球・人類・資本主義』藤原書店
細谷松太（一九八一）『日本労働運動史 細谷松太著作集 I』鼎出版会
保母武彦（二〇〇一）『公共事業をどう変えるか』岩波書店
保母武彦（二〇〇七）『「平成の大合併」後の地域をどう立て直すか』岩波ブックレットNo六九三

保母武彦・河合博司他（二〇〇七）『夕張破綻と再生——財政危機から地域を再生するために』自治体研究社
槇枝元文（一九九二）「戦後労働運動を語る④」『月刊 労働組合』七月号、労働大学調査研究所
増田明利（二〇〇六）『今日、ホームレスになった——一三のサラリーマン転落人生』新風舎
松宮健一（二〇〇六）『フリーター漂流』旬報社
丸山真男（一九五九）「開国」『丸山真男集 第八巻』岩波書店（一九九六）収録
丸山真男（一九六八）「個人析出のさまざまなパターーン」『丸山真男集 第九巻』岩波書店（一九九六）収録
マンツィオス、グレゴリー（二〇〇一）『新世紀の労働運動——アメリカの実験』緑風出版
ミース、マリア／ヴェールホフ、C・V／トムゼン、V・B（一九九五）『世界システムと女性』藤原書店
道場親信（二〇〇五）『占領と平和——〈戦後〉という経験』青土社
水戸信人（二〇〇〇）「産別民同がめざしたもの」『証言 産別会議の運動』御茶の水書房
耳塚寛明（二〇〇一）「高卒無業者の漸増」『変わる若者と職業世界——トランジッションの社会学』学文社
宮内義彦（二〇〇一）『経営論』東洋経済新報社
宮本顕治（一九八〇）「革新エネルギーと革新勢力の新しい構築の展望」『前衛』五月号
メドウズ、D・H他（一九七二）『成長の限界』ダイヤモンド社
毛利嘉孝（二〇〇三）『文化＝政治』月曜社

百瀬恵夫（一九九二）『運輸事業組合の理念と活性化』白桃書房
森ます美（二〇〇五）『日本の性差別賃金――同一価値労働同一賃金原則の可能性』有斐閣
森嶋通夫（一九七八）『続 イギリスと日本』岩波新書
安川悦子（一九八二）『イギリス労働運動と社会主義』御茶の水書房
安田浩一（二〇〇五）『告発！逮捕劇の深層――生コン中小企業運動の新たな挑戦』アットワークス
安田雪（二〇〇三）『働きたいのに…高校生就職難の社会構造』勁草書房
山田昌宏（二〇〇四）『希望格差社会――「負け組」の絶望感が日本を引き裂く』筑摩書房
山原克二（二〇〇五）「非常勤講師らによる『多国籍労組』への先駆け」『労働情報』六六八号
山本潔（一九九〇）「『フォーマル組織』に関する一考察［一］［二］」『社会科学研究』四二巻一号、二号、東大社会科学研究所
吉田裕（二〇〇四）「戦後改革と逆コース」『日本の時代史26 戦後改革と逆コース』吉川弘文館
吉田健二（一九八八）「産別会議の成立過程（3）」『大原社会問題研究所雑誌』一二月
吉田資治（一九九六）「産別会議の結成と組織・指導」『証言 産別会議の誕生』総合労働研究所
吉村宗夫（二〇〇二）「雪印の犯罪と労働組合のこと」『賃金と社会保障』六月下旬号
ライシュ、ロバート・B（一九九一）『ザ・ワーク・オブ・ネーションズ――二一世紀資本主義のイメージ』ダイヤモンド社
リーダー、キース・A（一九九四）『フランス現代思想 一九六八年以降』講談社選書メチエ
労働運動史研究会編集（一九七五）『産別会議――その成立と運動の展開』労働旬報社
労働問題実践シリーズ編集委員会編（一九九〇）『労働問題実践シリーズ 5 労働組合を創る』大月書

店
労働問題実践シリーズ編集委員会編（一九九〇）『労働問題実践シリーズ６ 組合運動の新展開』大月書店
渡辺治（一九八八）『現代日本の支配構造分析』花伝社
渡辺治（一九九一）『企業支配と国家』青木書店
渡辺徹（一九八一）「細谷松太論――解説に代えて」『日本労働運動史 細谷松太著作集Ⅰ』鼎出版会
和田春樹（一九九五）『朝鮮戦争』岩波書店

【資料】

大河内一男編（一九六六）『資料 戦後二十年史４ 労働』日本評論社
大河内一男編（一九七三）『岩波小辞典 労働運動 第二版』岩波書店
経済企画庁国民生活局編（一九九一）『個人生活優先社会をめざして』大蔵省印刷局
産別会議史料整理委員会（一九五八）『産別会議小史』産別会議史料整理委員会
全日本建設運輸連帯労働組合関西生コン支部（二〇〇〇）『政策闘争の軌跡 一九九〇〜二〇〇〇年』関西生コン支部
全日本建設運輸連帯労働組合関西生コン支部三〇年史編集委員会（一九九四）『風雲去来人馬――関西地区生コン支部闘争史（一九六五〜一九九四年）』関西生コン支部
全日本港湾労働組合（一九七二）『全港湾運動史 第Ⅰ巻』労働旬報社

全日本自由労働組合（一九七七）『全日自労の歴史』労働旬報社
総評新聞編（一九九〇）『証言 総評労働運動』総評センター
日本経団連（二〇〇三）『活力と魅力溢れる日本をめざして——日本経済団体連合会新ビジョン』日本経団連出版
日本労働組合総評議会（一九五八）『組織綱領草案』総評教育宣伝部
法政大学大原社会問題研究所編（一九九六）『証言 産別会議の誕生』総合労働研究所
法政大学大原社会問題研究所編（二〇〇〇）『証言 産別会議の運動』御茶の水書房
法政大学大原社会問題研究所『日本労働年鑑』各年版、労働旬報社

あとがき

本書は単行本として『日本人の賃金』（一九九九年、平凡社新書）につぐ二冊目である。初めて出版した賃金論は、日本的労使関係論のなかの年功賃金への関心からのものであった。私の専門分野は、労働問題研究の世界で、今やまったくの傍流になったとしても、やはり大学院に入ってから専門と定めてきた労働組合論であった。本書は、労働組合論のなかで現状分析と変革展望という実践的な分野ではあるが、研究者としての一つの集約点である。ただ、本書を一瞥すればわかるように専門研究者だけを読者対象にしていない。それよりむしろ、労働運動の担い手や、現代日本社会の激変に関心のある人に読んでもらいたい。

労働運動に関するこの種の本は、五、六年も前ならば見向きもされなかっただろう。しかし、過去の再現ではなく、むしろ過去と切断された新しい運動が台頭してきている現実のなかで、いくらかの人々が本書を手に取られることを期待したい。

戦後労働運動が後退しつづけていることは運動に関わっている者ならば誰もがわかっていることである。しかし何故なのか。この問いに対する意味のある回答は見わたすところ皆無といってもよい。それほど、研究分野は無関心であり、運動家の理論的関心も低下しているように思う。また労働運動の再生の見通しについても、新しい運動の芽はいろいろと生まれているが、運動の長期的な方向性についてあまり語られていない。一九五〇年代から六〇年代半ばぐらいまで日本にもまだあった、研究者と運動家との緊張した共同が絶えて久しいが、本書がそのきっかけになれれば望外の幸せである。

しかし、これまで労働運動に身を投じてきた方たちにとっては、本書の主張は運動の全面否定のようで違和感を感じられるだろう。さらに政治的潮流に近い人たちは、本書の主張に賛成しがたく、むしろ腹立たしい思いをされる人も決して少なくないだろう。

本書は論争の書である。いくらでも議論をしたい。本書でも強調したように政党・政派の立場から労働組合にものを言う人以外、すなわち日本のユニオニズムの発展にのみ忠実でありたいと願う人たちとの建設的な討論の場がつくられる、その契機になれれば幸いである。


ところで私事にわたって恐縮であるが、本書を両親に捧げたいと思う。私は長い間、大学非常勤講師という身分でありながら学問の世界を生きてきた。いろいろ困難もあった。そのなかで、経済的な援助は受けなかったが、両親はつねに私の学問と私の生き方を支持してくれる精神的な支えであったように思う。

父・木下武信は一九九八年に八八歳ですでに亡くなっている。私は年賀状に代えて次のような「寒中お見舞い」を出した。「父は、久留米医科大学を卒業後、三井三池鉱山の病院に勤め、炭坑労働者の治療にあたりました。その後、東京に移り、診療所の勤務をへて、開業いたしました。明治生まれの九州人で反骨の精神をもち、『民衆の医師』としての生き方を貫きました」。

その連れ合い、私の母・木下チヲ（九〇歳）は、すでにアルツハイマーの身で私を識別することもできない。一九九八年に短歌集『暦』をまとめた。そのなかで、「メーデーのニュースを見ればのど

けりも　ひそかに不安おぼえつつ見る」と詠むように、一九五二年の「血のメーデー」に夫と子供達とともに皇居前広場にいた体験の持ち主であった。そして、「青春を安保に懸けし男の子らは　今平穏に四十歳過ぐ」とあるように、私は母に多大な心労を長らくかけてしまった。

この両親から、社会との関わりや生き方を自然に体得したような気がする。私が学問として労働組合論や労働運動論というマイナーな分野を選んだのも両親の影響が大きかったように思う。

なおまた、息子・壮（二五歳）からも多くのことを学んだ。彼は、高校を卒業してすぐにピースボートの「地球一周の旅」に出かけ、そのまま今は、ピースボートの専従スタッフになっている。「負うた子に浅瀬を教えられ」とのことわざがあるように、平和・環境・貧困というテーマで多くの若者が集まる空間、その「今どきの若者は」論とはまったく別の世界があることを知った。

最後になるが、花伝社の柴田章さんには二年間近くお世話になった。柴田さんは出版労連の組合員でもあり、その方面での長いつきあいもあったが、出版業界として採算があうとは思えない分野の出版を熱心にすすめてくれた。彼もまた博覧強記の出版人であり、多くを教えられた。感謝したい。

二〇〇七年九月

木下　武男

木下武男（きのした たけお）
1944 年、福岡県生まれ。現在、昭和女子大学大学院生活機構学科教授。
東京理科大学工学部・法政大学社会学部を卒業し、1975 年、法政大学大学院社会学専攻修士課程修了。
法政大学などで非常勤講師をつとめ、1999 年、鹿児島経済大学 (現、鹿児島国際大学) 教授。2003 年から昭和女子大学福祉社会学部教授。

著書
『日本人の賃金』平凡社新書、1999 年
共著に
『講座 現代日本 3 日本社会の再編成と矛盾』大月書店、1997 年
『講座 現代日本 4 日本社会の対抗と構想』大月書店、1997 年
『労働ビッグバンと女の仕事・賃金』青木書店、1998 年
『揺らぐ〈学校から仕事へ〉』青木書店、2002 年
『日本の時代史 27 高度成長と企業社会』吉川弘文館、2004 年
『日本の時代史 28 岐路に立つ日本』吉川弘文館、2004 年
など

格差社会にいどむユニオン——21世紀労働運動原論

2007年 9 月20日　初版第 1 刷発行

著者 ——木下武男
発行者 —平田　勝
発行 ——花伝社
発売 ——共栄書房
〒101-0065　東京都千代田区西神田2-7-6 川合ビル
電話　03-3263-3813
FAX　03-3239-8272
E-mail　kadensha@muf.biglobe.ne.jp
URL　http://kadensha.net
振替 ——00140-6-59661
装幀 ——廣瀬　郁・水橋真奈美
印刷・製本 —中央精版印刷株式会社

ISBN978-4-7634-0501-2 C0036